융 심리학 악 그림자

존 샌포드 지음 | 심상영 옮김

Evil: Shadow Side of Reality

국심층심리연구소

융 심리학·악·그림자

존 A. 샌포드 지음 | 심상영 옮김

"심리학과 신화학과 문학과 철학,
그리고 기독교의 통찰을 결합한 책.
풍부한 내용으로 지혜와 분별력을 선사하는 책"
– 모톤 켈시

한국심층심리연구소

융 심리학 · 악 · 그림자

지은이 | 존 A. 샌포드
옮긴이 | 심 상 영
펴낸이 | 심 상 영
초판 펴낸날 | 2010년 8월 30일
개정판 펴낸날 | 2015년 9월 1일
펴낸곳 | 한국심층심리연구소
　　　　서울특별시 서대문구 경기대로 3길 7
　　　　(충정로 3가, 충정솔레디움아파트) 101-403
전화 | 02-312-4665
이메일 | cdpk2005@naver.com
홈페이지 | www.cdpk.co.kr
팩시밀리 | 02-312-4627
등록번호 | 제 312-2005-000017호(2005년 7월 13일)

ISBN 979-11-85171-02-9 (93180)

값 12,500원

Evil: Shadow Side of Reality

by

John A. Sanford

Korean Translation

by

Sang−Young Shim

2015

Center for Depth Psychology in Korea

이 책은 융 심리학의 입장에서 "악과 그림자 문제"를 다루어 본 것입니다. 상대방을 적대시할 때, 우리는 자신의 어두운 측면, 즉 그림자를 상대방에게 투사하고 있는 것입니다. 개인적 그림자의 투사가 일어날 경우에는 대인관계에 갈등이 생기고, 분노, 시기심, 거짓말, 비난, 탐욕과 같은 현상이 일어나게 됩니다. 반면에 원형적 그림자가 투사될 때에는 집단 따돌림, 인종 차별, 살인, 전쟁 같은 매우 심각하고 끔찍한 일들이 일어나게 됩니다. 그러므로 그림자를 상대방에게 투사하기보다는, 자신 안에도 어두운 면이 있음을 볼 수 있을 때, 상대방을 탓하거나 공격하기보다는 오히려 평화롭고 조화로운 사회를 이룩해 나갈 수 있을 것입니다.

피분석자들의 꿈을 보면, 때로 매우 거칠고 악한 그림자 상이 나옵니다. 그 때, "내게 이런 모습이 있는 줄 몰랐다"고 하며 매우 낙담하는 모습을 보이기도 합니다. 물론 그림자가 원형과 관계할 때는 그림자를 의식화하는 것이 어렵습니다. 그것은 인간의 본성 속에 들어있는 원초적 특징이기 때문입니다. 이때에는 조심스럽게 자신을 살피는 관조의 자세*religio*가 필요합니다.

그림자를 없애려 하거나, 티 없이 완전한 사람이 되려고 하기 보다는, 마음속에 얼마나 어두운 그림자가 있는지를 인식하는 것이 성숙으로 나아가는 길입니다. 사실 그림자는 부정적인 면만이 아니라 긍정적인 면도 있습니다. 그림자를 인식하고 통합할 수 있다면, 겸허한 자세를 갖게 되고, 유머 감각이 생기고, 다른 사람을 덜 판단하게 됩니다. 이처럼 그림자는 금gold과 같이 매우 가치 있는 측면을 지니고 있습니다. 따라서 그림자를 인식하고 통합하는 것이야말로 인격 성숙, 곧 개성화individuation에 필수적인 단계라 할 수 있습니다.

지구촌 구석구석에서 그림자 투사로 인한 심각한 사건, 사고들을 수없이 목도하고 있는 오늘날 이 시점에서, 이 책의 개정판을 세상에 다시 내놓게 된 것을 의미 있게 생각합니다. 이 책이 독자 여러분들의 인생길에 작은 도움이라도 되기를 바라는 마음입니다.

2015년 8월 6일
심 상 영

이 책이 나오기까지 도움을 준 많은 사람들에게 감사드린다. 특별히 이 책의 원고를 검토하고, 유익한 제안을 아끼지 않은 내 친구 로버트 존슨Robert Johnson과 모톤 켈시Morton Kelsey, 그리고 이 책의 마지막 장에서 악의 문제가 지닌 철학적인 측면에 대한 예리한 통찰력을 가지고 내게 도움을 준 앨런 앤더슨Allen Anderson 박사에게 고마운 마음을 전한다. 이 원고를 준비하는 데 귀중한 도움을 준 헬렌 메이시Helen Macey에게도 감사한다.

내 친구 모톤 켈시|Morton Kelsey에게 이 책을 바친다.

▮차 례▮

　이 세상에 악이 존재한다는 사실은, 하나님의 선한 의지와 정의 그
리고 자비에 대한 가르침뿐만 아니라 유대−기독교적인 신조를 지지
하는 사람들에게 당혹스러운 문제요, 또한 소화되지 않은 음식물처
럼 종교적으로 소화시키기 거북한 것이다. 그 밖의 사람들에게 악의
실재實在는 종교적 신앙을 갖지 못하게 하여, 무신론과 냉소주의 혹은
절망적인 태도를 갖게 만드는 장애물로 여겨질 것이다. 물론 우리 모
두에게도 악은 항구적인 위협으로 생각될 것이다. 왜냐하면 악은 사
람의 영혼을 사로잡아 파멸시키거나 전쟁과 질병과 범죄를 통하여 우
리의 삶을 소멸시키는 힘을 지니고 있기 때문이다. 악은 우리 가운데
어느 누구도 피할 수 없는 문제다. 비록 수많은 사람이 궁지에 몰리면
타조처럼 자신의 머리를 모래 속에 처박는 경우가 많지만 말이다. 그
러나 막상 고통을 당하게 되면, 우리는 더 이상 악을 피해 숨어 다닐
수 없게 된다. 고통은 언제나 악의 문제를 동반하며, 악의 문제와 고
통의 문제는 떼어질 수 없는 것이다. 이 책은 목회적인 것보다는 철학
적인 것에 초점을 맞추고 있으며, 고통의 문제가 아닌, 악의 문제를
겨냥하지만, 언제나 고통의 문제를 바탕에 깔고서 모든 것을 논술하
게 될 것이다.

물론 고통의 문제를 다루려는 수많은 노력이 경주되어 왔으며, 고통을 주제로 다룬 책도 수 없이 많이 있다. 나는 이 책에서 악의 문제를 내가 해결한 것처럼 보이려고 하지도 않을 것이고, 악과 하나님의 관계에 대해 명확하게 진술했다고 주장하지도 않을 것이다. 그렇다면 무엇 때문에 나는 또 하나의 책을 쓰려고 하는 것일까? 그 이유는 심층심리학, 특히 융C. G. Jung의 분석심리학이 악의 문제를 해결하는 데 독특한 기여를 하고 있기 때문이다.[1]

무의식의 심리학의 시각에서 어떤 문제를 살피는 것은 안에서 밖을 내다보는 것과 같다. 둥근 공을 보고 있다고 상상해 보라. 물론, 우선 여러분은 그 공의 바깥을 보게 될 것이다. 이번에는 여러분이 작아져서 방금 전에 언급한 동일한 공을 보되, 안에서 본다고 상상해 보라. 이제 여러분은 완전히 다른 시각을 갖게 될 것이다. 이것은 우리가 무의식의 눈으로 인간의 문제를 볼 때 일어나는 시각의 변화이다. 같은 문제를 살펴보지만, 그 문제가 이전과는 다르게 보일 것이다. 무의식의 관점에서는 악의 문제가 어떻게 보이는가 하는 것은 거의 다루어진 적이 없으며, 이러한 심리적 통찰이 기독교의 민간전승 및 성경의 가르침과 어떤 관계가 있는가 하는 것도 사실상 무시되어왔다. 나는 이 책이 그런 틈새를 메우는 데 도움이 되기를 바란다.

주로 종교와 분석심리학의 관점에서 악의 본성을 살펴보는 것이 이 책의 주된 목적이지만, 이 책의 각 장章은 그 자체로서 각기 하나의 단편적인 주제를 다루고 있다. 제1장에서는 악의 실재를 살펴보겠다. 선

---

1) 앞으로 이 책에서 심리학을 언급할 때는 특히 융의 심리학을 가리키는 것으로 보면 될 것이다. 융의 심리학을 "분석심리학"이라고 부른다.

하게 보이는 것과 악하게 보이는 것은 보는 이의 관점에 따라 달라지는데, 여기서는 선과 악을 보는 절대적인 관점이 있는가 하는 물음을 제기하게 될 것이다. 제2장에서는 개인의 관점을 넘어서는 절대적 관점을 신화 속에서 찾아본다. 제3장에서는 구약성경에 나타난 악과 하나님의 관계를 검토하되, 특히 구약성경에서 악이 분석심리학에서 쓰는 개념인 "자기Self의 어두운 면"과 어떤 관계가 있는지를 알아보겠다. 제4장에서는 화제를 신약성경으로 돌려, 예수가 악을 어떻게 이해했는가를 살펴볼 것이다. 제5장에서는 그림자shadow의 중요성을 상세히 논하고자 한다. 그림자 개념은, 악이 인간의 의식에 던지는 문제를 이해하는 데 기여한 분석심리학의 독특한 개념이다. 제6장과 제7장에서는 그림자 문제를 계속 탐구하는 가운데 예수와 바울의 관점이 어떻게 다른가를 살피고, 스티븐슨의 소설, 『지킬 박사와 하이드 씨』(우리말 번역서로는 시사영어사에서 간행한 영한대역문고 시리즈 61번째 책을 참조했음을 밝힌다 – 역주)를 연구해 보려고 한다. 제8장에서는 성경 밖의 기독교 신화와 유대교 신화가 악마 이해의 배후에 깔려 있는 심리학적 의미에 어떤 빛을 던지는가를 살피려고 한다.

　마지막 장에서는 악에 관한 기독교의 사상과 융의 사상, 그리고 악과 하나님의 관계가 어떤 것인지를 그 두 사상을 비교하며 논해 보려고 한다. 나는 이것을 특별히 언급할 필요가 있다고 생각했기 때문이다. 융 심리학은 여러 방식으로 기독교의 관점을 생동감 있게 해 준다. 사실상, 분석심리학은 기독교의 신비스런 동반자였던 중세 연금술鍊金術의 계승자로 자처한다. 그러나 기독교와 연금술의 자연스러운 동반자 관계는 악의 문제와 관련하여 종종 파경에 이르렀다. 기독교의 관점에서 볼 때, 융의 관점은 악의 원리를 지지하는 위험한 관점으로 비쳐질 수 있다. 반면에 분석심리학의 관점에서 보면, 기독교의 태도는 인류를 악의 힘에 노출시켰다는 혹독한 비판을 받을 수밖에 없다. 왜냐하면 기독교의 태도는 악이 스스로는 어떠한 실체도 갖고 있지 않다고 주장하는 것처럼 보이기 때문이다. 이러한 견해 차이 때문에 로마 가톨릭 신학자 빅터 와이트Victor White 신부와 융의 우정은 거의 깨질 뻔했다. 빅터 와이트 신부는 융의 심리학이 세상에 잘 알려지지 않았을 때부터 융의 심리학에 관심을 가지고 있었으며, 융 박사의 절친한 친구가 되었다. 하지만 세월이 흐름에 따라 그들의 우정은 거의 파경에 이르렀다. 왜냐하면 그 두 사람은 악과 하나님의 관계를 인식하는 방식이 서로 달랐기 때문이다. 빅터 와이트의 말년에 그들 사이에 긍정적인 감정의 유대가 생겨 철학적인 견해차이가 극복된 뒤에야, 비로소 그들의 우정이 회복되었다. 나는 이 책이 이 성가신 문제를 검토하는 것으로 끝을 맺는 것이 좋겠다고 생각한다. 나는 이 책이 분석심리학과 기독교의 공유지를 만들어 거기에서 악의 난제를 의좋게 논의하는 데 도움이 되기를 바란다.

언젠가 나는 환멸을 느낀 십자군 병사 하나가 고향으로 돌아와 하나님에 관해 알기를 바라는 것을 다룬 영화 한 편을 본 적이 있다.[2] 그 병사는 화형을 당하고 있는 마녀의 음성을 듣고, 불길이 그녀를 삼키기 직전에 그녀를 보게 된다. 그 병사는 "어디에서 악마를 발견할 수 있는지 말해주시겠습니까?"하고 묻는다. "왜 악마를 찾으려고 하

---

[2] 나는 그 영화가 "일곱 번째 봉인The Seventh Seal"이라는 스웨덴 영화였던 것으로 생각한다. 인용한 구절들은 기억에 의한 것이기에 정확하지 않을 수도 있다.

십니까?"하고 그 불운한 소녀가 대답한다. 영혼이 병든 그 병사는 "왜 나하면 악마가 나에게 하나님에 대하여 이야기해 줄지도 모르기 때문입니다"라고 대답한다. 우리는 삶 속에서 하나님을 더 직접적으로 찾아내고, 그 십자군 병사의 고통을 겪지 않을 수도 있을 것이다. 그러나 우리가 악의 본성과 그 동기에 대해 깊은 식견을 얻을 수만 있다면, 하나님의 본성에 대해 더 많은 것을 배울 수도 있을 것이다. 나는 그런 바람을 가지고 이 책을 썼다.

제 1 장

악을 보는 자아 중심적 시각과
신적神的인 시각

어느 여름날, 나는 앞뜰에 있는 커다란 화분에 싱싱한 호박 모종 하나를 심었다. 그 모종은 무성하게 자랐고, 크고 튼튼한 잎 새들은 정원에 심겨진 다른 꽃들만큼이나 화사해졌다. 아침마다 밖으로 나가서 그 모종을 황홀하게 바라보는 일은 정말 큰 만족을 주었다. 노랗게 물든 아름다운 꽃의 밑동에서 호박이 영그는 것을 보는 일이 나에겐 큰 즐거움이었다. 그러던 어느 날 아침, 나는 불길한 징조를 보았다. 몇몇 잎 새에 분가루처럼 희끄무레한 것이 덮여 작은 얼룩이 생기고 있었다. 날마다 호박 모종에 희끄무레한 것이 늘어만 갔고, 분가루 같은 곰팡이가 호박 모종을 천천히 그러나 확실하게 뒤덮어갔다. 결국 호박 모종의 열매가 시들었고, 아름다운 녹색 이파리들이 창백한 색깔로 퇴색되고 말았다. 내가 할 수 있는 일은 아무 것도 없었다. 내가 시도한 그 어떤 방법도 병든 모종을 회복시킬 수 없었다. 조만간 그 모종을 뽑아서 내다버리는 일 외에 다른 방도가 없었다.

같은 해에 나는 실한 토마토 모종 몇 개를 얻었다. 튼튼한 토마토보다 더 싱싱하고 생기 있는 식물은 없을 것이며, 줄기에 달려 무르익은 토마토만큼 맛좋고, 양분이 풍부한 것도 아마 별로 없을 것이다. 하지만 어느 날 모종들을 살펴보니, 한 그루의 밑동이 싹둑 잘려져 있었다. 한때 튼튼한 식물이 있었던 자리에는 이제 죽은 잔해와 구멍이 뚫린 땅바닥만이 드러나 있을 뿐이었다. 이튿날, 그리고 그 다음 날에도 그런 일이 생겼다. 여러분 가운데 정원사가 있었다면, 들쥐가 나의 정원에 침입하여 토마토들을 망가뜨렸음을 단번에 알아차렸을 것이다. 이번에는 덫을 여러 개 설치하여 도둑 쥐를 잡음으로써 모종들을 지키는 데 성공할 수 있었다.

나는 호박 모종을 망쳐놓은 흰 가루 곰팡이와 그 들쥐를 없어져야 할 악으로 생각했다. 흰 가루 곰팡이가 어떻게 느꼈는지는 알 수 없지만, 들쥐만큼은 자신이 하던 일을 선한 일로 느꼈을 것이고, 나와 내가 설치한 덫을 악으로 여겼을 것이다. 내가 악으로 여긴 것을 들쥐는 선으로 여겼고, 들쥐가 악으로 여긴 것을 나는 선으로 여겼던 것이다.

악과 관련하여 우리가 마주해야 할 첫 번째 사실은, 어떤 피조물에게는 선으로 여겨지는 것이 다른 피조물에게는 악으로 여겨진다는 것이다. 인간적인 견지에서 볼 때, 이것은 관찰자의 관점과 관계가 있는 듯하다. 니콜라스 베르자예프Nikolas Berdyaev는 호텐토트Hottentot를 예로 든다. 호텐토트는 악을 정의하기를, "내가 다른 사람의 부인을 빼앗는 것은 선이지만, 나의 아내를 빼앗기는 것은 **악이다**"라고 했다.[1]

1616년에서 1619년 사이에 무시무시한 전염병이 전체 인디언 주민의 십분의 일을 죽이면서 현재의 뉴잉글랜드를 휩쓸었다. (천연두로

---

[1] Nicholas Berdyaev, *The Destiny of Man* (New York, N. Y.: Harper Torchbook, 1960), p. 18. 고딕체는 나의 강조임.

추정되는) 이 전염병은 영국의 한 노예상인이 그곳에 머물게 됨으로써 그 지역에 들어왔는데, 백인의 질병에 생소했던 인디언들에게는 그 병에 맞설만한 면역력이 없었다. 우리의 교과서에서 이상적으로 그려진 청교도들Pilgrim Fathers(1620년 메이플라워호로 도미하여 플리마우스에 정착한 청교도단을 가리킴 ─ 역주)이 1620년에 그 지역을 영구적인 식민지로 삼기 위해 도착했을 때, 운 좋게도 그 지역에는 토착 원주민이 하나도 없었다. 역사가 윌리엄 브랜던William Brandon은 "교회의 식민지 개척자들은 선택받은 백성의 앞길에서 수많은 이교도를 없애준 1616-19년의 무시무시한 전염병에 경의를 표하면서 매우 기뻐했다"라고 기록했다. 브랜던은 한 청교도 목사의 말을 인용한다. "주 그리스도께서 당신의 섭리로 당신의 백성이 서방 세계에서 살 수 있도록 놀라운 준비를 하셨다." 계속해서 이 청교도 성직자는 그 전염병이 "주로 자손 번식의 씨앗인 젊은이와 어린이들을" 쓸어버렸다고 특별히 흡족해하면서 떠들어댔다. 또 다른 성직자는 "하나님이 당신의 사자(곧 죽음)를 그 곳에 보내어 야만인들을 쓸어버리심으로써… 자신의 지혜와 사랑을 나타내 보이셨다"라고 말했다.[2]

하지만 청교도들에게 그토록 선하고 영감이 넘치는 사건으로 보였던 것이 불운한 인디언들에게는 무시무시한 악으로 비쳐졌을 것이다. 청교도 성직자들은 양심의 가책도 없이 그 전염병을 하나님의 사랑과 섭리로 돌렸다. 우리에게 약간의 지각이 있다고 하면, 우리는 그들의 이기적이고 오만한 태도에 경악을 금치 못할 것이고, 그들의 언동에

---

2) William Brandan, *The Last Americans* (New York, N. Y.: McGraw-Hill, 1974), p. 202.

서 악을 감지할 수 있을 것이다. (여기서 우리는 소위 "도덕적인" 악과 "자연적인" 악의 차이를 알 수 있는 기회를 가질 수 있다. 내 호박 모종을 망가뜨린 흰 가루 곰팡이는 지진과 파괴적인 홍수 혹은 전염병과 같은, 자연적인 악의 한 예로 볼 수 있다. 도덕적인 악은 인간의 마음속에 악한 동기가 있는 것처럼 보이는 것에서 유래한다.)

선과 악이 상대적이라는 생각은 새로운 것이 아니다. 고대 중국철학자인 주희朱熹를 예로 들어보자. 그의 사상은 그의 생존 연대를 정확히 알 수 없을 만큼 아주 오래 전에 형성되었는데, 그는 선과 악이 그자체로서는 존재하지 않고, 다만 어떤 사물이 인류에게 이로움을 주느냐 아니면 해를 끼치느냐에 따라 그 사물에 적용했던 용어라고 가르쳤다. 주희는 "자연 그 자체는 선과 악을 넘어서고, 우리의 이기적인 어법을 대수롭게 여기지 않는다."라고 가르쳤다.[3] 이와 동일한 사상이 햄릿의 말에도 나타난다. 햄릿은 로젠크란츠에게 말하기를 "선한 것도 없고 악한 것도 없다. 생각이 선한 것과 악한 것을 만들어낼 뿐이다"라고 말했다.[4]

하지만 신학은, 선한 것과 악한 것은 언제나 상대적이며, 관찰자의 관점에 따라 결정된다고 하는 인본주의적 견해에 만족하지 않는다. 그 이유는, 선한 것과 악한 것이 상대적이고, 관찰자의 관점에 따라 결정된다면, 삶과 우주의 근본적이고 도덕적인 근거가 없어질 것이고, 인간의 이기적이고 자신만을 위하는 욕망을 제어할 도덕적 질서

---

3) Will Durant, *Our Oriental Heritage* (New York, N. Y.: Simon & Schuster, Inc., 1935), p. 734.
4) William Shakespeare, *Hamlet*, 제2막, 2장, 259행.

가 사라질 것이기 때문이다. 예컨대, 전쟁에서 각자는 저마다 하나님
께 자기네 편을 들어달라고 구한다. 독일의 히틀러 정권은 자신의 목
적이 의로운 것이라고 확신했다. 나치 정권이 악에 사로잡혔다는 것
이 그 밖의 세계인들에게 명백해졌는데도 말이다. 종교는 선한 것과
악한 것을 판단할 수 있는 소위 절대적인 혹은 객관적인 기준을 지닌
하나님이 어딘가에 존재한다고 외친다.

　여기서 분석심리학은 자아ego와 자기Self를 구별함으로써 우리에게
도움을 준다. 우리는 자아를 의식적인 인격의 중심이라고 정의할 수
있다. 자아는 우리의 일부인 "나I"이다. 우리는 스스로를 이 "나"와 의
식적으로 동일시한다. 삶 속에서 의도하고 선택하고 고통을 겪는 것
이 바로 우리의 "나"이다. 이 "나"는 어느 정도 기억의 연속성을 지니
고 있다. "내가 이것을 했다"라거나 "내가 저것을 했다"고 말할 때, 우
리는 자아를 염두에 두고 있는 것이다. 자기Self란 분석심리학에서는
전체 인격total personality의 중심을 가리키는 것이다. (이런 이유로 자기
는 간혹 중심Center이라고 불리기도 한다.) 그러므로 자기는 온전한 인
격의 또 다른 이름이다. 그것은 자아를 포함하되 자아보다 훨씬 위대
한 인격을 가리키는 것이다. 종교적인 언어로 표현하면, 그것은 "그
리스도의 인격Christ-personality"이라고 말할 수 있을 것이다.

　자아가 삶과 자신의 관심사를 자신에게 유리한 입장에서만 볼 때,
우리는 이것을 자아중심성egocentricity이라고 부른다. 우리는 자아 중심
적인 관점이 언제나 편협하고 한계가 있음을 잘 알고 있다. 심리치료
의 과정은 자기Self의 관점을 밝힘으로써 자아 중심적인 관점을 바꾸려
고 시도하는 것이다. 이것이 잘 시행되기만 하면, 의식의 입장은 자아

중심적인 관점에서 보다 넓은 자기의 관점으로 이동하게 된다. 종교
와 분석심리학이 말하는 인격 발달의 목표는 적어도 이 점에서 일치
한다. 왜냐하면 양자는 한 개인의 자아를 하나님 혹은 자기Self로 일컬
어지는 실재와 관련시키고자 애쓰기 때문이다.

　선한 것도 없고 악한 것도 없으며, 다만 생각이 선한 것과 악한 것을
만들어낼 뿐이라고 말하는 것은, 자아의 입장에서만 보는 것이다. 악
에 관한 상대적 관점만이 존재한다면, 자아 중심적인 사람은 자신의
만족을 위한 모든 행동을 정당하다고 주장할 것이고, 자신의 자아 중
심적인 야망과 욕망 그리고 바람을 만족시키느냐 그렇지 않으냐에 따
라서 모든 행동을 판단할 것이다. 극악무도한 짓도 이런 식으로 정당
화될 수 있을 것이다. 하지만 악에 대한 또 다른 관점이 존재한다면,
우리는 자기Self 혹은 하나님의 성스러운 관점에서 이러한 자아의 상대
성을 여실히 보여 줄 수 있을 것이다. 왜냐하면 자아의 상대성은 인간
의 자아 중심성의 또 다른 예이기 때문이다.

　악에 대한 자아의 관점과는 다른 관점이 존재하는가? 코란 18장에
는 모세와 수호천사 키드르Khidr의 이야기가 나오는데, 이 이야기는 또
다른 관점이 존재함을 암시한다.

　이 이야기에서 모세와 키드르는 함께 여행을 떠난다. 그들이 한 마
을에 들어섰을 때, 키드르가 아무 이유 없이 모든 배를 침몰시킨다.
모세는 경악하면서 키드르의 행위를 악으로 여긴다. 하지만 나중에
모세는 강도들이 그 배들을 훔친 것이며, 키드르가 그 배들을 침몰시
킴으로써 자신들을 구하고 마을 사람들도 구한 것이라는 말을 듣는
다. 그 다음에 키드르는 한 젊은이를 쓰러뜨려 죽인다. 악행인 것처럼

보이는 이 행위로 인해 모세는 다시 한 번 충격을 받지만, 얼마 지나지 않아서, 그 젊은이가 제 부모를 막 죽이려 하던 참이었으며, 제 부모의 살인자가 되느니보다는 그런 식으로 죽는 것이 더 낫다는 소리를 듣게 된다. 마지막으로 키드르가 담벼락을 무너뜨리자, 모세는 대단히 놀라는데, 잠시 후 키드르가 이렇게 함으로써 두 고아가 보물을 찾게 되었다는 사실이 명백히 밝혀진다. 모세가 키드르의 행위에 계속해서 충격을 받고, 그 행위에 감춰진 선을 인식하지 못하자, 키드르는 모세를 떠날 수밖에 없었다.

이 이야기에서 모세는 제한된 자아의 관점에서 사건들을 보는 반면, 키드르는 보다 넓은 자기Self의 관점을 지니고 있음을 알 수 있다. 모세의 입장을 자아 중심적이라고만 할 수는 없다. 우리는 키드르의 행위에 공포를 느끼는 모세의 강한 반응에 공감한다. 하지만 그의 입장은 편협한 자아의식의 제약을 받고 있다. 키드르는 그러한 제약을 받지 않고, 전체상황을 보다 폭넓게 본다. 말하자면, 키드르의 장점이 있었다면 그가 신적神的인 전망을 가진 것이라 볼 수 있다.

이와 마찬가지로, 수많은 사람이 심리치료의 과정이나 영적성장의 과정에서, 자신들이 좋지 못한 사건으로 여겼던 것이 실제로는 훨씬 긍정적인 사건이었음을 알게 된다. 예컨대, 많은 사람들이 자신들의 인생에 들이닥친 고난에 깜짝 놀라 허둥대다가, 부득이 엄청난 인격의 변화를 겪게 되지만, 얼마 지나지 않아서 그것이 선이었음을 깨닫곤 한다. 그런 뒤에야 그들은 근원적으로 어두운 상태가 축복이라는 것을 깨닫는다. 왜냐하면 그 어두운 상태가 그들을 창조적으로 변화시켰기 때문이다. 나는, 제한된 자아의 관점 대신에 보다 폭넓은 자기

Self의 관점에서 인생의 선과 악을 보지 않으면, 참된 치유가 일어날 수 없다고 생각한다. 영혼의 치유란 근본적으로 선과 악을 재평가하는 것, 곧 자아에서 자기로 이동하는 것이라고 해도 무방할 것이다.

지금까지 나는 선한 것과 악한 것이 다음 세 가지 입장 가운데 어느 하나에 의해 결정된다고 말했다: 첫째는 자아 중심적인 입장이다. 이 것은 사건들이 우리의 자아 중심적인 목적과 야심과 욕망을 지지하는 지 그렇지 않은지를 결정한다. 예컨대, 우리는 청교도 성직자들의 입 장이 자아 중심적이라고 말할 수 있을 것이다. 전염병이 그들의 목적을 만족시켰기에, 그들은 전염병이 선이요 하나님의 계획의 일부라고 보았다. (우리가 하나님을 들먹거리고, 그분을 우리의 자아중심성을 만족시키는 분이라고 볼 때마다, 굉장히 곤란한 일이 생기게 마련이다.) 두 번째는 선한 것과 악한 것이 인간의 감정에서 유래한다고 단정하는 입장이다. 우리는 이 입장을 모세와 키드르의 이야기에서 살펴보았다. 이 이야기에서 모세는 키드르가 행한 일들에 강한 반감을 갖곤 했다. 동일한 사건을 보면서도 모세의 감정 기능은 키드르의 행위를 다르게 평가했다. 하지만 키드르의 행위는 결국 선한 행위였음이 판명되었다. 선과 악을 결정하는 세 번째 입장은 신적인 입장이라고 할 수 있다. 우리의 인간적인 자아의 관점에 의해 선하게 보이는 것과 악하게 보이던 것이 신적인 입장에서 보면 그렇지 않을 수도 있다. 보다 폭넓은 자기의 관점, 혹은 종교의 언어로 말해서, 하나님의 관점에서 생각하기 전에는 선한 것과 악한 것을 확실하게 알 수 없다.

선악을 판단하는 도구로서의 감정 기능은 공들일 만한 가치가 있는 문제에 대해 심리학적으로 중요한 기여를 한다. 청교도 성직자들이 인

디언의 고난과 죽음을 기뻐했다는 것을 읽을 때, 여러분이 혐오의 반
응을 보이고, "이 얼마나 끔찍한 일인가!"라고 스스로에게 말했다면,
이것이야말로 감정의 반응이다. 이것은 융이 "감정 기능feeling function"이
라고 일컬은 것의 한 예다. 융이 제시한 대로, 사람들은 네 가지 정신
기능 가운데 하나 또는 그 이상의 기능을 갖게 마련이다. 융은 이 네
가지 정신 기능psychological functions을 사고 기능, 감정 기능, 감각 기능,
직관 기능이라고 부른다. 우리로 하여금 평가를 하게 하는 것은 감정
기능이다. 우리는 그것을 일컬어 "가치판단 기능"이라고 부를 수 있
을 것이다. 감정의 기능이 잘 발달한 사람이라면 선하거나 악한 것,
아름답거나 끔찍한 것, 의롭거나 의롭지 못한 것에 반응하게 마련이
다. 감정이 없는 사람들은 상황들을 접하고서 적절한 가치 판단을 내
리지 못한다. 때문에 그들은 훨씬 더 악의 도구가 되기 쉽다. 감정이
조금도 발달하지 못한 사람은 인간이라고 할 수 없으며, 악한 것에 대
하여 자아 중심적인 관점만을 지니기가 쉬울 것이다.5)

　오늘날 서양 세계에서 감정 기능은 일반적으로 평가절하 되고 있
다. 이것은 안타까운 일이다. 왜냐하면 감정 기능이야말로 악에 맞서
싸우는 데 꼭 필요한 것이기 때문이다. 독일의 나치 정권에서 일어났
던 사건들을 조사해 본다면, 여러분은 다음과 같이 큰소리로 말할 것
이다: "이게 뭐야? 감정 반응이 전혀 보이지 않잖아? 이 끔찍한 사건
들에 반대하여 외치는 목소리가 하나도 없었던 말인가?" 우리는 악을
누그러뜨리고자 하는 감정 반응이 전혀 없이 사람들에게 가해진 잔혹

---

5) Marie-Louise von Franz and James Hillman, *Jung's Typology* (New York,
　 N. Y.: Spring Publications, 1971), 특히 감정 기능에 대한 힐먼의 논문을 보라.

행위의 예를 다른 나라에서도 찾아볼 수 있다.

다른 한편으로, 우리는 이 세계에 존재하는 악이 감정 기능을 발달시킨다고 말할 수도 있겠다. 악이 존재하지 않는다면, 감정 반응도 없을 것이다. 그만큼 문제는 역설적이다. 여기서 우리는 다음과 같은 암시를 받는다. 즉 우리가 온전한 사람이 되고자 한다면, 악이 필요하다는 것이다. 우리는 연구를 진척하면서 이것을 더 상세히 살펴보게 될 것이다. 완전한 사람이 감정을 지닌 존재라고 한다면, 악의 존재가 허락되어야 할 것이다. 우리의 감정이 살아 성장하려면 말이다.

하지만 모세와 키드르의 이야기에서 살펴보았듯이, 감정 기능도 틀릴 수 있다. 왜냐하면 감정 기능도 편협한 자아의식의 제약을 받기 때문이다. 이런 이유로 인류는 언제나 자기Self의 입장을 애타게 열망해왔다. 말하자면 하나님이 보시는 것과 똑같은 방법으로 실재實在를 보고자했던 것이다. 종교는 인류에게 십계명, 곧 하나님의 재가를 받은 것으로 추정되는 법전들, 그리고 십계명의 형이상학적인 인생관을 제시함으로써 책임을 부여했다. 이는 십계명이 자아의 입장을 초월하여, 더 큰 선악관에 대한 희망을 제공하기 때문이다.

이에는 못 미치지만, 분석심리학도 자기Self와의 관계를 갖도록 격려함으로써 자아로 하여금 더 폭넓은 선악관을 가질 수 있는 기회를 제공한다. 그 한 가지 방법은 우리의 꿈을 탐색하는 것이다. 분석심리학은 꿈이 자아의 입장이 아닌 자기Self의 입장을 대변한다고 말한다. 그러므로 꿈과 접촉하는 것은, 우리네 자아의 입장을 더 큰 실재의 견지에서 바꾸기를 바라는 것과 같다.

이 일이 어떻게 이루어질 수 있는지를, 아래의 두 가지 실례가 제시하는 것 같다. 나는 나의 책, 『융 심리학과 치유*Healing and Wholeness*』6)에서 2차 세계대전 기간에 베를린에서 융 학파의 정신분석을 받은 한 젊은 나치 비행사의 예를 언급했다. 그는 히스테리성 색맹으로 고통을 겪고 있었기에 군 복무에서도 제외되었다. 그런 이유로 그의 상관은 그를 분석가에게 보내 치료를 받게 했다. 이 젊은 비행사는 의식의 수준에서 히틀러와 히틀러 청년 운동 그리고 제 3제국의 목표를 실행으로 옮겼다. 분석가는 꿈을 적어 오라고 했고, 마침내 그 젊은 비행사는 꿈 몇 개를 꾸었다. 그 젊은 비행사는 그 꿈들이 모든 것을 뒤집어 놓았다고 말했다. 그런데 그 꿈들은 "현실과는 정반대"였다. 그의 꿈 속에서 히틀러는 손에 피를 흠뻑 묻힌 악한 자로 출현했던 반면, 지하 운동단체에 가입하여 꼴도 보기 싫었던 그의 누이는 얼굴이 환히 빛나는 거룩한 사람으로 나타났다. 자신의 꿈에 충격을 받은 나머지, 그 젊은 비행사는 사태를 스스로 풀어보기로 마음먹고 포로수용소를 찾아갔다. 그는 포로수용소를 둘러보고 나서 눈이 휘둥그레지도록 놀란 나머지 마음이 오싹해졌다. 그는 분석가에게 "나는 너무 오랫동안 흑을 백이라고 믿어왔습니다. 이제 이 세계의 수많은 유색인종들은 더 이상 나를 돕지 않을 것입니다"라는 글을 남긴 후 자살하고 말았다. 선과 악이 낱낱이 드러나자 그 현실을 견디기 어려웠던 것이다.

이 사례는 악을 보는 세 가지 시각을 보여준다. 원래 그 젊은 비행사는 악에 대한 자아 중심적인 관점을 가지고 있었다. 그의 자아 중심적인 욕망은 히틀러의 정권이 승리하는 것을 보는 것이었는데, 이 욕망

---

6) John A. Sanford, *Healing and Wholeness* (New York, N. Y.: Paulist Press, 1977), p. 14. 심상영 옮김, 『융 심리학과 치유』 (서울: 한국심층심리연구소, 2010) 참조.

을 부채질하는 것은 무엇이든지 선한 것이었고, 방해하는 것은 무엇이든지 악한 것이었다. 그러다가 자기Self의 관점이 그의 꿈을 통해 나타나서 그의 자아 중심적인 태도를 뒤집어엎고 말았다. 그러나 어느 관점이 성공했는가? 이 두 입장에 맞닥뜨린 사람 가운데 대다수는 자아 중심성에 매달려, 자기의 관점을 거부하고, 예전처럼 살려고 할 것이다. 하지만 이 젊은 비행사는 너무 강한 감정에 휩쓸리고 말았던 것이다. 그의 감정 기능은 포로수용소의 잔학성에 무참하게 휩쓸려 버렸고, 이것이 자기Self의 관점에 완전히 복종함으로써 자살에까지 이르게 된 것이다. 비록 그가 이런 상황에서 육신적으로는 죽을 수밖에 없었지만, 그의 영혼만큼은 구원받았을지 모르는 일이다.

나는 『꿈과 치유*Dreams and Healing*』7)라는 책에서 두 번째 예를 인용하고자 한다. 그것은 수년간 금주동맹Alcoholics Anonymous의 회원이었다가 알코올 중독에서 회복된 성인成人 여성과 관계가 있다. 그녀는 술을 끊으려면 그녀 자신과 남에게 정직해야 한다고 배웠다. 어느 날 그녀는 자신이 다니던 교회의 녹음테이프 자료실에서 테이프 하나를 빌렸다. 그녀는 그 테이프를 복사하려고 마음먹었으나 그 와중에 뜻하지 않게 원본을 지워버렸고, 결국 복사도 하지 못했다. 죄책감에 사로잡힌 그녀는 교회의 테이프 자료실 사서의 얼굴을 대면할 수 없어서, 그 쓸모없는 테이프를 아무 설명도 없이 갖다 놓았다. 그리고 얼마 지나지 않아서 그녀는 꿈을 꾸었다. 꿈속에서 그녀는 어떤 남자와 육체관계를 갖고 있었다. 꿈속의 남자가 어떤 남자였느냐는 질문을 받고서, 그녀

---

7) John A. Sanford, *Dreams and Healing* (New York, N. Y.: Paulist Press, 1978), pp. 22–23.

는 그 남자가 소름끼치는 사람, 엄청난 범죄자, 거짓말쟁이였다고 말
했다. 그녀는 그 꿈이 의미하는 것, 곧 그녀가 자신의 거짓된 측면에
굴복하고 그것에 사로잡혀 있었다는 것을 즉시 알아차렸다. 이것을
깨닫고서 그녀는 테이프 자료실의 사서에게 사실대로 말했다. 그리
중요한 문제가 아니었기에, 사건은 잘 마무리되었다.

처음에 이 여성은 자아 중심적으로 행동했었다. 그녀는 자신의 죄
를 직시할 수 없었다. 하지만 그녀의 꿈은 그녀에게 자기Self의 관점을
제시하여, 그녀의 합리화를 여지없이 무너뜨리고, 그녀가 실제로 무
슨 짓을 범했는지를 보여주었다. 말하자면, 그녀가 자신의 거짓된 측
면에 사로잡혀 있음을 보여주었던 것이다. 그녀의 감정 기능은 "이것
은 정말로 끔찍한 일이야!"라고 말했고, 그녀는 시의 적절하게 고백
했다.

우리는 선과 악을 보는 신적神的인 관점, 분석심리학의 언어로 말하
면, 선과 악을 보는 자기Self의 관점을 어디에서 더 잘 알 수 있는가?
그 출발점은 신화일 것이다. 왜냐하면 신화야말로 자아의 관점보다
훨씬 더 폭넓은 전망을 인류에게 제공하기 때문이다. 이제부터 우리
가 다룰 문제가 바로 이것이다.

제 2 장
신화에 나타난 악의 문제

인간은 선과 악의 관점에서 삶에 반응하지 않을 수 없다. 그러므로 신화와 세계 종교가 저마다 자기 나름대로 악의 존재를 설명하려고 항상 애써왔다는 것은 그리 놀랄 일이 아니다. 고대인들은 자신들을 위협하던 자연의 악한 세력과 영적인 세계의 악한 세력을 신화를 통해 의인화하고, 자신들의 삶에 깊은 영향을 끼친 파괴적인 세력들과 어떤 종류로든 관계를 맺으려고 노력했다. 중요한 신화들 가운데 몇 가지를 잘 살펴봄으로써, 우리는 인류가 악의 문제와 영적으로 그리고 심리학적으로 관계하고자 시도했던 다양한 방법을 알아낼 수 있을 것이다.

융은 그의 자서전에서, 1920년대에 아프리카를 여행하는 동안 잠시 자신과 함께 살았던 원시종족, 즉 엘곤 산의 종족Elgonyi들에 대해 이야기한다. 엘곤 산 종족들은 창조주가 만물을 선하고 아름답게 만들었다고 말했다. "창조주는 선과 악의 피안에 있다. 그는 음주리m'zuri, 즉 아름답다. 그리고 그가 만든 모든 것은 음주리다." 융이 그들에게 "그러나 당신들의 가축을 잡아먹는 나쁜 짐승에 대해서는 어떻게 생각하느냐?"라고 묻자, 그들은 "사자는 선하고 아름답다"라고 대답했

다. "무서운 질병에 대해서는 어떻게 생각하느냐?"라고 융이 재차 묻
자, 그들은 "당신은 태양 속에 누워 있으며, 그건 좋은 것이다"라고 대
답했다.

융은 그들의 낙관주의에 큰 감동을 받았다고 말한다. 하지만 "저녁
여섯 시부터는 이런 낙관주의가 갑자기 사라지게 되었다… 일몰 후
부터는 다른 세계가 지배했다. 그 세계는 아이크Ayik의 어두운 세계,
악의 세계, 위험과 공포의 세계였다. 낙관적인 철학이 물러가고, 유
령의 공포가 출현하며, 악으로부터의 보호를 공고히 하기 위해 마술
적 관습이 시작되었다. 새벽이 되면, 아무런 내적 모순 없이 낙관주의
가 다시 돌아왔다."1)

이 원시종족들은 그들을 사방에서 에워싸고 있는 악한 세력들을 이
런 식으로 인격화했다. 원시적이라고 생각되지만, 악에 대한 이러한
신화적인 견해는, 신들과 악령들의 존재를 부정하고, 정신의 실재를
무시하며, 악의 힘을 간과하는 현대의 유물론적이고 합리적인 견해
보다 훨씬 더 정확한 것이다. 수많은 질환과 정신적인 문제가 동시적
으로 발생하고, 전쟁에서 파괴적인 힘이 격렬하게 분출되고, 인간이
같은 인간을 착취하고, 범죄율이 높아지는 이 모든 현상을 보면, 인간
이 마치도 악마에 사로잡혀서 이런 행동을 하는 것처럼 보인다. 고대
인들은 이러한 악의 세력들을 신화적인 존재나 정령精靈으로 인격화했
다. 현대 심리학에서는 이러한 악의 세력들을 원형archetypes 혹은 자율
적 콤플렉스autonomous complexes라고 한다. 원시신화와 분석심리학은 인

---

1) 아니엘라 야훼 述, 이부영 역, 『C. G. 융의 회상, 꿈 그리고 사상』 (서울: 집문당,
1996), p. 305 참조.

간의 운명이 그의 의식적 통제를 초월한 자율적 정신 요소들에 의해 광범위하게 조절된다는 데에 의견을 같이 한다.

이렇게 볼 때, 심층심리학과 원시신화는 공통된 세계관을 가지고 있는 것이다. 왜냐하면 이 둘이 외적이고 물리적인 실재 외에 내적이고 영적인 실재가 존재한다고 말하기 때문이다. 내적이고 영적인 실재는 외부적이고 물리적인 실재만큼이나 인간의 의식에 대하여 자율적이고 객관적이다. 이러한 태도는 우리 시대에 널리 퍼져 있는 세계관에 역행하는 것이 분명하다. 우리 시대의 세계관은 물질계와 의식의 너머에 있는 실재를 거부한다. 그렇지만 악의 실재는 우리로 하여금 물질적 실재뿐만 아니라 영적인 실재도 고려하는 보다 폭넓은 관점을 받아들이게 한다.

물론 여기에는 저항도 만만치 않다. 현대인은 우리 시대의 악이 인간의 영혼이나 영적인 영역에 존재하는 것이 아니라, 정치적 혹은 경제적인 원인을 갖고 있을 따름이며, 다른 정치체계, 보다 나은 교육, 정확한 심리학적 조정, 혹은 적을 쓸어버리는 전쟁에 의해 제거될 수 있다고 믿는 경향이 있다. 왜냐하면 현대인은 자신 안에 있는 악마들과 악령들에게서 그 적이 있다는 것을 알려고 하지 않기 때문이다.

모톤 켈시는 『신화, 역사, 신앙*Myth, History and Faith*』이라는 탁월한 저서에서, 우리가 악의 기원과 파괴적인 원리의 실재를 보려고 하지 않는다고 말한다: "무엇보다도 오늘날 세속화된 인간은 유물론적 사고에 세뇌를 당했다. 합리적이고 유물론적인 세계에서는 그러한 파괴적인 원리가 설자리가 없다. 즉, 파괴적인 원리는 합리적이지도 않고 물질적이지도 않기에 존재할 수 없다는 것이다. 악이 선의 부재보다 더 실질적일 수 있음을 고려한다면, 우리는 우리의 전체 세계관을 철저하게 조사하지 않으면 안 된다. 이것은 대단히 고통스럽고 어려운 과제이다. 파괴적인 원리가 실재한다는 것을 부정하는 것이 아마 더 쉬울 것이다."2)

인류가 발전하면서, 신화도 복잡해지더니, 서서히 남신男神들과 여신女神들로 이루어진 만신전萬神殿이 생겨났다. 때때로 사람들은 이 신들 가운데 하나를 일컬어 마왕魔王이라고 불렀다. 이들 신화 가운데 어떤 것은 후에 나타난 기독교의 악마 사상을 예고하는 것처럼 보인다.

예컨대, 우리는 이집트 사람들이 악한 신으로 보는 세트Set를 접한다. 악한 신 세트는 그의 선한 형제인 오시리스Osiris와 대조되어 나타난다. 오시리스는 대지를 비옥하게 하고, 생명수life-giving water를 가져다주고, 세상에 빛을 비추어 주는 신이다. 인간의 삶을 복되게 하는 모든 것, 인정 많고 창조적인 모든 것이 그에게서 온다. 세트는 오시리스의 영원한 적이다. 그는 메마른 사막이 인격화한 것이어서, 어둠과 가뭄을 몰고 다닌다. 인간의 삶을 파괴하고 해롭게 하는 모든 것이 그에게서 나온다.

선한 신 오시리스가 그의 악한 형제 세트의 음모에 말려든다. 세트는 오시리스에게 딱 맞는 크기의 상자를 아름답게 만든 뒤, 오시리스를 성대한 잔치에 초대하여, 상자의 크기에 딱 맞는 자에게 상자를 주겠다고 말한다. 오시리스가 아무 의심도 하지 않고 그 상자에 들어가자, 세트가 공범들과 함께 상자로 달려가, 상자의 뚜껑을 덮고 못을

---

2) Morton T. Kelsey, *Myth, History and Faith* (New York, N. Y.: Paulist Press, 1974), p. 35.

박아서 바다에 던져버린다. 오시리스의 누이동생이자 아내인 이시스 Isis가 마침내 자신의 오빠이자 연인인 오시리스의 시신을 발견하여 구해내지만, 세트가 우연히 오시리스의 유해를 발견한다. 세트는 오시리스의 유해를 열네 토막으로 잘라서 대지에 뿌려버린다. 그러나 이시스가 오시리스의 유해 조각을 수습한다. 하지만 오시리스의 음경陰莖이 없었다. 거대한 바닷게 옥시린치드Oxyrhynchid가 오시리스의 음경을 게걸스럽게 삼켜버렸던 것이다. 옥시린치드는 이 음흉한 짓으로 인해 영원히 저주를 받는다.

이 사건 후에, 오시리스는 살아 있는 자들의 세계를 다스리기 위해 다시 돌아오지 못하고, 지하세계의 지배자가 된다. 그는 지하세계에서 죽은 자를 심판하는 신이 된다. 그가 살아 있는 자들 사이에서 맡았던 역할은 이제 그의 아들인 호루스Horus가 대신하게 된다. 호루스는 장성한 뒤에 세트에 맞서 투쟁을 재개하고, 한 때 오시리스가 내렸던 복을 인류에게 널리 퍼뜨린다.

노르웨이 사람들 사이에서는 로키Loki 신神이 악의 화신이다. 그는 아름답고 무척 사랑스런 발두르Baldur의 맞수이다. 발두르는 너무나 아름다워서 자기가 가는 곳마다 빛을 발했다. 그의 지혜에 필적할 만한 사람이 없었으며, 그를 슬쩍 보기만 해도 누구나 그를 사랑할 수밖에 없었다. 그는 신들과 인간들에게 가장 사랑 받는 신이었다. 하지만 로키는 말썽 많고 심술궂은 신이었다. 로키는 꼴도 보기 싫은 발두르를 몰락시키기 위해 음모를 꾸민다. 로키가 보기에, 홀대받던 겨우살이 식물을 제외하고는 모든 생물이 아름다운 발두르를 해치지 않겠다고 서약한 것처럼 보였다. 로키는 겨우살이 식물로 화살을 만들고는 다른 신들과 합류했다. 이 신들은 아무도 자신을 해치지 못할 것이라고 자신하는 발두르에게 무언가를 던지는 놀이를 하고 있었다. 로키는 앞을 보지 못하는 호드Hod 신을 꼬드겨 겨우살이로 만든 화살을 발두르에게 쏘라고 한다. 화살이 그 아름다운 신을 관통했고, 발두르는 땅바닥에 쓰러져 죽어갔다.

선한 신과 악한 신의 분열은 이란(페르시아)의 신화인 아후라-마즈다Ahura-Mazda와 아흐리만Ahriman의 이야기에서 절정에 달한다. 아후라-마즈다에게서 인간의 생명과 빛과 진리와 행복이 유래하였고, 아흐리만에게서는 인간의 죽음과 어둠과 거짓과 불행이 생겨났다. 인간이 사는 세계는 이 두 신의 격전장이었고, 인간의 영혼은 그들의 전리품이었다. 아흐리만은 혼자서는 싸움을 벌이지 않는다. 그는 악령들의 우두머리로서 데바 군群, 곧 속임수와 농간에 몰두하는 모든 악한 존재를 통솔한다. 이들은 자신들의 대장과 함께 합심하여 아후라-마즈다가 대표하는 선의 능력을 파괴하고, 인류를 악한 데로 밀어넣고자 안간힘을 쓴다. 그 이전과 이후를 통틀어 이란의 종교만큼 선과 악, 빛과 어둠의 대립자들을 첨예하게 도출한 것도 없다. 세트와 오시리스, 로키와 발두르가 여러 신 가운데 서로 대립하는 두 신이라면, 아후라-마즈다와 아흐리만은 이란의 모든 신의 우두머리이자, 각기 영적인 세계의 절반을 다스리는 지도자이기 때문이다. 이란의 신화는 노르웨이의 신화보다 훨씬 낙관적이다. 노르웨이 사람들의 사고에서는 신과 인간의 세계가 종말론적인 신들의 황혼기Gotterdammerung에 암울한 파국으로 치닫지만, 페르시아의 신화에서는 아후라-마즈다가 결국에는 우주적 결투에서 승자가 될 것이라고 말하기 때문이다. 이러한 이란의 신화가 기독교에 영향을 끼쳤다는 것은, 신약성경에 등장하는 악마의 여러 명칭 가운데 하나인 바알세불Beelzebul에서 명백해진다. 베알세불은 "파리 대왕lord of flies"을 뜻하며, 아흐리만과 관련된 민간전승에서 유래하는데, 파리의 모습으로 이 세계에 들어왔다고 전해진다.

조로아스터교는 훨씬 후에 마니교로 다시 나타나게 되었다. 마니교는 주후 215년경에 페르시아에서 태어난 마니Mani가 창시한 종교다. 마니는 빛과 어둠, 선과 악, 창조와 파괴가 영원히 대립한다고 가르쳤다. 영지주의자들과 마찬가지로, 그는 영의 세계를 선의 영역과 관계시키고, 물질계를 어둠 및 악과 관계시킨다. 마니에 의하면, 인간은 육신에 갇혀 있으니 어둠과 악의 세계에 감금되어 있는 것이라고 한다. 마니교는 인간이 바른 지식을 통해 육체에서 분리됨으로써 구원이 이루어진다고 가르친다. 즉, 인간을 악과 물질적 원리의 노예로 전락시키는 정욕과 성적 욕망을 끊어버려야 한다는 것이다. 특히 마니교는 기독교가 자신과 너무나 흡사하다는 이유로 기독교에 도전했다. 마니교와 논쟁한 사람은 성 아우구스티누스St. Augustine였다. 주후 4세기에 앞장서서 마니교에 맞섰던 아우구스티누스는 악을 선의 결핍privatio boni으로 보았다. 우리는 이것을 마지막 장에서 보다 자세히 살펴보게 될 것이다.

모든 신화가 조로아스터교의 이원론적인 성격을 가지고 있는 것은 아니다. 예컨대, 그리스 신화에는 악을 상징하는 신이 단 한 명도 없다. 지하세계의 통치자인 하데스Hades 조차 악하지 않았다. 그는 저주받은 영혼들을 지옥에서 다스리는, 기독교식의 악마가 아니었다. 그는 단지 죽은 자들의 세계를 다스리는 통치자였을 뿐이다.

그리스 사람들은 악마를 필요로 하지 않았던 것 같다. 왜냐하면 모든 선한 것을 가져온다고 볼만한 신이 없기 때문이다. 오히려 그리스 신화에서 각각의 신은 선함과 동시에 악할 수도 있다. 그래서 그리스 신들은 서로 격렬하게 다투고, 좀스럽고 이기적이며, 질투하고 분노하며 음모를 꾸미기도 한다. 그들은 저마다 인간에게 복을 내리기도 하지만, 자신들이 홀대받을 때에는 파괴적으로 돌변하기도 한다. 고대 그리스의 남신들과 여신들은 인간의 삶에 좀처럼 신경을 쓰지 않으면서도, 인간의 주목을 받으려고 할 만큼 허영심이 강하다. 아스클레피우스Asklepius만이 인간의 복지에 관심을 가졌다. 치료의 신인 그는 올림포스 산에서 거주하는 여러 신 가운데 하나가 아니라 죽어야 할 운명의 인간이었다. 티탄 족인 프로메테우스Prometheus도 인간의 행복에 관심을 가졌다고 전해진다. 프로메테우스는 인간을 위하는 마음에서 천상의 불을 훔쳤으며, 그 결과로 잔인한 제우스Zeus의 처벌을 받는다. 아스클레피우스와 프로메테우스는 인간의 행복에 별로 관심을 갖지 않는 모든 신 가운데 극히 예외적인 경우다. 인간의 행복에 별로 신경을 쓰지 않는 신들도 저마다 인간에 대해 어떤 때는 어질고, 또 어떤 때는 악했다. 그러하기에 악의 원리를 상징하는 악마가 따로 필요하지 않았다.

아메리칸 인디언의 신화는 일신교와 다신교의 요소를 모두 지니고 있다는 점에서 독특하다. 인디언들 사이에는 다음과 같은 일반적인 믿음이 있었다: 오늘날의 미합중국은 위대한 영Great Spirit의 손아귀에 있다. 위대한 영의 힘과 권능은 모든 생명을 다스리는 최고의 능력이다. 이보다 못한 신들과 인간과 자연의 만물은 인정 많고 공명정대한 위대한 영의 지배를 받는다. 그러나 위대한 영의 속성들은 모호하게만 규정되었다. 위대한 영은 인정이 많아서, 창조계의 실질적인 경영을 자신보다 열등한 영들, 곧 짐승의 본성을 지닌 다양한 영들에게 맡기기도 한다.

이 열등한 영들은 우주와 자연의 실제적인 활동을 감독하는 영들이다. 인간은 끊임없이 그들의 도움과 안내를 구해야 한다. 이 자율적인 영들 중 하나 내지 그 이상과 접촉함으로써, 인간은 자신의 삶을 위한 "약medicine"을 얻을 수도 있다. 그들 대부분은 인정 많은 영이지만, 일부는 악을 초래하기도 한다. 인디언들은 인간이 건설적인 세력과 파괴적인 세력으로 어우러진 세계, 인간을 이롭게도 하고 해치기도 하는 요소들로 이루어진 세계 속에서 살고 있다고 믿었다. 인디언들은 자연이 궁핍한 인류에게 복을 내리기도 하지만, 인간에게 잔인할 수도 있음을 알고 있었다.

인디언의 신화에서 악의 힘은 자연의 파괴적인 면을 인격화하거나 추상화한 것에 불과하다. 예를 들어, 이로쿼이 족the Iroquois은, 자연을 따뜻하게 하고 비옥하게 하며 풍부하게 하는 생명의 신이, 파괴를 일삼는 얼음과 겨울의 신인 "스토니 코트Stony Coat"와 영속적으로 싸운다고 알고 있었다. 하지만 스토니 코트는 인간 영혼의 도덕적 기질을 파괴하려고 안간힘을 쓰는 아흐리만이 아니었으며, 우주 전체를 지배하고자 필사적으로 투쟁하지도 않는다. 오히려 그는 자연의 어두운 면, 무자비한 면, 잔인한 면이었을 따름이다. 이로쿼이 족은 삶이 빛과 어둠, 행복과 불행 사이의 끝없는 투쟁이라고 믿었다. 스토니 코트는 이런 믿음을 이로쿼이 식으로 인격화한 것일 따름이다.

하지만 인디언들은 간혹 선한 사물의 기원을 특정한 영적 존재에게로 돌리고, 악한 사물의 기원을 다른 영적 존재에게로 돌렸다. 그들은 자주 두 형제 신의 전설을 이야기했다. 이 형제 신은 각자 삶의 한 측면을 구현한다. 알곤킨 족the Algonquins의 신화에는 영웅신 글루스캅Gluskap과 그의 악한 늑대 동생 말숨Malsum이 등장한다. 글루스캅은 살기 좋은 곳, 충분한 식량과 유익한 짐승, 그리고 인간을 만들었고, 반면에 말숨은 바위와 덤불과 늪과 해로운 짐승을 만들었다고 한다. 또한 말숨은 글루스캅을 죽이려고 했으며, 자신의 착한 형을 죽일 수 있는 유일한 식물을 찾아다녔다고 한다. 이 식물은 겨우살이일 수도 있다. 마치 노르웨이의 로키와 발두르 이야기, 이집트의 세트와 오시리스 이야기를 회상하는 것 같다. 하지만 인디언들의 궁극적인 관점은 낙관적이었다. 이 특별한 이야기에서, 글루스캅은 결국 말숨의 악한 음모에서 벗어나 말숨을 정복하는 데 성공한다.

다양하게 개작되어 널리 보급된 인디언의 이야기 중 하나는 몸통은 없고 구르는 머리만 있는 한 악령과 관계가 있다. 나체즈 족the Natchez의 판본에서, 그 이야기는 두 형제와 함께 시작된다. 두 형제 가운데 하나가 죽었는데, 그의 머리만 살아서 아직 살아 있는 동생과 그의 아내를 괴롭히기 시작한다. 수많은 위험을 무릅쓰고 구사일생으로 살아난 동생은 유령처럼 굴러다니는 죽은 형의 머리를 피하고, 형의 힘을 무력화시키는 데 성공한다.

동부 삼림지대에 거주하던 인디언들 사이에서는 쌍둥이 형제 타웨스카레Taweskare 및 첸차Tsentsa와 관련된 선·악 이야기가 전해진다. 전자는 어머니의 태를 박차고 밖으로 나오겠다고 고집했고, 그렇게 하여 어머니를 죽이고 만다. 동생이 그에게 항의하여 정상적인 방법으로 태어나자고 주장했지만 아무 소용이 없었다. 착한 동생 첸차가 세계를 창조하는 일을 하기 시작했다. 그가 잠시 쉬는 동안, 악한 타웨스카레가 자신의 동생이 이루어놓은 모든 것을 무용지물로 만들어 버렸다. 첸차는 비옥한 평야를 만들고, 타웨스카레는 거칠고 험한 산맥과 들쭉날쭉하고 황폐한 협곡과 쓸쓸한 늪을 만들었다. 좋은 열매 맺는 나무와 수풀을 창조한 자는 첸차였고, 수많은 식물에다 가시를 달아놓은 자는 타웨스카레였다.

포니 족the Pawnees 사이에서는 다음과 같은 이야기가 퍼져있다. 그들은 북쪽 혹은 새벽 별이 선한 힘을 상징하며, 이 힘이 날마다 해가 뜨는 것을 돕는다고 생각했다. 또한 그들은 남쪽 혹은 저녁별이 악의 힘을 상징하며, 이 힘이 밤마다 해를 지하세계로 끌어내린다고 생각했다. 하지만 결국 저녁별이 죽기 때문에, 이 신화의 최종 결론은 낙관적이었다. 저녁별이 마법의 화살을 맞고서 인류에게 커다란 복을 주었던 것이다.

인디언들은 이러한 이야기들 속에서 이 세계에 분명하게 존재하는 악을 설명하려고 했다. 그러나 위대한 영에게 대항하는 신화적 형상은 하나도 없었다. 인간의 영혼을 뒤틀어 빼앗으려고 필사적으로 시도하는 악마도 없었다. 진짜 악마와 가장 가까운 형상은 트릭스터 Trickster(원시 종족의 신화나 민담에 등장하여 주술 및 장난으로 질서를 문란하게 하는 신화적 형상 – 역주)였을 것이다. 트릭스터는 북미 대륙의 인디언 민담과 설화에 등장하는 매혹적인 괴짜였다. 사람들은

트릭스터를 코요테Coyote, 세인데이Saynday, 노인Old Man, 까마귀Raven, 거
미Spider, 위사가착Wisagatchak, 토끼Rabbit 혹은 와크중카가Wakdjunkaga 등으
로 불렀다. 트릭스터는 우스꽝스런 성격을 지닌 도덕적으로 열등한
존재다. 예컨대, 그는 여러 민담에서 거대한 음경을 지닌 것으로 묘사
되었다. 그는 움직일 때마다 자신의 음경을 어깨에 걸머지지 않으면
안 되었다. 게다가 그는 이 음경을 자신의 몸에서 떼어낼 수도 있었
다. 그는 이 장난으로 성행위는 물론이고, 일반적으로 인디언 남성들
에게 금지되어 있었던 이상한 사건들에 뛰어들기도 했다. 트릭스터
는 양심은 거의 없었지만, 장난기를 가지고 있었다. 만물이 순탄하게
움직이지 못하는 것은 다른 누구보다도 트릭스터 때문이었다. 말하
자면, 위대한 영이 지은 만물을, 트릭스터가 끊임없이 방해하는 것이
다. 그러나 그가 만물을 방해하는 것은 의도적인 악의 때문이 아니라
실수와 어리석은 행동 때문이다. 기독교의 악마라면 하나님께 대항
하겠지만, 트릭스터는 위대한 영을 이기려고 일관된 노력을 하지 않
는다. 게다가 트릭스터는 자신의 어리석은 행동으로 더 나은 상황을
야기하기도 한다. 이는 네즈 퍼스 족the Nez Perce의 창조 설화에서"코요
테와 괴물Monster이 인류를 이롭게 하는 영웅적인 형상인 것"과 같다.
그는 남을 놀리기보다는 곧잘 놀림 받는다. (이는 셰익스피어가 죄를
짓는 쪽보다는 비난받는 쪽이 더 낫다고 말한 것과 같다.) 그는 사랑
스럽진 않지만 웃음을 자아낸다.

아메리칸 인디언의 신화에는 기독교와 조로아스터교의 악마와 일
치하는 신적 존재가 없다. 대다수의 인디언은 기독교에서 말하는 악
마적 존재에 대해 당혹스러워했다. 그들은 기독교에서 말하는 악마

적 존재를 받아들이되, 인간 속에 선과 악이 함께 들어 있음을 뜻하는 것으로 받아들였다. 그들은 어떤 사람들이 선한 마음과 악한 마음을 어느 정도 함께 지니고 있는 이유를 설명하기 위해 굳이 악마 개념을 떠올릴 필요가 없었다. 인간의 이중성을 표현하기 위해 그들은 종종 종교 의식에서 자신들의 얼굴 한쪽을 흰색으로, 다른 한쪽을 검은 색으로 칠했다.

인디언들은 도덕적인 악의 화신인 신적 존재를 강조하지 않았다. 그 이유는 인디언의 문화가 본래 죄 문화sin culture가 아니라 수치 문화shame culture였기 때문이다. 인디언의 삶을 규제한 것은, 인간에게 율법을 제정해 주고 죄에 대하여 가르치는 신적인 존재가 아니었다. 특정한 유형의 행위를 한 사람에게는 부족의 나머지 사람들로부터 창피와 추방을 당했다. 바로 이것이 인디언의 삶을 규제했다. 부족의 테두리 안에서 사는 것이 생존에 필수적이었으므로, 그러한 수치심이 강력한 힘을 발휘하여 인간의 행위를 규제했다. 체제는 정교하게 다듬어졌다. 우리는 우리의 행위를 규제하기 위해 경찰력, 복잡한 법체계, 법정, 감옥, 정신병원 등을 필요로 하건만, 인디언들에게는 그러한 것들이 필요하지 않았다.

그럼에도 불구하고, 대다수 아메리칸 인디언들은 옳고 그름을 상당히 잘 인식하고 있었다. 사람들은 악한 길을 피했고, 현자들을 존경했다. 실로, 인간의 영혼이 악에 빠지는 것을 막고, 바른 길에서 벗어나는 것을 막기 위해, 위대한 영이 인류에게 꿈을 보냈고, 사람들은 꿈에 유의했다. 이런 식으로 인디언들은 자신의 삶 속에서 올바른 행위를 하도록 이끄는 원천을 찾을 수 있었으며, 이 원천의 인도를 받아서 이기적인 욕망을 넘어설 수 있었다. 그러므로 악의 문제는 민감한 인디언들에게 큰 골칫거리였다. 1877년에 있었던 자유를 위한 투쟁이 실패로 끝나고, 수많은 네즈 퍼스 인디언들이 인디언 보호 구역에서 죽어가자, 요셉 추장은 이렇게 말했다: "우리는 그들을 이 낯선 땅에 묻었다. 하늘을 다스리는 위대한 영이 고개를 돌린 것 같다. 위대한 영은 내 동족에게 가해지고 있는 비극을 돌아보지 않았다."3)

아메리칸 인디언의 신화에 나타나는 악에 대한 관점은 노르웨이 사람들, 이집트 사람들, 페르시아 사람들의 이원론적 신화에서 예시되고 있는 악과, 그리스 사람들의 종합 신화에서 나타나는 악의 중간에 자리한다고 할 수 있다. 아메리칸 인디언의 사상에는, 아후라-마즈다를 대적하는 아흐리만처럼, 위대한 영에게 대항하는 신적인 존재가 없는 반면에, 인간에게 도움을 주는 영들과 짝을 이루는 열등한 영들, 곧 심술궂은 영들을 다루는 신화가 많기 때문이다. 하지만 우리는 이 모든 신화에서 두 가지 교훈을 뽑아낼 수 있다. 첫 번째 교훈은 인간의 통제를 넘어서서 자율적으로 움직이는 악의 힘이 존재한다는 것이고, 두 번째 교훈은 삶 속에 대극의 균형이 자리하고 있다는 것이다. 이를테면, 어둠이 빛에 맞서야 한다는 것이다. 밝고 긍정적인 면이 강조되어 유익한 신의 형상으로 인격화되면 될수록, 어두운 면도 악하고 심술궂은 신의 모습으로 나타날 수밖에 없고, 밝은 신이 선하고 좋은 의도를 가지는 만큼, 어두운 신도 악하고 심술궂은 의도를 지닐 수밖에 없다는 것이다.

---

3) *The Great Chiefs* (Alexandria, Va.: Time-Life Books, Inc., 3rd ed., 1975), p. 183.

　신화는 인간의 내적인 우주를 형성하는 원형적이고 정신적인 힘을 인격화한 것으로서 인간의 정신을 그린 일종의 지도이다. 그렇기 때문에 심리학이 위의 사실과 유사한 결과를 제시한다고 해서 그리 놀랄 일도 아니다. 앞으로 더 자세히 살펴보겠지만, 우리의 본성에는 선이라든가, 도덕이라든가, 인간의 고매한 행동과 같은 고상한 이상에 동화되기를 거부하는 어두운 면이 필연적으로 존재한다. 실로, 우리가 지나치게 선해지려고 애쓴다면, 우리의 무의식 속에서는 반작용이 일어날 것이다. 우리가 지나치게 밝은데서만 살려고 한다면, 그에 상응하는 양의 어둠이 안에 쌓일 것이다. 사랑하고 상냥하게 대하는 자연스러운 능력의 범위를 넘어갈 경우, 우리의 내면에는 분노와 잔인함이 가득하게 될 것이다. 분석심리학은 우리가 있는 그대로의 우리 자신보다 더 나아지려고 해서는 안 된다고 경고한다. 말하자면, 우리가 강요된 "선"을 위해 힘쓰지 말고, 우리 안에 있는 것을 의식하려고 해야 한다는 것이다. 분석심리학은 우리가 붙잡을 수 없는 이상理想에 매여 살아서는 안 되고, 내면의 중심inner Center에 기반을 두고 살아야 한다고 말한다. 왜냐하면 내면의 중심만이 균형을 유지할 수 있기 때문이다. (도덕적인 이상이 중요하기는 하다.) 그렇지만 도덕적인 삶의 기반은 가장 숭고한 도덕적 이상에 도달하고자 노력하는 데 있는 것이 아니라, 자기-인식self-knowledge을 얻고자 애쓰는 데서 생길 수 있다. 인간의 도덕적 가치와 이상은 의식의 범위 안에서만 유효하기 때문이다. 선해지려고만 하고, 우리 자신의 어둠을 무시한다면, 우리는 우리 안에 존재하는, 그러나 우리가 거부했던 악에 희생되고 말 것이다.

신화적인 언어로 표현하면, 우리는 빛과 사랑의 신만을 공경해서도 안 되고, 그의 어둡고 사악한 형제를 무시해서도 안 된다. 아후라－마즈다가 전 세계에 대한 지배권을 확립하려고 하자 아흐리만이 그에게 싸움을 걸고, 신들이 아름다운 발두르를 보호하려고 하자 로키가 그를 파멸시킬 음모를 꾸몄으며, 이시스가 오시리스를 편들어 세트를 경멸하자 세트가 오시리스를 몰락시켰기 때문이다. 그리스 신들 사이에서만 전쟁이 일어난 것은 아니었다. (다툼은 있었으나, 전쟁은 일어나지 않았다.) 이런 남신들과 여신들은 너무나 현명하여 자신들이 착하다고 주장하지 않았다. 그래서 심리학은 우리에게 착한 척하지 말라고 한다. 그렇게 하는 것은 우리의 악을 우리 자신에게서 은폐시키기 때문이다. 그러므로 우리는 예수의 본을 따라야 한다. 부자 청년이 예수께 "선하신 선생님"이라고 부르자, 예수는 이렇게 말씀하신다: "어찌하여 너는 나를 선하다고 하느냐? 하나님 한 분밖에는 선한 분이 없다."[4]

---

4) 마가복음 10:17-18.

제3장
구약성경에 나타난 악의 문제

지금까지 선악을 다룬 가장 중요한 신화들 가운데 일부를 대충 살펴봄으로써 우리는 인간의 정신이 항상 악의 문제를 해결하려고 노력해왔음을 알게 되었다. 또한 우리는, 선을 강조하고 그 기원을 독특한 신적 형상으로 구체화하는 종교적 관점에서 정말 악한 신이 출현한다는 사실도 알게 되었다. 하지만 서양 사람들이 창안한 심리학과 서양적인 관점은 어쩔 수 없이 유대─기독교 전통에 의해 형성되었다. 우리가 이 교의를 믿느냐 안 믿느냐에 상관없이 말이다. 이러한 전통 때문에, 이 책은 선악과 관련한 유대─기독교의 견해는 물론이고, 그러한 견해와 심리학의 관계에 그 초점이 맞추어질 것이다. 이제부터는 구약성경을 출발점으로 삼아서 성경에 나타난 악마와 악에 대해 살펴보고자 한다.

구약성경에서 사탄을 초자연적인 존재로 언급하는 곳은 네 군데뿐인데, 이것들도 모두 포로기 이후(주전 597년 이후)의 책들에서 발견될 뿐이다. 더군다나, 이것들 가운데 그 어느 것도 구약성경의 설화에서 그다지 중요하지는 않은 것이다.

스가랴 3장 1절 이하에 보면 여호수아 대제사장이 하나님의 천사와 함께 나타나는 이야기가 나온다. 여호수아 대제사장이 자신을 변호하기 위해 천사의 앞에 서 있고, 여호수아의 오른쪽에는 그를 고소하는 사탄이 서 있다. 여기서 사탄은 여호수아의 영혼을 파멸시키려고 하는 악한 존재를 상징한다. 그는 여호수아의 변호에 가담하는 천사에게 이의를 제기한다. 하지만 이 사탄은 제 맘대로 여호수아를 파멸시킬만한 힘이 없다. 그는 단지 여호수아를 하나님 앞에 고소하여, 하나님이 판결을 내리기만을 바랄 따름이다.

사탄에 대해 언급하는 두 번째 구절은 역대상 21장 1절에 나온다. 이 구절은 사무엘하 24장에 기록된 원본, 곧 다윗이 이스라엘의 인구를 조사하는 대목을 되풀이한다. 이 원본은 다윗이 이스라엘의 인구를 조사하기로 마음먹었다고 전한다. 하지만 그것은 죄악이었다. 왜냐하면 야훼께서 머릿수를 세는 것을 금했기 때문이었다. (고대인들은, 혹자가 어떤 것을 세는 행위는 셈에 넣어진 대상을 악령들에게 드러내는 행위라고 믿었던 것 같다.) 하지만 역대상에서 우리는 사탄이 "이스라엘을 치려고 일어나서, 다윗을 부추겨, 이스라엘의 인구를 조사하게 했다"라고 읽는다. 여기서 우리는 악한 세력이 사람을 꼬드겨 하나님의 율법을 어기게 함으로써 파괴적인 목적을 성취한다는 것을 읽게 된다.

사탄에 대해 얘기하는 세 번째 구절은 시편 109편 6절이다. 이 구절은 고발자의 역할을 하는 사탄을 언급할 뿐 그다지 중요한 구절이 아니다. 그 구절은 다음과 같이 기록되어 있다: "악인을 시켜 그와 맞서게 하십시오. 사탄이 그의 오른쪽에 서서, 그를 고발하게 하십시오."

마지막으로, 우리는 욥기에서 사탄을 언급하는 대목들을 접하게 되는데, 이 대목들은 이제까지 언급한 구약성경의 구절들 가운데 가장 중요한 구절들이다. 여기서 우리는 하나님의 어두운 면이 하나님으로부터 떨어져 나와서 하나님과 맞서는 존재로 구체화되는 중간 단계를 보게 된다. 왜냐하면 욥기에서는 사탄이 하나님의 자녀 가운데 하나로서 하나님의 법정에서 하나님과 함께 거주하고 있는 것으로 묘사되고 있기 때문이다. 여기서 사탄은 하나님의 내밀內密한 가족의 일부인 것처럼 보이며, 아직은 하나님의 명확한 적敵이 아닌 것처럼 보인다. 하지만 그는 하나님과는 다른 존재로 구체화되고 있으며, 독립적인 존재로서 하나님과 이야기한다. 욥에게 불행이 닥치는 것은 하나님과 사탄의 대화 때문이다. 사탄은 욥이 하나님께 신실하지 못하다고 고발하고, 하나님이 그에게 그토록 많은 복을 내리지 않으셨다면, 욥이 하나님을 저주했을 것이라고 말한다. 하나님이 사탄을 보내어 욥에게 재난을 내려 보라고 하신 것은 사탄의 생각이 잘못되었다는 것을 입증하기 위해서였다. 우리는 욥기에 나오는 사탄을 하나님 안에 있는 어두운 생각, 곧 의심하는 마음으로 간주할 수도 있을 것이다. 이 어두운 생각은 엄청난 재앙을 양산하는 데 성공한다.

구약성경에서 사탄이 조금밖에 언급되지 않은 것은, 구약성경에서 야훼만이 악에 대하여 책임이 있었기 때문이며, 그런 이유로 악마의 형상이 따로 필요치 않았던 것이다. 고대 이스라엘 사람들은 하나님을 선과 악의 창시자라고 믿었는데, 구약성경에는 이것을 입증하는 예가 많다. 예컨대, 아모스서 3장 6절에는 "어느 성읍에 재앙evil이 덮치면, 그것은 주께서 하시는 일이 아니겠느냐?"라고 기록되어 있고, 이사야서 45장 5-7절에는 "나는 주다. 나밖에 다른 이가 없다... 나

는 빛도 만들고 어둠도 창조하며, 평안도 주고 재앙evil도 일으킨다. 나
주가 이 모든 일을 한다."라고 기록되어 있으며, 이사야서 54장 16절
에는 "나는 대장장이를 창조했다. 그는 숯불을 피워서 자신이 쓸 연장
을 만든다. 군인도 내가 창조했다. 그는 무기를 가지고 사람을 죽인
다."1)라고 기록되어 있다.

　우리는 야훼를 악의 창시자로 그리는 또 다른 충격적인 예를 사무
엘상 18장 10절에서 찾아볼 수 있다. 야훼의 예언자인 사무엘이 사울
왕에게 판결을 내린다. 야훼로부터 버림을 받게 되자, 사울 왕은 주기
적인 우울증에 빠진다. 그의 신하들이 능숙한 악사를 보내어 그의 어
두운 기분을 풀어주니, 이 사람이 다윗임이 드러난다. 편집증세가 심
해지고, 불안이 커지며, 우울한 기분이 점차 도를 넘자, 사울은 다윗
에 대해 흉악한 생각을 품는다. 자신을 일시적으로나마 안심시켜 주
는 것이 다윗의 음악이었는데도 말이다. 그러던 어느 날 다윗이 악기
를 연주하고 있을 때, 사울은 창을 집어 들어 다윗에게 던진다. 이 시
점에서 성경은 다음과 같이 말한다: "하나님이 보내신 악한 영이 사울
에게 내리 덮쳤다." 구약성경의 사울 이야기에서는 음울한 기분과 격
한 분노가 하나님으로부터 왔다고 전한다. 아마 신약성경이라면 그
러한 기분과 분노가 사탄이 보낸 악령에게서 왔다고 말할 것이다.

　야훼는 대극의 총화totality이기 때문에, 선과 악을 포함하여 모든 것
이 그분으로부터 나왔다. 따라서 고대 이스라엘 사람들에게서는 악
의 문제를 찾아볼 수 없다. 그들에게는 하나님 한 분밖에 없었던 것이
다. 이 세계에 선과 악이 존재하고, 인간이 복을 받을 뿐 아니라 비극

---

1) *Good News Bible* (New York, N.Y.: Thomas Nelson Publishers, 1976).

도 경험했다면, 인간이 음울한 기분과 악한 열정에 휩쓸렸다면, 이 모
든 것은 야훼에게서 비롯되어야 했다. 이스라엘 사람들은, 자신들의
도덕의식이 더 발달한 뒤에야 비로소, 선과 악을 인류에게 마구잡이
로 보내는 것처럼 보이는 하나님 개념에 불안을 느끼기 시작했다.

차라리 구약성경의 하나님 상像을 원시적인 것으로 여겨 받아들이
지 않는 것이 편했을 것이다. 구약성경의 하나님 상은 신관神觀의 발달
이라는 관점에서 볼 때 흥미롭기는 하지만, 우리가 그것을 중요하게
여길 필요는 없다. 그러나 원시적인 특성에도 불구하고, 구약성경의
하나님 상에는 포로기 이전의 성경 문헌들에서 발견되는 근본적인 통
일성이 존재하고 있다. 우리는 야훼가 선과 악을 함께 보낸다는 사실
을 받아들이기가 힘들지도 모른다. 하지만 그것은 우리에게 대담하
고 단호한 일신교를 제시한다. 종교적 천재성을 지닌 고대 이스라엘
사람들은 모든 현상의 밑바닥에 하나의 근본적인 실재가 존재한다는
것을 이해하고 있었다. 그리고 이것이 선은 물론이고 악까지도 야훼
로부터 왔음을 의미한다면, 이것을 두려움 없이 대면하라는 것이 결
론이었을 것이다.

종교 철학자 못지않게 아우로빈도Aurobindo도 고대 이스라엘 사람들
과 똑같이 느꼈다. 악의 본질에 관한 대담한 진술을 하면서 아우로빈
도는 이렇게 말했다:

어떤 식의 해결책이든 간에, 우리의 목표가 올바른 해결책에 이르
는 것이라면, 우리는 존재를 똑바로 보아야만 한다. 존재를 똑바로
보는 것은 하나님을 똑바로 보는 것과 같다. 이 둘은 별개가 아니

다... 전쟁터 같이 살기가 힘든 이 세계는 사납고 위험하고 파괴적이며 맹렬한 세계다. 그 속에서 생명이 아슬아슬하게 존재하고, 인간의 영혼과 육신도 엄청난 위험을 헤치고 나아간다. 원하든 그렇지 않든 간에, 우리가 걸음을 앞으로 옮길 때마다, 무언가가 부서지고 깨진다. 모든 생명의 숨은 죽음의 숨이기도 하다. 악하거나 무시무시하게 보이는 모든 것의 책임을 다소 전능한 악마의 어깨로 떠넘기거나, 그것을 자연 법칙의 일부로 제쳐두거나, 마치 자연의 법칙이 하나님과 관계가 없다는 듯이 세계와 하나님을 대립시키거나, 마치 인간이 세계 창조의 우선권을 가졌다거나, 아니면 하나님의 의지에 반하는 무언가를 창조할 수 있기라도 하다는 듯이 책임을 인간과 그의 죄로 떠넘기거나, 하는 것은 모두 어색하기 그지없는 손쉬운 방편에 불과하다... 우리는 용기를 내어 실재를 똑바로 보고, 이 세계를 만드신 분이 하나님이라는 것을 알아야 한다... 이 세계의 불화는 하나님의 불화이며, 우리는 그러한 불화를 받아들이고 통과함으로써만 그분의 지고한 조화에 이를 수 있고, 그분의 초월과 우주적 아난다Ananda(신성한 기쁨)에 도달할 수 있다.[2]

그러나 리브카 샤르프 – 클루거Rivkah Scharf–Kluger가 자신의 탁월한 저서 『구약성경의 사탄Satan in the Old Testament [3]에서 지적하듯이, 사탄

[2) 나는 이 인용구를 비아 버치Bea Burch의 도움을 받아 사트프렘Satprem의 책, *Sri Aurobindo, or The Adventure of Consciousness* (New York, N. Y.: Harper & Row Publishers, 1970), p. 163에서 따왔다. 이 책의 원본은 Sri Aurobindo Ashram Press, Pondicherry, India, 1968년 판이다.

3) Northwestern University Press, 1967. 나는 구약성경에 나타난 악마의 역할에 대한 많은 통찰을 리브카 샤르프–클루거에게서 얻었는데, 특히 그녀가 발람의 이야기를 분석해 놓은 대목에서 통찰을 얻었다.

이라는 단어의 용법에는 우리의 목적에 대단히 유익한 평범한 용법도
있다. 악의 책임이 신적인 존재에게 있음을 언급하기 위해서는 사탄
이라는 단어가 네 번밖에 사용되지 않은 반면, 구약성경의 다른 곳에
서는 적이라는 원래의 뜻으로 사용된다. 이 경우에 그 단어는 신적인
존재를 가리키지 않고, 세속적인 용법으로 사용된다. 예컨대 사무엘
상 29장 4절에서, 다윗은 성난 사울로부터 도망하여 블레셋 사람들
에게로 피신한다. 블레셋 사람들은 이스라엘 사람들과 싸우기 위해
막 진군하려던 참이었기에 다윗을 데려가지 않으려고 한다. "그가 싸
움터에 나가서 우리의 대적(사탄)으로 돌변하지 않도록 하여 주십시
오." 열왕기상 11장 14절과 23절에는 다음과 같이 기록되어 있다: "주
께서는, 에돔 출신으로 에돔에 살고 있는 왕손 하닷을 일으키셔서, 솔
로몬의 대적(사탄)이 되게 하셨다... 하나님께서는 솔로몬의 또 다른
대적자(사탄)로서, 엘리아다의 아들 르손을 일으키셨다.... 르손은
솔로몬의 일생 동안에, 이스라엘의 대적자(사탄)가 되었다."

  샤르프–클루거 박사에 의하면, 사탄이라는 단어의 동사형은 글자
뜻대로, "전진운동을 방해하면서 괴롭히는 것"을 의미한다. 그 단어
의 명사형은 "적"이나 "고발자"를 뜻한다. 이와 같이, 그 단어는 일상
언어로 자주 사용되었다. 실제로, 우리는 야훼 자신이 인간의 적이 될
수 있다는 것을 증명할 수 있다. 우리는 이것을 민수기 22장에 나오는
발람의 이야기에서 찾아볼 수 있다.[4]

  모압의 왕 발락이 깜짝 놀란다. 이스라엘 사람들이 시나이 사막에

---

4) 발람의 이야기는 두 개의 전승으로 구성되어 있다. 둘 다 민수기 22장에 나온다.
   우리는 22절에서 시작되는 훨씬 오래 된 본문을 따르고 있다.

서 모압으로 접근하고 있었기 때문이다. 발락은 이스라엘 사람들에게 저주를 퍼부어 주기를 바라는 마음에서 사람을 보내어 발람 예언자를 불러온다. 발락은 발람에게 이렇게 말한다: "그대가 복을 비는 이는 복을 받고, 그대가 저주하는 이는 저주를 받는다는 것을, 나는 알고 있습니다." 조금 망설인 후에, 발람은 모압 땅으로 가는 것에 동의하고, 자신의 나귀에 안장을 얹고 길을 떠난다. 이 일이 야훼를 화나게 했다. 야훼는 발람의 앞길을 막기 위해 사자使者, malak Yahweh를 보낸다. 나귀가 앞길을 가로막는 야훼의 사자를 보고는 길을 벗어나 밭으로 들어간다. 이로 인해 화가 난 발람은 나귀를 때려 다시 길로 들어서게 한다. 하지만 그들이 얼마 못 가서 나귀는 다시 천사를 본다. 이제 그들은 양옆에 담이 있는 좁은 길 위에 있다. 깜짝 놀란 나귀가 발람의 발을 담에 긁히게 하니, 발람이 화가 나서 다시 나귀를 때린다. 그들이 재차 길을 가지만, 나귀는 천사가 아까보다 훨씬 더 좁은 곳에 서 있는 것을 보고, 그냥 길바닥에 주저앉아 더 이상 앞으로 나아가려 하지 않는다. 이에 발람이 벌컥 화를 내며 지팡이로 나귀를 때린다.

발람과 나귀 사이에 대화가 이어지고, 시비가 가려진다. 나귀가 자신은 이제까지 주인을 실망시킨 적이 없는데 왜 때리느냐고 묻자, 발람은 실망감을 토로한다. 그런 다음 "야훼가 발람의 눈을 열어," 천사가 칼을 빼어들고 길에 서 있는 것을 보게 한다. 그리고 천사가 말한다: "너는 왜 너의 나귀를 이렇게 세 번씩이나 때리느냐? 네가 가서는 안 될 길이기에 너를 막으려고 이렇게 왔다. 나귀는 나를 보고, 나에게서 세 번이나 비켜섰다. 다행히 나귀가 비켜섰기에 망정이지, 그렇지 않았더라면 내가, 나귀는 살렸겠지만, 너는 분명히 죽였을 것이다."천사는 하나님이 말씀하시는 것 외에는 아무것도 말하지 않겠다는 약조를 받고서 발람이 발락에게 가는 것을 허락한다. 물론 발람은 발락의 바람과 달리 이스라엘 백성에게 저주를 내리지 않고, 이스라엘 백성이 하나님의 은혜를 받았다고 선포하고, 그들이 번성할 것이라고 약속한다.

영역英譯 성경은 우리에게 이렇게 말한다: "주의 천사가 그의 대적자가 되어, 길에 서서 가로막았다." 이스라엘 사람은 야훼가 발람의 앞길에 서서 그의 길을 가로막는 사탄이 되었다고 말한다. 이 이야기의 관점에서 보면, 실로 하나님은 우리의 길을 가로막는 사탄이 되실 수 있고, 위험한 대적자가 되실 수 있다. 나귀는 발람의 건강한 직관을 상징할지도 모른다. 만일 나귀가 없었다면, 그 예언자는 야훼의 한 측면인 사탄에게 걸려들어 파멸하고 말았을 것이다. 하지만 이렇게 길을 가로막는 위험한 하나님의 한 측면과 마주친 결과로 발람의 의식이 고양되고, 발람의 인간적인 의지와 야훼의 신적인 의지 사이에 대화가 일어난다. 발람은 여행을 계속하는데, 이 여행은 더 잘 의식하는 사람, 곧 자신이 방금 깨달은 신적인 의지를 위하여 자신의 개인적인 의지를 버린 사람으로서 하는 여행이었다.

발람의 이야기는 야훼가 근원적으로 어두운 면을 가지고 있었음을 보여준다. 이 어두운 면은 인간을 파멸시킬 수 있었고, 그것에 주의를 기울이지 않을 만큼 이리석은 사람에게 어둡고 위험한 힘으로 작용할 수도 있었다. 그러한 경험에서 다음과 같은 성경의 교훈이 나왔을 것이다: "주를 두려워하는 것이 지혜다"(욥기 28:28). 분석심리학의 관점에서 보면, 구약성경의 야훼는 자기Self의 원형을 구체화했다고 할 수 있다. 제1장에서 살펴보았듯이, 자기의 원형은 온전한 개성과 관련이 있다. 그것은 우리 안에 자아의 의지보다 훨씬 크고 목적이 분명한 의지가 있다고 말한다. 자기Self의 실재와 능력을 인식하는 것은 신적인 마음과 같은 무언가가 우리 안에 존재하고 있음을 인식하는 것이다. 우리는 이 신적인 마음의 엄청난 능력과 권위를 인정해야만 한다. 발람의 이야기가 자기Self를 야훼의 사자使者, malak Yahweh—발람의 대적자가 되어 발람의 길을 가로막는 천사—로 구체화한 것이라고 한다면, 그것은 자기Self가 어둡고 파괴적인 면을 가지고 있다고 말하는 것이다. 만일 어떤 사람이 끝까지 자기를 거스르고, 자신의 가장 깊은 진리에 저항한다면, 그런 사람은 파괴적인 힘에 빠지고 말 것이다. 따라서 발람의 이야기는 구약성경에서 야훼의 어둡고 흉악한 면을 보여줄 뿐만 아니라 자기Self의 어두운 면도 보여준다고 하겠다.

분석심리학은 그러한 성경의 이미지들을 뒷받침한다. 자기Self는 우리에게 온전해지라고 요구한다. 만일 우리가 온전해지라는 이러한 요구에 맞지 않는 삶의 자세나 방향을 고집한다면, 우리는 정신 장애나 육체적 질병 속에서 자기의 어두운 면을 경험하게 될 것이다. 우리가 잘못된 삶의 방향으로 가다가 우리의 앞길을 가로막는 힘을 보지 못한다면, 우리는 결국 파멸에 직면할 것이다. 불의의 사고, 질병, 정신 이상, 공포심, 강박적인 망상, 이 모든 것은 자아의식과 온전해지라는 자기의 요구 사이에서 일어나는 대립의 조짐일 수 있다. 그러한 정신적 장애가 일어날 때, 우리는 자기가 우리의 앞길을 가로막는 사탄이 되었다고 말할 수 있을 것이다. 우리가 잘못된 삶의 방향을 고집할 때, 자기는 우리를 파멸시킬 수 있는 대적자의 자세를 취한다.

발람은 자신의 앞길을 가로막는 야훼의 천사를 보고 대화를 시작함
으로써 이러한 운명을 뒤집을 수 있었다. 발람의 이야기에 나타나는 대
화는 자아ego와 자기Self 사이에서 일어나는 대화와 유사하다. 우리가 꿈
을 기억하고 이해하려고 노력할 때, 혹은 우리가 무의식과의 생생한 관
계를 확립하기 위해 그러한 기법을 실행할 때 비로소 자아와 자기의 대
화가 시작된다. 융은 그러한 기법을 "적극적 명상active imagination"이라
고 불렀다.[5] 우리는 꿈이 우리 마음의 중심psychic Center에서 오는 것으
로 이해할 수 있다. 꿈은 우리의 삶에다 하나님의 뜻을 알려주는 정신
적 기능을 가지고 있다. 꿈을 기억하고, 꿈에 반응하고, 꿈과 대화하
는 것은 우리의 앞길을 가로막는 능력자와 대화하는 것과 같다. 그렇
게 하기만 한다면, 우리의 자아ego는 점차 자기Self가 의도하는 바를 깨
닫게 될 것이다.

발람이 자신의 나귀에게 주의를 기울였다면, 그는 걱정거리로부터
스스로를 건져낼 수 있었을 것이다. 발람은 길에 서 있는 천사를 보지
못하나, 나귀는 천사를 보고서 길을 벗어난다. 이것은 우리 몸 안에서
일어나는 본능적인 반응, 혹은 무의식에서 일어나는 반응을 경험하
는 것과 같다. 우리가 무의식에 귀 기울이기만 하면, 무의식은 우리의
잘못된 인생길에 대하여 무언가를 말해 줄 것이다. 대수롭지 않은 육
체적 질병의 재발, 뒤숭숭한 꿈, 경미한 우울증이나 걱정은 발람의 이
야기에 등장하는 나귀와 같다. 그것은 우리의 본능의 표현이며, 어딘
가에서 무언가가 잘못되고 있음을 말해주는 표현이다. 이러한 표현

---

5) John A. Sanford, *Healing and Wholeness* (New York, N. Y.: Paulist Press, 1977), pp. 140-48.

들에 주의를 기울이기만 한다면, 우리는 수많은 고통에서 우리 자신을 건져낼 수 있을 것이고, 평온하게 자기Self와 대면할 수 있을 것이다. 발람과 야훼의 천사 사이에 있었던 대화가 바로 이것의 표본이다.

이것은 분석심리학이 그러한 이야기를 보는 방법이기도 하다. 그 이야기가 역사적으로 사실이냐 아니냐를 따지는 것은 중요하지 않다. 실화이든, 가상의 전설이든 간에, 그 이야기는 동일한 내적 진리 혹은 심리학적 진리를 담고 있다.

대뜸 자기Self의 어두운 면과 부딪힐 때, 우리는 악에 직면하고 있다고 느낄 수도 있다. 질병이나 불안이나 우울증이나 공포증과 같이 우리를 괴롭히는 문제는 악한 상태로 경험된다. 인간적인 견지에서 보면, 그것은 극복되지 않으면 우리를 파멸시키고 말 악한 상태로 보일 것이다. 오늘날 기독교의 가장 틀에 박힌 수련방법은 하나님과 결합된 이 악한 상태를 끊어버리라고 장려한다. 우리는 하나님이 너무나 인자하셔서 우리에게 그러한 어둠을 보내실 리 없다고 확신할 것이다. 우리는 하나님이 선한 부모와 같으시기에 그토록 고통스러운 경험으로 우리를 찾아오시지 않을 것이라고 생각한다. 그럼에도 불구하고 발람의 이야기는 하나님이 어두운 면도 갖고 계신다고 말하는 성경의 수많은 부분 가운데 하나다. 우리가 끝까지 잘못된 인생길을 걸어간다면, 우리는 우리를 파멸시켜 버릴 하나님의 진노에 빠져들고 말 것이다. 심리치료에서 우리는 어떤 사람을, 상담을 받지 않으면 안 되는 상황으로 몰아넣은 고통스러운 상태가 자기Self와 관계가 있음을 알게 된다. 말하자면, 그 사람의 고통스러운 상태는, "온전해지라. 삶의 자세를 바꾸고 자아가 아닌 자기의 소원에 순응하라"고 하는 내면의 끈덕진 요구와 관계가 있다.

이런 이유로 우리는 하나님의 어두운 면과 자기Self의 어두운 면을 말하지 않을 수 없다. 하지만 좀 더 자세히 살펴보면, 우리가 경험하고 있는 악의 상황은 우리를 잘못된 삶의 방향에서 바로잡으려고 하는 "의도"를 가지고 있음이 분명해진다. 정말 잘못되고 병이 드는 것은 우리가 삶에 대해 잘못된 자세를 가지고 있고, 우리의 자아가 제대로 발달되지 못해 그런 것이다. 즉, 자기Self가 만들어낸 증상이나 병은 우리의 삶의 자세가 잘못되었기에 나타난 결과이다. 그러한 증상이나 병은 우리를 치료하고자 하는 시도로 보일 수 있다. 언젠가 융이 우리가 신경증을 치료하는 게 아니라 신경증이 우리를 치료한다고 말했던 것은 바로 그런 이유에서였다.

발람의 이야기에서 보듯이, 악의 역할에 대한 구약성경의 이해에는 어느 정도 난해한 점이 없지 않다. 야훼는 어두운 면, 곧 인간이 어리석거나 잘못된 행위를 고집할 경우, 그를 습격하여 파멸시킬 수 있는 무시무시한 면을 지니고 있다. 발람의 이야기에서 보았듯이, 우리는 의식의 수준을 끌어올리기 위해 이러한 하나님의 어두운 면을 대면할 필요가 있다. 빛과 어둠으로 그려지는 하나님의 이러한 이미지는, 무의식의 이미지들로 나타나는 자기Self의 원형과 너무나 일치한다. 우리는 그러한 하나님의 이미지를 원시적인 것이라고 하여 내버려서는 안 된다. 오히려 우리는 고대 이스라엘 사람들이 그린 하나님의 이미지를 빛과 어둠의 종합으로서, 선과 악의 관계를 이야기하는 진리의 한 측면을 표현한 것으로서 보아야 한다.

확실히, 이것은 우리에게 악에 대한 역설적인 관점을 제시한다. 그

것은 우리의 세련된 감정에 상처를 입혀, 자연 자체가 그렇듯이 하나
님도 특정한 상황에서는 가차 없이 파괴적일 수 있으며, 발람처럼 어
리석게 하나님의 악마적인 측면에 걸려드는 사람들에게 앙갚음하신
다고 생각하게 만든다. 이러한 역설적인 관점이야말로 구약성경이
그리는 하나님 상像의 강점이다. 그래서 어떤 학자는 다음과 같이 결
론을 내릴 수 있었다: 사탄은 "구원 계획 속에 확고하게 자리 잡은 악
마적이고 파괴적인 원리임에 틀림없다."6) 발람이 야훼의 천사의 어
둡고 위험한 측면으로 달려들지 않았다면, 그가 어디에서 구원을 받
았겠는가?

   빛과 어둠이 언제나 서로 떨어져 있는 것은 아니다. 이것이야말로
삶의 현실이다. 어디에 선이 있고, 어디에 악이 있는지를 항상 알 수
는 없다. 그래서 니코스 카잔차키스는 다음과 같이 선언한다: "누군
가 왔다. 틀림없이 하나님, 하나님이었을 거야… 어쩌면 악마였을지
도 몰라. 하나님과 악마가 서로 분리되어 있다고 어느 누가 말할 수
있겠어? 그들은 서로 얼굴을 바꾸지. 하나님이 온통 어둠이 되실 때
도 있고, 악마가 빛이 될 때도 있으니, 인간의 마음은 혼란 속에 빠지
고 마는 거야."7)

---

6) Rivkah Scharf—Kluger, *Satan in the Old Testament*, trans. Hildegard Nagel
   (Evanston, Ill.: Northwestern University Press, 1967), p. 161, 게르하르트
   폰 라트Gerhard von Rad를 인용한 것임.

7) Nikos Kazantsakis, *The Last Temptation of Christ* (New York, N. Y.: Simon
   & Schuster, 1960), p. 15.

제4장

신약성경에서의 악마와 악의 역할

우리는 구약성경이 대담하고 단호한 일신교를 보여주는 것에 감탄할 수 있을지 모르지만, 하나님이 선의 근원일 뿐만 아니라 악의 근원이기도 하다는 입장을 받아들이기는 힘들 것 같다. 이것은 하나님이 악을 만드셨다는 것을 의미하는가? 이것은 하나님이 선만이 아니라 악도 만든 분이라는 것을 뜻하는 것인가? 하나님은 도덕과는 무관한 분이신가? 여러분은 이 문제에 대해 신약성경이 어떻게 말하는지 알고 싶을 것이다.

고대에는 하나님을 선과 악의 근원으로 보는 구약성경의 관점에 대하여 달리 생각했던 사람들도 많이 있었다. 구약성경에서 복음서로 우리 관심을 옮겨가자마자, 우리는 사탄이 두드러진 역할을 하고 있는 것을 보고 충격을 받게 된다. 이미 살펴보았듯이, 구약성경에서는 사탄이 대수롭지 않은 역할만을 하더니, 신약성경에서는 뚜렷한 역할을 하기 때문이다. 구약성경의 마지막 책들과 예수의 목회활동 초기 사이의 몇 세기에 걸쳐서 악에 대한 유대인들의 사고방식에 중대한 변화가 일어났다. 우리는 포로기 이후에 발전된 유대인의 외경外經과, 유대인의 정경正經인 구약성경에 수록되지 못한 수많은 묵시록에

서 고도로 발달된 악마론과 천사론을 발견하게 된다. 학자들은 유대
인들이 포로기에 바빌로니아 사람들에게 영향을 받았을 것이라고 추
측한다. 왜냐하면 이 시기 이후부터 유대교 신학자들이 보다 이원론
적인 선악관善惡觀에 관심을 갖기 때문이다. 이유야 어떠하든 간에, 예
수가 등장할 때까지 당시의 바리새파 사람들과 일반 대중은 선한 영
과 악한 영들의 완벽한 위계질서가 존재하며, 사탄이 후자의 우두머
리 역할을 한다고 확신하고 있었다.

사탄이 신약성경에서 중요한 역할을 하고 있는 것에 상응하여, 우
리는 그가 많은 이름을 가지고 있음을 본다. 복음서에서 그가 사탄으
로 불린 것은 35번이고, "디아볼로스diabolos"나 악마로 불린 것은 37번
이며, "원수enemy"로 불린 것은 여러 번이고,[1] "바알세불"로 불린 것은
7번이었다. 바알세불은 "파리들의 우두머리"를 뜻함과 동시에 페르
시아의 신적 존재인 아흐리만을 가리킨다. 요한복음에서도 악마가
자주 언급되는데, 거기서 그는 대개 "이 세상의 통치자"로 일컬어진
다.[2]

이 이름들 중에서도, "사탄"과 "디아볼로스(악마)"라는 명칭이 가
장 많이 불렸다. "사탄"이라는 명칭은, 앞에서 이미 살펴보았듯이, 히
브리 단어에서 차용한 단어로 전진운동을 방해하는 자, 곧 대적자나
고발자를 의미한다. 디아볼로스는 그리스 단어로서 사탄의 동의어로

---

1) 누가복음 10:19과 마태복음 13:28 참조. 이 구절들은 예수께서 직접 하신 말씀이라
   기보다 초대교회 전통에서 나온 말로 볼 수 있다. *Norman Perrin, Rediscovering
   the Teaching of Jesus* (New York, N. Y.: Harper & Row, 1967), pp. 112-13을
   보라.
2) 요한복음 12:31, 14:30, 16:11을 참조하라.

사용되었다. 동사형으로 쓰일 때 그것의 정확한 뜻은 "맞은편으로 던지다"이다. 이를테면 디아볼로스가 우리의 전진을 방해하기 위해 우리의 앞길에다 무언가를 던진다는 것이다. 명사형으로 쓰일 경우, 디아볼로스는 고발자나 대적자로도 번역된다. 그것은 사탄이라는 단어와 의미면에서 밀접하게 대응한다.

복음서들을 보면, 사탄이 인간의 질병을 일으키는 것으로 묘사되어 있다. 사탄은 앓는 사람들에게 육체적 질병과 고통을 안겨준다. 예컨대, 어떤 여인을 열여덟 해 동안이나 몸을 펼 수 없게 만든 존재가 바로 사탄이었다. 그 여인은 사탄에 매여 있었다고 했다(눅 13:16). 또 사탄은 정신적 고통을 겪게도 만든다. 이런 식으로 사탄은 인간을 괴롭히는 일에 자신을 돕는, 귀신의 군대를 다스린다. 거라사 사람들의 지역에 사는 사람을 사로잡은 많은 귀신이 예수께 간청하여, 자신들을 내쫓을 때, 돼지 떼에게로 들여보내 달라고 한 적이 있다(눅 8:28-34). 예수의 비유 가운데 몇 개는 사람들 사이에서 활동하는 사탄을 다루고 있다. 특히 씨 뿌리는 자의 비유(막 4:15)와 가라지의 비유(마 13:28)가 그러하다. 하지만 사탄은 사람에게 고통을 주어 괴롭히는 것은 물론이고 사람을 꼬드겨 하나님의 뜻을 거스르게 하는 데에도 관심이 있다. 누가는 사탄이 유다에게로 들어가서 유다로 하여금 예수를 배반하게 했으며(눅 22:3), 베드로까지도 손에 넣으려고 했다고 밀한다(눅 22:31).

그 이름이 가리키고 있듯이, 사탄은 복음서에서 하나님께 맞서는 영으로서 나타난다. 그는 사람이 하나님과의 관계를 유지하고 건강에 이르는 길에 모든 장애물을 설치하고, 고의로 사람에게 고통을 줄 뿐만 아니라, 사람으로 하여금 하나님을 등지게 하여 죄와 반역을 꾀하게 하려고 애쓰기도 한다.

복음서에서 악마가 두드러진 역할을 하고 있음에 비해, 사람들이 악마의 기원이나 운명에 주의를 기울이지 않았다는 것은 흥미로운 사실이다. 복음서에는 악마나 악이 이 세상에 존재하게 된 까닭을 설명하는 대목이 한 군데도 없으며, 그가 최종적으로 어떻게 될 것인지를 설명한 것도 없다. 보기 드문 예외 가운데 하나가 바로 누가복음 10장 18절이다. (우리는 이 구절을 다음 장에서 보다 상세히 논의하게 될 것이다.) 이 구절에서 예수는 사역을 마치고 돌아온 일흔 두 사람에게 다음과 같이 말한다: "사탄이 하늘에서 번갯불처럼 떨어지는 것을 내가 보았다." 전반적으로, 복음서에서 사탄은 단지 자신의 일을 할 뿐이라고 묘사되고 있다. 당시의 사람들이 보기에, 하나님으로부터 임무를 위임받아 수행하는 악한 존재가 틀림없이 존재하는 것처럼 보였다.

바로 이것이 악마와 악을 대하는 예수의 태도인 것 같다. 예수는 악에 대해 잘 알고 있었다. 그가 사역을 시작하던 때에, 곧 세례를 받고 성령이 그에게 임한 뒤에, 예수는 광야로 나가서 사탄에게 유혹을 받는다. 예수는 악마를 대면한다. 악마는 예수로 하여금 신적인 능력을 오용하게 하기 위해 예수에게 유혹의 손길을 뻗친다. 그 후에 예수는 자신의 사역을 시작한다. 뒤에 예수는 자신의 치유 사역 속에서 악마나 귀신들을 자주 대면하는 가운데, 다는 아니라 해도, 상당히 많은 육체의 질병과 정신 질환은 악한 힘 때문에 생긴 고통이라는 대중적인 견해에 동의한다.

예수는 악을 창조의 불가피한 요소라고 여겼던 것 같다. 그러기에 그는 이 세상에 악이 존재하는 이유에 대해 설명할 필요를 느끼지 못했다. 예컨대, 가라지의 비유에서 예수는 악의 존재를 당연하게 여긴다. 어떤 사람이 좋은 씨를 뿌렸는데, 원수가 와서 밀 가운데 가라지를 뿌리고 갔다. 예수는 다음과 같이 충고한다: "거둘 때가 될 때까지 둘 다 함께 자라도록 내버려두어라. 거둘 때에, 내가 일꾼에게, 먼저 가라지를 뽑아 단으로 묶어서 불태워 버리고, 밀은 내 곳간에 거두어들이라고 하겠다"(마 13:24-30). 이 비유가 예수의 창작이 아니라 초대교회의 산물이라 하더라도, 그것은 예수의 태도와 일치하는 것처럼 보인다. 즉 밀과 가라지, 선과 악이 이 세상에서 자라도록 허락받았는데, 만물의 마지막 때가 되어서만 악이 선으로부터 분리되어 소멸되리라는 것이다.

우리는 마태복음 5장 45절에서도 이와 유사한 대목을 읽는다: "너희를 박해하는 사람들을 위하여 기도하여라. 그래야만, 너희가 하늘에 계신 너희 아버지의 자녀가 될 것이다. 아버지께서는, 악한 사람에게나 선한 사람에게나 똑같이 해를 떠오르게 하시고, 의로운 사람에게나 불의한 사람에게나 똑같이 비를 내려 주신다." 여기서 우리는 선한 사람과 악한 사람, 의로운 사람과 불의한 사람이 이 땅에서 살게 하시고, 그들이 햇빛과 비를 똑같이 받게 하시는 하나님의 상image을 접한다. 하나님은 이 세상에 존재하는 악을 제거하기 위해 어떤 시도도 하지 않으신다.

하지만 예수는 악의 존재에 대하여 어떤 설명도 하지 않음과 동시에, 만일 사람이 악의 힘에 굴복하면, 그것이야말로 그 자신에게 재앙이 될 것임을 분명히 밝힌다. 언젠가 한 번은 안식일에 사람을 고쳐주었다는 이유로 바리새파 사람들에게 추궁을 받자, 예수는 그들에게 다음과 같이 맞받아 쳤다: "너희에게 물어보겠다. 안식일에 착한 일을 하는 것이 옳으냐? 악한 일을 하는 것이 옳으냐? 목숨을 구하는 것이 옳으냐? 죽이는 것이 옳으냐?"(눅 6:10) 분명히 예수는 사람이 악이나 선을 행할 수 있으며, 그의 행위에 따라서 차이가 생겨난다고 생각했다.

악을 대하는 예수의 태도를 가장 잘 요약한 것이 마태복음 18장 5-7절이 아닌가 싶다. 이 구절에서 예수는 어린아이가 하늘나라에서 차지하는 지위에 대하여 말한다: "누구든지 내 이름으로 이런 어린아이 하나를 영접하면, 나를 영접하는 것이다. 나를 믿는 이 작은 사람들 가운데서 하나라도 걸려 넘어지게 하는 사람은, 차라리 자기의 목에 연자매를 달고 바다 깊숙이 잠기는 편이 낫다. 사람을 걸려 넘어지게 하는 것 때문에 세상에 장애물이 있다. 장애물이 없을 수는 없으나, 걸려 넘어지게 하는 사람에게는 장애물이 있으리라."

"장애물"이라는 단어는 그리스어로 스칸돌론skandolon인데, 방해물을 뜻한다. 악마의 기능은 사람의 앞길에 장애물과 같은 무언가를 던지는 것이다. 그런 이유로 예수는 어린아이들에게 장애물이 되는 사람들을 악의 힘에 굴복하는 사람들이라고 말하고 있는 것이다. 예수는, 악이 없을 수는 없지만, 악한 힘의 도구가 되는 사람은 가장 위험한 결과를 얻게 될 것이라고 분명하게 말한다.

악마가 중요한 형상figure이긴 하지만, 예수는 악마나 악을 제거하는 것을 자신의 사역, 곧 하나님의 계획의 일부로 여기지 않았다. 그가 십자가에 달린 것은 악마의 음모 때문이 아니라, 하나님의 계획을 성취하기 위해서였다. 내가 쓴 『내면의 왕국The Kingdom Within』3)에서 보여주고자 했던 것 같이, 예수의 가르침은 주로 의식의 발달 및 개성의 실현과 관계가 있다. 예컨대, 페르시아의 민간전승에서 찾아볼 수 있는 것과 같은 이원론적 투쟁이 복음서에서는 발견되지 않는다.

이원론이라 일컬어질 만한 것이 있다고 해도, 그것은 일신교의 지나친 영향력 때문에 코가 납작해지고 만다. 지상에서는 마치 이원론적 체제가 작동 중이어서, 틈만 나면 사탄의 의도가 하나님의 의도를 훼방하는 것처럼 보이지만, 보다 폭넓은 견지에서 보면 하나의 위대한 신적 계획과 하나님 한 분만이 있을 뿐이다. 이 관점에서 보면, 하나님이 악의 활동을 허락하셔서 악이 하나님의 섭리 속에서 어느 정도 꼭 필요한 역할을 하는 것처럼 보일 것이다. 우리는 이것을 "악을 보는 일원론적 관점monistic concept of evil"이라고 부를 수도 있을 것이다.4)

바로 이것이 초기 기독교 철학자 오리게네스Origen의 관점인 것 같다. 그는 만물이 완전을 위해 고투하고 있으며, 모든 살아있는 피조물이 하나님의 계획의 일부로서 완전을 성취할 때, 악마가 구원을 받고, 악이 없어질 것이라고 가르쳤다. 이것은 하나님이 자신의 목적을 위해 악마와 악의 존재를 허락하셨으며, 그 목적이 완수되면, 악마의 필요성이 없어지고, 악이 선의 편에 흡수될 것이라는 뜻이다.

바로 이 시점에서 분석심리학이 기여하는 바가 있다. 그 자신을 실현하는 일이야말로 만물 안에 존재하는 가장 깊은 충동이요 본능이라

---

3) John A. Sanford, *The Kingdom Within* (New York: J. B. Lippincott, 1970, and New York: Paulist Press [paperback], 1980).

4) 나는 이 용어를 빅터 마아크Victor Maag의 논문 "The Antichrist," in the volume *Evil* (Evanston, Ill.: Northwestern University Press, 1967)에서 빌려왔다.

고 융은 단언한다. 인간의 삶에서 이러한 실현 욕구는 의식적 정신에서 오는 것이 아니라 우리 존재의 무의식적 중심, 곧 자기Self로부터 온다. 즉, 우리의 내부에서 실현을 촉구하고 있는 것이다. 우리의 존재를 실현하려면, 통합된 인격을 이루도록 연마하는 것이 필요하다. 이는 통합된 인격 안에서만 의식과 무의식이 서로 다투지 않고 조화롭게 활동할 수 있기 때문이다. 융은 통합된 인격을 실현을 향해 나아가는 일생의 과정을 "개성화individuation"라고 불렀다. 개성화 과정의 목표는 분할될 수 없는 온전한 인격을 실현하는 것이다.

바꾸어 말하면, 통합된 삶 속에서 의식적 인격이 인격 전체를 완전히 발현할 때에만, 온전한 인격이 실현될 수 있다는 것이다.

이것이 이루어지려면, 우리의 다양한 기관들이 저마다 고유한 기능을 수행해야 하고, 우리도 자아의 고유한 기능을 잘 알고 심리학적으로 밝혀내야 한다. 하지만 자아는 틀어박혀 잠자기를 좋아하는 곰과 같다. 사람들은 의식해야 할 상황이 아니면, 즉 의식할 필요성을 느끼지 못하면, 전혀 의식하지 못한다. 여기서 악이 뚫고 들어온다. 사람들은 고통이나 의미상실, 혹은 위협적이거나 파괴적인 무언가의 형태로 악을 대면하고 나서야 비로소 자신들의 길을 의식하기 시작한다. 사람들이 시련 속에서 연단을 받아, 그들 속에 있던 약한 것이 제거되고 강한 요소만이 살아남을 때, 비로소 개성화가 일어나는 것이다. 고통과 고투가 어느 정도 존재하는 환경에서만, 약한 요소는 제거될 수 있다. 전일성wholeness에 도달하는 것을 방해하는 듯한 힘이 삶에 존재하지 않으면, 전일성이 성취되지 않을 것이다. 심리학의 관점에서 보면, 개성화를 이루기 위해서는 악이 반드시 필요한 것이다.

우리는 인생을 이야기에 비유할 수 있다. 누구나 자신 안에 한 권의 소설, 곧 자신의 삶의 이야기를 가지고 있다고 볼 수 있다. 하지만 그 속에 악이 없다면, 사실상 어떤 이야기도 상상해 볼 수 없을 것이다. 소설에 등장하는 인물이 모두 착하고 행복하기만 하다면, 비극이 단 한 군데도 없다면, 암울한 사건이 아무에게도 닥치지 않는다면, 단 한 사람도 도덕적 갈등을 겪지 않는다면, 할 얘기가 거의 없을 것이다. 악이야말로 사건을 일으키는 존재라 볼 수 있다. 이것은 우리가 때론 악에 매료되고, 신문에 실린 끔찍한 이야기를 겁에 질린 채 흠뻑 거기에 빠져 읽는 걸 보아도 알 수 있다. 괴테의 위대한 시극詩劇인 『파우스트Faust』에서, 메피스토펠레스는 다음과 같이 투덜거린다. "내가 없어 봐요. 이 세상에 아무 일도 일어나지 않을 테니. 그런데도 사람들은 나를 고맙게 생각하지 않아요." "당신은 누구입니까"라고 파우스트가 묻자, 나는 "악을 행하되 영원히 선을 만들어내는 힘의 일부랍니다"라고 메피스토펠레스가 대답한다.[5]

오래 전에 기독교의 현자들은, 이 세계가 도덕적으로 의미심장한 세계가 되려면, 악이 존재해야 함을 받아들였다. 불의가 없는 세계에 어떻게 의로운 삶이 존재하겠는가? 하나님을 등지도록 사람들이 악한 힘의 유혹을 받지 않는 세계에 어찌 인간의 참된 자유가 있겠는가? 대적자가 하나님의 자녀를 자신의 자녀로 삼으려고 하지 않는다면, 어찌 하나님께서 자녀들을 자신에게로 끌어올리시겠는가? 인간의 영혼이 맞서 싸울 어둠, 죄, 파괴성이 없다면, 어찌 영혼을 훈련하고, 의

---

5) Goethe, *Faust*, Charles E. Passage 역, (Indianapolis, Ind., BobbsMerrill Co., Inc., 1965), p. 49.

식을 증진시키고, 도덕성과 인격을 강화시킬 수 있겠는가?

이것으로 물음이 끝나는 것은 아니다. 하나님은 이와는 다르게 하실 수는 없으셨을까? 전지전능하신 하나님이 사람들을 상스럽고 불공평하게 대하는 이 세상과는 다른 세상, 즉 지금 이 세상보다 덜 악한 세상을 만드실 수는 없으셨을까? 이런 물음에 복음서들은 아무 대답도 하지 않는다. 복음서들은 이것만이 길이라고 넌지시 말할 뿐이다.

악에 대한 이러한 관점은 커다란 장점을 지니고 있다. 우선 그것은 복음서의 관점과 일치한다. 그것은 왜 예수가 악을 더 악하게 여기지 않았는지, 왜 예수가 악을 설명하지도 않고, 없애지도 않았는지를 설명해 준다. 하지만 이러한 관점에는 위험도 도사리고 있다. 그것은 너무 거침없고 너무 낙관적이고 너무 자신만만한 답이 될 수 있기 때문이다. 그것은 거의 다음과 같은 식으로 말한다: 악은 따지고 보면 선을 증진하니까 실제로는 악하지 않고, 가면을 쓴 선의 또 다른 모습일 뿐이라고. 살면서 악을 경험해 본 사람이라면 어느 누구도 악을 만만히 보는 태도를 받아들이지 않을 것이다. 악은 실제로 악하다. 아니, 우리는 적어도 그렇게 경험할 수밖에 없는 것 같다. 악이 존재한다고 해서 항상 개성화와 삶의 발달이 보증되는 것은 아니다. 악과의 투쟁이 없다면, 진정 삶은 최고도로 성취될 수 없을 것이다. 악이 이기고, 삶이 파괴되고, 인간의 도덕성이 손상되는 경우도 자주 있다. 앞에서 약술한 악에 대한 태도를 받아들이는 것이 옳은 일인지도 모른다. 하지만 그것이 우리로 하여금 악을 만만히 보게 한다면, 이것은 잘못된 것이다.

이런 이유에서 예수가 다음과 같이 말씀하신 것은 과연 옳았다. "오호라, 세상에는 사람을 넘어지게 하는 걸림돌이 있구나. 물론 세상을 살아가는 데 걸림돌이 없을 수는 없으리라. 하지만, 그러한 걸림돌을 놓는 사람은 그가 거기 걸려 넘어지게 될 것이다." 이것은 아주 적절한 경고다. 말하자면 하나님의 영적인 계획이 실행되고, 개성화가 이루어지기 위해서는 악이 불가피하지만, 인간적인 수준에서 일어나는 악의 체험은 악이 어느 정도 불가피하다는 희망 섞인 태도로는 경감되지 않는다는 것이다. 이것을 염두에 두지 않는다면, 우리는 악의 문제를 무미건조하게, 지적으로 해결하려고 하는 위험에 빠지게 될 것이다. 악의 문제를 지적으로 해결하려고 할 경우, 우리는 악을 깊이 느끼지 못하게 될 것이고, 악의 실체를 인식하지도 못하게 될 것이다.

그러나 복음서와 오리게네스에게서 발견되는 악에 대한 이러한 메시지가 신약성경의 유일한 관점은 아니다. 악에 대해 사유하던 초대교회 안에서 다른 입장이 등장했는데, 이것은 결국 적 그리스도Antichrist론으로 나타났다. 우리는 이것을 일컬어 철저한 이원론이라고 불러야 할 것이다.

앞에 언급한 논문에서 빅터 마아크는, 적 그리스도론은 예수의 가르침에서도 발견되지 않고, 바울의 가르침에서도 발견되지 않는다고 말한다. 적 그리스도론은 데살로니가후서에 처음 나온다. (마아크는 데살로니가후서를 바울이 쓴 것으로 생각하지 않는다.) 초기 기독교 신자들은 적 그리스도론에 대해 전혀 알지 못했던 것 같다고 마아크는 말한다. 확실히 예수는 그러한 사상을 한 번도 언급하지 않았다. 하지만 우리는 잘 발달된 적 그리스도론을 데살로니가후서에서 찾아볼 수 있다. 그것은, 말세가 되면 "파멸의 자식"이 나타나 이 세상에서 하나님을 거역할 것이고, 이것이 최후의 묵시적 전투를 촉발시켜 이 세상의 종말을 야기하고, 결국에는 그리스도가 승리하고, 악이 파멸할 것이라고 가르친다. 데살로니가후서에는 아직 "적그리스도"라는 말이 나타나지 않지만, 이를 위한 모든 요소가 들어있다. 마지막 날이 되면, 그리스도와 적그리스도가 패권을 놓고 최종 전투를 시작할 것이라는 사상은 요한서신에서 꽃피어 계시록에서 열매를 맺는다.

계시록에서 우리는 한편으로는 하나님을, 다른 한편으로는 사탄을 만난다. 그리스도는 지상에서 하나님을 대신하여 묵시적 전투를 벌이는 대리자이고, 적그리스도는 사탄의 대리자다. 지상에서 전투가 벌어지면, 천상에서도 전투가 벌어진다. 결국 적그리스도에 대한 그리스도의 승리는 사탄에 대한 하나님의 승리이다. 그리스도가 적그리스도를 누르고 이기면, 악은 영원히 망할 것이고, 악의 편에 섰던 자들도 적그리스도를 위해 준비된 무시무시하고 영원한 벌을 받게 될 것이다.

이토록 섬뜩한 악에 대한 가르침이 복음서에서 유래하지 않았다면 어디에서 유래했을까? 빅터 마아크는 유대교의 위경과 외경까지 거슬러 올라가면서 계시록과 데살로니가후서의 주된 사상을 추적한다. 계시록과 데살로니가후서의 주된 사상은 확실히 고대 페르시아 사람들의 엄격한 이원론과 닮아 있다. 하지만 빅터 마아크는 계시록과 데살로니가후서의 주된 사상이 기독교적이지 않다고 말한다. 왜냐하면 그것은 십자가에 달린 그리스도에 의해 구원이 이미 성취되었다고 주장하지 않고, 오히려 구원을 먼 미래로 미루고, 신자들이 아직 구원받지 못했으며, 십자가도 효험이 없으며, 만물은 최종적인 결과를 기다

려야 하고, 마지막 때가 되기 전에는 구원이 이루어지지 않는다고 말하기 때문이다. 이것은 계시록이 오랫동안 신약성경의 정경에 편입되지 못한 이유 가운데 하나이기도 하다. 루터와 쯔빙글리는 계시록을 전혀 사용하지 않았는데, 이는 계시록을 "기독교의 책이 아니라"고 생각했기 때문이다.[6]

신약성경에서 악과 악의 기원, 그리고 하나님의 섭리 안에서 악이 차지하는 위치에 대한 관점은 하나가 아니라 둘이다. 첫 번째 관점은 "일원론적 관점"인데, 이것은 복음서와 예수의 관점이기도 하다. 두 번째 관점은 사탄과 악이 하나님의 섭리 속에서 아무 역할도 하지 못하는 철저한 이원론이다. 이 관점은 데살로니가후서 및 계시록과 같은 초대교회 문헌들의 관점이다. 어느 것이 기독교적인 관점인가? 복음서나 신약성경의 훨씬 오래된 문서들, 가령 바울이 쓴 서신들에서 찾아볼 수 없는 관점, 그리스도의 십자가에 의한 구원을 거부하는 관점이 어떻게 기독교의 관점으로 여겨질 수 있었는지를 알아내는 것은 어려운 일이다. 그럼에도 불구하고, 두 번째 관점은 여러 세기를 거치면서 첫 번째 관점보다 더 교회의 일반적인 태도의 특징이 되었다.

우리는 마지막 때가 되면 악마도 구원받을 것이라고 생각한 오리게네스와 그의 사상이 어떤 운명을 겪었는지를 살펴봄으로써 이것을 분명하게 확인할 수 있다. 주후 553년 콘스탄티노플 공의회는 오리게네스의 사상을 이단으로 정죄하고, 초대교회의 가장 훌륭한 사상가를 파문했는데, 그것은 적 그리스도론에 의거해서 이루어진 일이었다. 적 그리스도론은 악이 구원받을 수 있다는 생각, 악이 하나님의 궁극

---

6) Maag, "The Antichrist," p. 79.

적 계획 속에 약간의 자리라도 차지한다는 생각을 거부했다. 마아크 가 지적한 대로, 오리게네스의 관점은 예수와 구약성경의 일신교적 인 관점에 훨씬 가까웠던 반면, 콘스탄티노플 공의회의 관점은 조로 아스터교의 이원론으로 되돌아간다.

심리학은 이 점을 비판한다. 계시록의 극단적 이원론은 초대교회 의 정신적 태도 속에는 해결되지 않고 분열된 채로 남아있는 것이 있 었음을 보여준다. 그것은 마치 초대교회의 정신이 분열된 것과 같다 고 하겠다. 이 분열은 형이상학적이고 묵시적인 적 그리스도론의 이 미지에 그대로 투영되었다. 그러한 선과 악의 분열이 초대 기독교인 들의 마음속에 자리하고 있었다는 것이 여러 곳에서 확인되지만, 계 시록이 최종적으로 구원받을 사람들을 그려 보이는 대목에서 보다 분 명하게 확인된다. 왜냐하면 사람들은 그리스도께서 적그리스도를 누 르고 승리를 쟁취하셨다 해도, 이 승리의 열매는 고작 144,000명에 게만 유효할 것이라고 확신하기 때문이다. 이들은 구원을 받을 만큼 충분히 순결한 삶을 산 사람들, 특히 여자와 성관계를 갖지 않은 사람 들일 뿐이다. 계시록은 이렇게 말한다:

그들은 보좌와 네 생물과 그 장로들 앞에서 새 노래를 부르고 있었 습니다. 땅으로부터 속량을 받은 십사만 사천 명밖에는, 아무도 그 노래를 배울 수 없었습니다. 그들은 여자들로 더불어 몸을 더럽힌 일 이 없는, 정절을 지킨 사람들입니다. 그들은 어린양이 가는 곳이면 어디든지 따라다니는 사람들입니다. 그들은 사람 가운데서 하나님과 어린양에게 드리는 첫 열매로 속량을 받았습니다. 그들의 입에서는 거 짓말을 찾을 수 없고, 그들에게는 흠잡을 데가 없습니다.[7)

여기서 우리는 복음서들이 죄와 어둠을 묘사하는 것을 훨씬 넘어서 있음을 분명히 알 수 있다. 복음서에서 악마는 하나님의 묵인을 받고서 자신의 일을 하러 떠돌아다니는 것으로 묘사되었다. 왜냐하면 악마의 일이 하나님의 궁극적인 목적에 부합했기 때문이다. 하지만 계시록에서는 사탄과 적그리스도가 하나님의 목적과는 무관하다. 복음서에서 예수는 인간의 약점에 대해 인도주의적이고 관대한 태도를 보인다. 예컨대, 평판이 좋지 못한 한 여인이 예수를 너무나 사랑하여 자신의 눈물로 예수의 발을 닦아줄 때, 바리새파 사람 시몬이 그녀를 비판하자, 예수는 시몬에게 역설적으로 이렇게 말한다: "용서받는 것이 적은 사람은 적게 사랑한다."[8] 하지만 계시록에서는 인류 가운데 적은 부분만이 구원받으리라는 것이 조금도 이상하지 않을 만큼 인간 행위의 도덕적 기준을 높이 설정하고 있다. 구원받을 사람들은 동정童貞을 지킨 자여야 했고, 거짓말을 단 한 번도 해서는 안 되었으며, 흠잡을 데가 전혀 없어야 했다. 확실히 계시록에서 인간을 구원하는 것은 십자가가 아니라 선이다. 조금이라도 불완전한 구석이 보이는 사람은 여지없이 악마의 진영으로 떨어진다.

심리학이 말한 대로, 악에 대한 두 번째 태도가 기독교 정신이 분열됨으로써 나타났다는 것이 사실이라면, 우리는 이 분열에 대해 좀 더 자세히 알아볼 필요가 있다. 아래의 세 장에서 우리는 분석심리학에서 얘기하는 자아와 그림자 사이에 어떤 정신적 분열이 있는지 살펴보게 될 것이다. 하지만 그렇게 하기 전에, 우리는 악의 문제에 대해

---

7) 계시록 14:3-5. 고딕체는 예루살렘 성경에 인쇄된 그대로임.
8) 누가복음 7:36-50을 보라.

극동 사상Far Eastern thought은 어떤 입장을 취하고 있는지 잠깐이나마 살펴보아야 할 것이다. 이제부터는 극동 사상의 입장을 기독교의 입장과 비교해 보고자 한다.

＊　　＊　　＊　　＊　　＊

힌두 철학에서, 선과 악은 모두 환상에 불과하며, 선과 악의 대립은 브라만(신) 안에서 사라지고 마는 것이다. 이 지상에서 사는 한, 선과 악은 불가피한 것이지만, 신의 본성 안에서는 그 둘 다 설자리가 없다. (힌두 사상에서 신은 어떠한 것에도 관심이 없다고 전해진다.) 신은 선과 악에 책임이 없거나, 관심조차 갖지 않는다. 그러하기에 악한 원리를 만든 악마도 필요하지 않다. 비록 이 세계에 악한 요소를 인격화하는 악마적 세력이 많기는 하지만.

이 세계에서 인간이 경험하는 것에 관한 한, 악은 환상임과 동시에 불가피한 존재이다. 그러므로 인간은 악에 맞서 싸울 필요가 없다. 구원은 도덕적 수단에 의해서가 아니라, 우리 자신을 자아의 관심사와 욕망과 정욕으로부터 분리시킴으로써만 이루어진다. 사람을 죄로부터 해방시키기 위해서가 아니라 환상으로부터 해방시키기 위해 그런 일이 행해진다. 환상이 그 사람 안에서 소멸되면, 영혼은 이 세계에서 벗어나 열반涅槃(神과의 합일)에서 적멸寂滅할 채비를 하게 될 것이다.

이런 일이 일어나려면, 영혼이 정화되지 않으면 안 된다. 이것이 바로 업보業報, karma의 기능이다. 모든 존재는 저마다 살아가면서 어느 정도의 업보를 쌓는다. 대충 말하자면, 업보는 한 개인이 "당연히 받아야 할 응보"다. 우리가 살면서 겪어야 하는 운명, 우리가 겪는 고통이나 기쁨은, 우리가 전생에 지은 악이나 무지의 결과로 주어진 업보일 뿐이다. 누구나 이 업보를 살아내지 않으면 안 된다. 우리의 영혼을 적절히 정화하기 위해서는 업보가 요구하는 것들을 이행하지 않으면 안 된다. 하지만 업보가 이행되는 것은 죄를 벌하기 위해서가 아니라, 영혼을 깨끗하게 하고, 삶의 균형을 이루기 위해서이다. 실제로, 바른 의식意識을 성취함으로써, 우리는 업보를 비켜갈 수도 있다. 이것은 요가 수행자만이 따를 수 있는 길이고, 보통 사람은 다음 생에서 보다 순탄한 운명을 만나기를 바라면서 자신의 업보를 올바른 방법으로 이행하지 않으면 안 된다.

삶의 악조건은 업보와 다르지 않기 때문에, 악을 이기려고 애쓰는 것은 부질없는 짓이다. 병든 사람들, 괴로워하는 사람들, 가난한 사람들은 전생의 업보를 이행하고 있는 것이다. 그러니 그들을 도와주기 위해 무언가를 해서는 안 된다. 왜냐하면 그들을 도와주는 것은 신이 그들에게 정해준 운명을 무시하는 셈이 되기 때문이다. 인간의 올바른 과제는 악에 맞서거나, 인간의 죄에 맞서 싸우거나, 아니면 고통을 덜려고 애쓰는 것이 아니라, 자아와 의지와 욕망을 버리고, 자신의 의식을 신의 의지Will of God에 맞추려고 힘쓰는 데에 있다.

악에 대한 힌두교의 견해와 기독교의 견해는 분명히 다르다. 기독교는 하나님이 이 세계를 선하고 완전하게 창조했다고 말하는 반면, 힌두교는 하나님이 인간이 선이나 악이라고 부르는 것에 흥미가 없다고 말한다. 기독교는 악이 하나님께 반역함으로써 나타나게 되었다고 말하는 반면, 힌두교는 악마와 같은 개념은 필요하지 않으며, 탁월한 일신교에 대한 모욕이라고 말한다. 기독교는 하나님의 율법에 반항하는 죄가 인간이 가진 문제의 뿌리라고 말하는 반면, 힌두교는 무지가 인간의 문제라고 말한다. 기독교는 인간이 올바른 삶을 살아야 하고, 도덕적인 빚을 지고 있는데, 그리스도께서 인간을 하나님과 연합시키기 위해 그 빚을 갚아주셨다고 말한다. 힌두교는, 인간은 스스로의 노력만으로도 자신을 구원할 수 있고, 인간은 올바른 의식의 수준에 도달해야 하며, 세상의 욕망을 벗어 던져야 하며, 이것이 구원의 길이라고 말한다. 기독교는 하나님이 인간을 감찰하고, 그의 영혼을 감시하며, 그의 행위를 판단하신다고 말한다. 하지만 힌두교는 하나님이 인간을 눈여겨보지 않으신다고 말한다. 말하자면 빗방울이 심해에 떨어지는 것을 대양太洋이 눈여겨보는 것보다도 못하다는 것이다. 결국, 힌두교에서 볼 때, 인간은 신성神性 안에 있는 한 개체로서 소멸될 뿐이라는 것이다. 마치 한 방울의 물이 바다에서 소멸되는 것처럼. (그럼에도 불구하고, 역설적으로 말하면, 그 물방울은 대양 속에서 계속 존재하지 않는가?) 이에 반해 기독교는 수많은 성도들이 장차 하늘 보좌 주위에 서게 될 것이라고 말한다. 이보다 더 다른 견해를 찾아내기는 어려울 것 같다. 동양 사람과 서양 사람이 전혀 다르게 생각하고, 그토록 다른 심리학적인 견해를 가지고 있다는 것은 이상한 일이 아니다.

힌두교 철학이 서양의 의식consciousness에 끼친 영향이 한 가지 있다면, 그것은 윤회Reincarnation 사상을 발달시킨 것이다. 인간의 영혼이 이 세상에서 계속 다시 태어난다는 생각은 단지 힌두 사상에서 나온 것만은 아니다. (예를 들어, 우리는 초기 그리스 철학자들에게서 그러한 사상을 찾아볼 수 있다.) 하지만 그 사상의 뿌리가 동양의 사상에 있는 것만큼은 확실하다. 윤회설은 어느 면에서는 악의 문제에 대해 대단히 만족스러운 답을 제시한다. 윤회설은 적어도 불의의 문제에 대해 만족할만한 답을 제시한다. 윤회설은 불의가 존재하지 않는다고 단언한다. 왜냐하면 일어난 모든 것이 옳기 때문이다. 어떤 사람이 비참한 운명을 겪고 있다면, 그것은 불의가 아니라, 전생의 죄에 대한 응보이든가, 아니면 적어도 이승에서 영혼을 바르게 정화하기 위해 필요한 것임을 보여주기 때문이다. 따라서 일어난 것은 있는 그대로 존재해야만 한다.

수많은 사람이 윤회설에서 만족을 찾고, 그것이 자신들에게 이 세상을 살아갈 만한 힘을 준다고 말하는 것은 바로 이 때문이다. 또한 많은 사람들이 윤회설을 뒷받침할만한 성경적 근거가 전혀 없음에도 불구하고 자신들의 만족을 위해 윤회설을 기독교에 통합시키기도 한다.9) 이와 달리, 다른 사람들은 윤회설에서 당혹스러움을 발견하기도 한다. 이런 사람들은 "나는 이 세상을 두 번 다시 경험하고 싶지 않아요."라고 말한다. 왜냐하면 이 세계에 되풀이해서 태어난다는 생각이 그들의 기를 꺾어버리기 때문이다.

윤회설은 또 다른 문제를 갖고 있다. 그것은 인간의 감정에 위배되는 것처럼 보인다. 다카우Dachau와 아우슈비츠의 참사, 2차 세계대전

---

9) Geddes MacGregor, *Reoncarnation in Christianity* (Wheaton, Ill.: Theosophical Publishing House, 1978)를 보라. 나는 그의 완벽한 논증 덕택에 윤회설이 성경과 초대교회의 지지를 받는 설임을 알게 되었다. 하지만 내 생각에는, 맥그리거의 논증은 효과가 없는 것 같다. 그가 만족스러운 논증을 전개하기 위해 애쓴 것에는 높은 점수를 주어야겠지만, 실제로 그의 논증을 증명한 만한 물증은 존재하지 않는다.

중에 일어난 3천 2백만 명의 무고한 죽음, 정말로 악한 것처럼 보이
는, 이와 유사한 예들을 살펴보건대, 인간의 만행에 의해 희생된 이 사
람들이 전생의 업보를 겪고 있다고 말하는 것은 인간의 감정에 위배되
는 것 같다. 어쨌든, 윤회설은 과학적 탐구가 불가능한 사상 가운데 하
나이다. 윤회의 사실 여부를 이렇게 저렇게 입증할 방법은 없다. 하지
만 인간이 발달 과정을 겪을 수 있다는 사실만큼은 입증될 수 있다. 분
석심리학은 이 발달 과정을 개성화라고 부른다. 이러한 발달 과정이
일어나려면, 분석심리학에서 얘기하는 그림자 인격shadow personality을
인간의 중요한 부분으로 인식하지 않으면 안 된다. 이미 언급했듯이,
그림자 문제는 초대 기독교인들을 걸려 넘어지게 하여, 결국에는 기
독교의 정신을 분열시키고, 계시록에서 발견되는 것과 같은 악에 대
한 태도를 야기한 장애물임이 입증되었다. 이제 우리는 이 그림자 문
제를 다루어 보도록 하자.

제5장

그림자

   "그림자"라는 용어는 분석심리학의 개념으로서 우리 인격의 어둡고 두렵고 바람직하지 않은 면을 가리킨다. 의식적 인격을 발달시키는 동안 우리는 우리가 좋아하는 것의 이미지를 어느 정도 우리 자신 속에 구체화하려고 한다. 이러한 의식적 인격의 일부가 될 수 있었음에도 불구하고, 우리가 되고자 하는 어떤 존재와 일치되지 않고, 거부된 것들이 그림자 인격을 만들어낸다.

   에드워드 위트몽Edward C. Whitmont은 그림자 개념을 아주 잘 설명했다: "그림자라는 용어는 인격의 일부로서, 이상적인 자아가 되기 위해 억압해 온 부분을 가리킨다."[1] "자아—이상ego ideal"은 자아 혹은 의식적인 인격 발달에 영향을 미치는 이상理想 내지는 기준으로 이루어져 있다. 이러한 자아—이상은 사회, 부모, 또래 집단, 혹은 종교적인 관습으로부터 연유한다고 볼 수 있다. 우리는 의식적으로 그리고 신중하게 그런 자아—이상을 선택한다. 어쩌면 그런 자아—이상은 다소 무의식적으로, 자아를 발달시키는 데 작용할지도 모른다.

---

1) Edward C. Whitmont, *The Symbolic Quest* (Princeton, N. J.: Princeton University Press, 1978 ed.), p. 160.

일반적으로 말하면, 이런 이상적인 존재와 행위의 기준들은 우리 문화 속에서 사회의 요구 및 유대-기독교의 도덕적 기준들과 관계가 있다고 하겠다. 사회는 우리에게 훔치지 말라, 살인하지 말라, 손해를 입지 않고서는 사회적으로 파괴적인 행위를 하지 말라고 말한다. 우리들 대다수는 이러한 요구에 다소 순응하여, 우리 안에 있는 도둑과 살인자를 거부하고 억누른다. 유대-기독교의 도덕규범은 더 멀리 나아가, 사랑하고, 용서하고, 정절을 지키라고 요구한다. 이러한 이상에 순응하려고 힘쓰면서 우리는 우리의 일부, 곧 화를 내고, 복수를 하고, 억제되지 않은 성욕을 갖고 있는 부분을 거부한다.

물론 우리가 이상적인 자아상을 형성하는 데 절대적으로 중요한 사람은 부모이다. 왜냐하면 부모는 특정한 행위를 인정하여 북돋우고, 다른 유형의 행위는 인정하지 않거나 처벌함으로써 거부하는 역할을 하기 때문이다. 보이스카우트나 이와 유사한 행동 규칙 내지 기준을 지닌 집단들도 우리의 성격 형성에 영향을 주는 기구들이다. 이를테면 이런 것들은 우리의 의식적인 인격이 형성되는 데 일정한 역할을 한다고 볼 수 있다.

정신적인 발달을 이루어감에 따라, 우리는 스스로를 이상적인 자아상과 동일시하게 되고, 또한 그런 것과 모순되는 자질을 거부하게 된다. 하지만 이렇게 거부된 인격들은 그냥 없어져 버리는 것이 아니다. 그러한 것들은 직접적인 표현을 거부당했기 때문에 우리 안에 살아 있으면서 제2의 인격을 만들어낸다. 분석심리학에서는 이런 제2의 인격을 그림자라고 부른다.

그것은 마치 인간 안에 온갖 잠재적인 행위가 들어 있지만, 이런 잠재적인 행위 가운데 일부가 특정한 의식적인 인격 발달을 이루기 위해 추방된 것과 같다. 종교적 관습은 잠재적인 행위 가운데 일부를 추방해야 할 필요가 있음을 인정한다. 우리가 도덕을 종교적으로 규정하는 것은 바로 이 때문이다. 십계명을 예로 들어보자. 우리가 도둑질이라든가, 살인이라든가, 간음과 같은 짓을 하지 않을 것 같으면, "도둑질하지 말라," "간음하지 말라," "살인하지 말라"는 계명은 필요가 없을 것이다. 우리가 십계명을 준수하면, 십계명이 금한 정신적인 성향들은 그림자 인격 속에 내포된다.

　꿈에서 그림자 인격은 우리와 동성同性의 인물로 나타난다. 우리는 그런 인물을 두려워하거나 싫어하거나, 아니면 열등한 존재로 여긴다. 실제로, 꿈을 연구하는 것은 우리의 그림자를 아는 한 방법이 된다. 꿈에서 그림자나 그림자 인격의 한 측면을 드러내는 인물은 언제나 꿈을 꾸는 사람과 동성으로 나온다. 왜냐하면 그림자는 자아의 일부가 될 수도 있었을 속성들을 의인화한 것이기 때문이다. 그림자와 아니마anima 혹은 아니무스animus 사이에는 차이가 있다. 아니마는 남성 안에 있는 여성적 속성이 어떤 인물로 나타난 것이고, 아니무스는 여성 안에 있는 남성적 속성이 어떤 인물로 나타난 것이다.[2] 예컨대, 남자는 자신의 아니마를 이루는 여성적 속성을 어느 정도 가지고 있다. 그러나 그의 그림자는 낯선 자아처럼 행동하는 거부된 남성적 속성들을 드러내 보여준다. 실제로, 분열된 인격의 경우에, 그림자가

---

[2] 여성 안에 있는 부정적인 아니무스와 남성 안에 있는 부정적인 아니마가 어떻게 작용하는지에 대해 보다 정확한 설명을 얻고자 한다면, John A. Sanford, *The Invisible Partners* (New York, N. Y.: Paulist Press, 1980)를 보라.

자아의 역할을 빼앗을 수도 있다. 우리는 널리 알려진 이런 예를 『이 브의 세 얼굴The Three Faces of Eve』에서 찾아볼 수 있다. 이 책은 나중에 영화로 만들어졌다. 여기서 이브-화이트는 평상시의 자아 인격이 고, 이브-블랙은 그림자라고 볼 수 있다. 때때로 이브-화이트는 이 브-블랙에게 지는데, 그럴 때마다 이브-블랙은 자신의 삶을 다 산 다. 이브-블랙은 이브-화이트에 대해 모든 것을 알고 있지만, 이브 -화이트는 이브-블랙에 대해 아는 것이 전혀 없다. 이는 우리가 일 반적으로 우리의 그림자에 대해 무지하고, 그림자가 우리 안에서 주 도하는 자율적인 삶을 모르는 반면에, 그림자는 무의식의 일부로서 의식 속에서 일어나는 모든 것을 알고 있기 때문이다.

일반적으로 우리는 그림자가 능동적이라고 생각한다. 우리는 우리 가 화를 내거나 정욕적인 삶을 살려고 하는 우리 안에 있던 성향이 의 인화한 것이 그림자라고 생각한다. 하지만 그림자는 수동적인 형상 일 수도 있으며, 우리가 거들떠보지도 않는 약점이 의인화한 것일 수 도 있다. 언젠가 T. S. 엘리어트는 이렇게 말한 적이 있다:

개념과
창조 사이에
감정과
반응 사이에
그림자는 자리한다.[3]

---

3) P. W. Martin, *Experiment in Depth* (London: Routledge & Kegan Paul, 1955), p. 77.

그림자 인격은 다 살아보지 못한 삶으로 볼 수도 있다. 우리는 그 좋은 예를 괴테의 유명한 『파우스트』에서 찾아볼 수 있다. 대단히 성공한 학자이자 저명한 선생이었던 50세의 파우스트 교수가 진퇴양난의 위기에 처한다. 그의 삶은 생기가 하나도 없이 말라 비틀어졌고, 그의 영혼은 사막과 같이 되었다. 그래서 결국 그는 자살까지 생각하기에 이른다. 그 때 메피스토펠레스가 나타나고, 두 사람은 계약을 맺는다. 파우스트는 자신이 말하는 것을 메피스토펠레스가 들어주면, 그래서 자신이 인간적인 모든 감정을 갖게 되고, 삶의 경험을 깊이 하게 되면, 임종 시에 자신의 영혼을 악마에게 건네주기로 한다. 계약은 피로 맺어지고, 이야기는 계속된다. 파우스트는 교수이자 지식인으로서의 역할을 걷어치우고, 자신이 살면서 겪어보지 못했던 감정과 에로스와 권력과 성을 맛보게 된다.

이 이야기를 통해 우리는 그림자가 가치 있는 속성을 가지고 있음을 알 수도 있다. 우리가 주로 그림자 인격을 부정적으로 말했지만, 사실 그림자는 활력을 주는 속성을 많이 가지고 있다. 우리가 그런 것들과 바른 관계를 맺기만 한다면, 그런 것들이 우리 삶에 보탬이 되고, 힘을 줄 수도 있다. 파우스트의 경우를 예로 들어보자. 파우스트는 자신의 그림자 인격 가운데 아직 사용되지 않은 에너지로 말미암아 생기를 되찾고, 새로운 활력을 얻게 된다. 우리가 중년에 도달하면, 이때까지 우리가 사용해온 에너지가 고갈되게 마련이다. 바로 그 때 우리는 우리가 살아보지 못한 삶의 에너지를 필요로 하게 된다. (물론 이러한 에너지와 접촉하려면, 우리는 우리 인격의 보다 어두운 측면에게 구체적으로 살아갈 자유를 주어서는 안 되고, 오히려 그림자 인격을 심리학적으로 인식하고, 그림자를 통합해야만 한다.)

또한 그림자 인격은, 우리가 그것과 적절한 관계를 맺을 수만 있다면, 우리의 인격에 이익이 될 수도 있다. 어떤 사람이 남들과의 관계 속에서 상냥하고 "기독교 신자답게" 되고자 애쓰면서 자신의 분노를 억압해왔는데, 이제 그 분노가 그의 그림자 인격의 일부로서 나타나는 것을 예로 들어보자. 그가 그러한 분노를 어느 정도 통합할 수만 있다면, 그것은 그가 보다 강하고, 보다 단호한 사람이 되는데 도움을 줄 것이다. 왜냐하면 제임스 힐먼James Hillman이 언젠가 말했듯이, 분노는 참을 수 없는 상황에 대한 건강한 반응일 수 있기 때문이다. 우리에게 우리의 그림자가 없으면, 견디기 어렵게 되어가고 있는 삶의 상황에 건강하게 대응할 수 있는 능력도 없게 되고 말 것이다. 예수가 성전에서 돈 바꾸는 장사꾼들을 몰아낸 것이야말로 건강한 분노의 한 예로 볼 수 있을 것이다.[4] 사람들은 장삿속으로 하나님의 성전을 이용하고 있었다. 예수의 영은 성전이 그들에 의해 더럽혀지는 것을 참을 수 없었다. 그래서 그는 화를 내며 그들을 쫓아냈다. 분노를 조절할 줄 앎으로써 예수는 능력 있는 인격을 가진 분으로 드러났다. 만일 그렇게 반응할 수 없었다면, 그분은 능력 있는 삶을 살지 못했을 것이다.

본능적인 성애性愛의 감정이 없는 사람은 생기 넘치는 삶의 에너지를 얻기 위해 그러한 감정과 접촉할 필요가 있다. 생기 넘치는 삶의 에너지는 이성과 건강한 관계를 유지하는 데 꼭 필요한 요소다.

우리의 내면에 있는 도둑도 도움이 될 수 있다. 예컨대, 우리가 우리 자신 안에 있는 교활한 도둑과 지속적으로 접촉한다면, 우리는 다

---

4) 마가복음 11:15-17.

른 사람들에게 속아 넘어가지 않을 것이다. 우리 자신의 도둑, 곧 그림자가 사람들이 얼마나 잘 속는지, 사람들이 어떻게 서로 속이는지를 미리 알려주기 때문이다. 나는 20년간의 병역 의무를 마치고 퇴역한 사람을 알고 있는데, 그는 성실하고 정직했지만, 냉혹한 사업의 세계를 경험해보지 못한 순진한 사람이었다. 그는 수천 달러의 밑천을 가지고 1년 동안 세 개의 모험적인 사업에 뛰어들었다. 각각의 사업에 뛰어들 때마다, 그는 경쟁자가 아닌 동업자에게 속아 넘어갔고, 1년이 지나자 가지고 있던 밑천마저 다 날리고 말았다. 그가 자신의 교활한 면과 지속적으로 접촉하기만 했어도 그는 손해를 보지 않았을 것이다. 이것은 그가 불성실하게 행동했다는 것을 의미하지는 않는다. 그가 자신의 교활한 면과 지속적으로 접촉했다면, 그는 다른 사람들의 교활함에 대한 통찰을 얻어, 다른 사람들의 탐욕으로부터 자신을 지킬 수 있었을 것이다. 예수가 "너희는 뱀과 같이 슬기롭고, 비둘기와 같이 순진하여라."고 말한 것은 그런 이유에서였다.[5]

그림자가 우리에게 주는 또 다른 중요한 도움은 유머 감각이다. 유머를 분석해보면, 웃는 자가 대개 그림자 인격이라는 것을 알 수 있다.[6] 이는 유머가 우리 안에 숨어 있는 열등한 감정, 혹은 두려운 감정을 표현하기 때문이다. 우리가 그림자에 대해 알 수 있는 또 다른 방법은, 우리의 유머 감각에 불을 붙이는 것이 무엇인지를 알아내는 것이다. 우리는 웃음 속에서 종종 우리의 그림자가 순진하게 풀려 나

---

5) 마태복음 10:16.
6) Harvey Mindess, *Laughter and Liberation* (New York, N. Y.: Nash Corporation, 1971)을 참조하라.

오는 것을 보게 된다.

아메리칸 인디언의 유머를 예로 들어보자. 아메리칸 인디언들은 성적으로 정숙한 사람들이었다. 그들은 성생활을 면밀하게 규제하였으며, 부족 생활을 충분히 통제했다. 남자들과 여자들은 기존의 성행위 규범에서 이탈할 기회가 많지 않았다. 하지만 인디언들에게는 코요테 내지 트릭스터로 명명된 신화적 인물이 있었다. 이미 우리는 그러한 신화적 인물을 대략적으로 살펴보았다. 이 신화적 인물에게는 어떠한 성적 억제도 없었다. 여러분은 코요테가 엄청나게 긴 음경을 가지고 있으며, 그것을 자신의 몸에서 떼어낼 수 있었다는 것을 기억할 것이다. 이 엄청나게 긴 음경으로 인해 그는 성을 다방면으로 활용할 수 있는 능력을 얻는다. 예컨대, 코요테가 한 무리의 매력적인 여성들이 냇가에서 목욕하는 것을 본다. 그는 하류에 몸을 숨기고, 때마침 발기한 자신의 음경을 떼어내, 그 여성들과 신나는 성적 경험을 한 다음, 다시 코요테로 돌아간다. 물론 그는 전혀 발각되지도 않고 처벌되지도 않는다. 이 이야기는 인디언들에게 음란한 웃음을 일으키는 원인이 되었다. 그들 속에 억눌려 있던 성적 본능을 대신 표출해 주었던 것이다.

그림자가 지나치게 억압되어 있는 사람들은 유머 감각이 결여되기 쉽다. 그런 사람들은 남을 판단하고 용서하기가 쉽지 않다. 그들은 누가복음 7장 36-50절의 이야기에서 평판이 좋지 못한 한 여인을 경멸한 바리새파 사람과 같다. 하지만 예수는 그 여인이 많은 죄를 용서받았다고 말한다. 그 여인은 사랑의 능력을 많이 가지고 있었던 반면, 바리새파 사람은 그러한 능력을 가지고 있질 못했다. 그는 한 번도 실수한 적이 없었고, 따라서 자신의 그림자와 대면한 적도 없었던 것이다.

그림자 인격은 자아–이상과 관계가 있지만, 자아–이상이 우리들 대다수와는 다른 사람들도 있다. 예컨대, 빈민굴에서 사는 폭력단의 구성원들이라면, 공격성, 잔인성, 반사회적 행동을 매우 중시하는 것을 자아–이상으로 삼을지도 모른다. 그러한 경우에는 그림자 인격이 밝을 것이다. 즉, 그림자 인격이 그 사람의 보다 친절하고 사랑스럽고 사회적으로 받아들일 수 있는 충동을 구체적으로 드러낼 것이다. 스타 데일리Starr Daily를 예로 들어보자. 그는 일부러 범죄자가 되려고 한 사람이다. 그는 중년에 이르러 상습적인 흉악범이 되어 독방에 갇힌다. 하지만 여기서 그는 그리스도와 만나는 중대한 경험을 한다. 그 결과 그의 삶은 속속들이 바뀌었고, 그는 사랑스러운 사람이 되어 여생을 동료 죄수들의 복지를 위해 힘쓰게 된다. 스타 데일리는 『사랑은 옥문을 열고Love Can Open Prison Doors』라는 책에서 자신의 이력을 우리에게 이야기해 준다. 이전에 그가 범죄적인 성격을 발휘할 때 어떤 일이 일어났는지 알 수 없지만, 그리스도와 만나는 체험을 한 뒤에는, 이제까지 억눌리고 거부되어 왔던 그의 사랑스러운 면이 나타났다는 것은 분명한 사실이다. 하지만 우리들 대다수는 보다 다정하고 정직하며 사회의 관습을 잘 따르는 면을 바탕으로 하여 살려고 애쓴다. 따라서 내가 말하는 그림자는 대개 보다 어두운 의미의 그림자이다. 그것은 우리의 내면에 있는 그림자이다. 그것은, 우리가 착하게 살아서 남들의 인정을 받는 것은 물론이고, 하나님의 인정까지 받으려고 하는 시도에 어두운 배경을 드리우는 그림자이다.

우리의 인격 속에 그림자의 형상이 있음은 분명한 사실이다. 의식적인 인격을 조금이라도 발전시키기 위해서는 우리 스스로를 무언가와 동일시하지 않으면 안 되는데, 이것은 필연적으로 그것의 대극을 몰아내게 마련이다. 어린이들은 성장 과정에서 자신을 그림자와 동일시해서는 안 된다. 성장 과정에 있는 어린이들은 자신을 적절한 심리적 특성과 동일시하는 것이 중요하다. 자신을 그림자와 지나치게 동일시할 경우, 자아는 "굴절"되거나 치명적인 결함을 갖게 된다. 개성화와 온전함을 이루려면, 의식적인 인격이 확실한 도덕적 태도를 지녀야만 한다. 자신 안에 있는 속이는 면, 부정직한 면, 난폭한 면과 자신을 지나치게 동일시하는 사람들은 온전해 질 수 없다.

이 점에서 어린이가 바르게 발달하도록 돕는 것은 그리 간단한 문제가 아니다. 여기서 부모나 교회 혹은 사회의 엄격한 교훈은 효과가 없으며 심지어 해롭기까지 하다. 부모가 실제로 어떠한 삶을 살고 있으며, 정신적으로 얼마나 정직한가 하는 것이 훨씬 중요하다. 위선적인 부모의 엄격한 설교는 무익하다 못해 해롭기까지 하다. 그림자의 발달과, 그림자 문제를 최종적으로 해결하는 데에 근본적으로 중요한 것은 부모와 자식 간의 "결속"이다. 아이는 일찌감치 어머니나 아버지, 혹은 적절한 대모代母나 대부代父와 사랑으로 연결될 필요가 있다. 이렇게 함으로써만 도덕적인 삶에 꼭 필요한 토대가 확립될 수 있다. 따지고 보면, 도덕적인 삶은 다른 사람들과 친밀한 관계를 유지하고, 인간다운 감정을 느끼는 것으로 이어지게 마련이다. 아이들의 내면에서 이런 결속이 생기지 않으면, 그림자의 가장 어두운 면에 감정적으로 저항하는 데에 꼭 필요한 방어 기제가 사라지거나 약해질 것이다. 이렇게 되면 범죄적인 인격이나 반사회적인 인격이 형성될 수 있다. 이를테면 자아와 그림자를 동일시하게 되면 이렇게 되는 것이다.

부모는 아이들이 그들 자신의 보다 긍정적인 인격과 동일시되고, 정직해지고, 또 다른 사람들을 존중할 수 있도록 격려해야 하지만, 아이들을 그들 자신의 어두운 면으로부터 지나치게 분리시켜서도 안 된다. 앞으로 살펴보겠지만, 의식적인 인격이 그림자와 접촉하지 못할 때, 다른 어느 때보다도 그림자는 더 위험해진다. 분노를 예로 들어보자. 물론 부모는 아이들이 분노의 충동에 굴복하여 다른 사람들을 해롭게 하는 것을 허락하지 않을 것이다. 그러나 분노와의 접촉이 끊긴 아이들은 손해를 보게 마련이다. 왜냐하면 분노는 종종 건강한 반응일 수 있기 때문이다. 한 어머니가 "네 여동생에게 화를 내다니, 너는 나쁜 아이로구나"라고 말한다면, 예민한 아이는 부모에게 인정받기 위해 자신의 분노를 억누를 수도 있다. 이것은 분노가 제공하는 생생한 에너지와 접촉하지 못하게 하는 것은 물론이고, 인격과 자율적이고 그래서 더 위험한 그림자 인격의 분열을 야기한다. 부모가 자신은 화를 내면서도 아이가 화내는 것은 허락하지 않을 경우에는 특히 파괴적인 결과를 가져오게 된다. "나는 화를 내도되지만, 너는 안 된다"는 말은 부모가 곧잘 드러내는 태도이다. 따라서 부모는 좁은 길을 걷지 않으면 안 된다. ㄱ 아이가 여동생에게 화를 낼 때, 부모가 지녀야 할 태도는 다음과 같은 것이어야 한다. "네가 여동생에게 화를 내는 것은 이해할 수 있는 일이지만, 그렇다고 여동생에게 돌을 던지지는 말아라." 이런 식의 태도를 접하며 자라는 아이는 자제심을 길러 보다 난폭한 본능과 감정을 참을 수 있을 것이고, 자신의 어두운 면과도 단절되지 않을 것이다.

우리가 그림자 인격을 가지고 있다는 것은 피할 수 없는 일이다. 그런 이유로 우리는 그림자를 원형archetype이라고 부른다. 원형은 인격형성에 꼭 필요한 것이다. 형용사로 표현해서, "원형적"이라는 말은 모든 인간에게 "전형적"이라는 것을 의미한다. 인간이 의식적 인격을 발달시키면, 거기에는 의식적 인격의 어두운 반려자, 곧 그림자도 따라붙는데, 이것이야말로 모든 인간에게 전형적인 것이다. 그림자는 원형이다. 때문에 그림자는 종종 신화와 민담과 위대한 문학 속에서 그려진다. 후자의 한 예가 로버트 루이스 스티븐슨의 소설 『지킬 박사와 하이드 씨』이다. 이 소설은 대단히 교훈적인 이야기다. 우리는 나중에 이 소설을 자세히 살펴보게 될 것이다.

부모가 자식에게 벌을 줄 때에는, 자식이 버림받았다고 느끼지 않게 하는 것이 중요하다. 부모가 자식에게 벌을 주려면 빨리 주는 것이 좋다. 벌을 주고 나면, 그것으로 끝내야 한다. 자식의 행동을 통제하기 위해 애정을 표현하고 인정해 주는 것을 뒤로 미루는 것이야말로 가장 나쁜 벌이다. 이런 상황이 벌어지면, 자식은 자신이 악하다는 메시지를 받게 될 것이다. 게다가, 그는 부모가 언짢은 마음을 갖게 된 것을 부담스럽게 여기게 될 것이다. 이것은 결국 죄책감과 자괴감을 갖게 만든다. 그러한 부모에게 잘 보이기 위해 어떤 아이들은 부모가 좋아하는 행동 양식을 하려고 안간힘을 쓰기도 한다. 하지만 그렇게 하면 그림자를 한층 더 분열시키는 결과를 가져올 뿐이다.

자식의 그림자 인격을 잘 다루고자 하는 부모는, 먼저 자신의 그림자를 받아들이고 그것과 접촉할 필요가 있다. 고상한 태도보다 못한 감정, 자신의 부정적인 감정을 잘 받아들이지 못하는 부모는 자식의 어두운 면을 창조적으로 받아들일 수 없을 것이다. 내가 여기서 말하는 받아들이는 것은 묵인을 뜻하는 것이 아니다. 무슨 행동이든지 다 묵인하는 부모는 자식에게 도움이 되지 않는다. 인간 사회에서 받아들여질 수 없는 행동 방식이 있게 마련이고, 아이들은 이것을 배우고, 이러한 행동 방식을 안에서부터 통제하는 능력을 갖도록 노력해야만 한다. 자신의 행동을 발달시키는 아이의 능력을 다 묵인해 주는 분위기에서는 감시 체계가 무디어지게 마련이다. 그렇게 되면 자아의 발달이 불충분하게 이루어질 것이고, 아이는 어른이 되어서도 그림자에 잘 대처하지 못할 것이다.

어버이가 되려는 사람, 그림자 문제를 창조적으로 다루려고 하는 사람에게는, 비범한 기교, 의식, 끈기, 그리고 지혜가 필요하다. 너무 관용을 베풀어서도 안 되고, 지나치게 엄격해서도 안 된다. 열쇠는 부모가 자신의 그림자 문제를 의식하고, 자신을 받아들이고, 자아의 힘을 길러 자신의 감정을 극복할 수 있게 되는 것이다. 가족이 함께 생활하는 것, 특히 어버이가 되는 일은 그림자 문제에 직면할 수밖에 없기에 매우 어려운 일이다. 왜냐하면 가족이 함께 생활하면서 부정적인 감정들이 형성되기 때문이다. 예컨대, 아이가 못된 짓을 하거나, 성가시게 굴거나, 부모의 독립된 생활을 방해하거나, 돈이나 시간 혹은 에너지를 희생하는 것을 지나치게 요구할 때, 부모는 어쩔 수 없이 아이에 대해 부정적인 감정을 갖게 된다. 가족생활에서 구속을 받는 사람들은 그들 자신들 안에 불화가 있음을 경험하게 마련이다. 아이에 대한 사랑이 순간적인 증오와 맞부딪치고, 아이에게 최선을 다하려는 참된 바람이 강력한 분노의 감정이나 거부감과 맞부딪칠 수도 있다. 이렇게 함으로써 우리는 우리가 얼마나 분열된 사람인가를 경험하며, 자기를 대면함으로써 우리는 정신적으로 깨우침을 얻게 된다. 바로 여기에 그림자 인격의 커다란 가치가 있는 것이다. 그림자를 대면하는 것은 자기 인식에 꼭 필요한 요소라 할 수 있다.

그림자는 살면서 끊임없이 다시 나타난다. 사실, 어떤 사람들은 그동안 살아보지 못한 그림자 인격을 살아내야 할 운명인 것처럼 보일 때도 있다. 범죄 성향을 지닌 사람을 예로 들어보자. 불가능한 것은 아니지만, 많은 경우, 범죄를 저지를 성향이 있는 사람을 사회적으로 용납할 수 있는 생활 방식을 갖도록 돌려놓는 것은 어려운 일이다. 이런 경우에 범죄자들은 그림자 원형에 사로잡혀 그 원형을 삶에서 구현할 수밖에 없는 것처럼 보일 것이다. 어쩌면 인류가 그림자를 보다 잘 의식할 때까지, 일부의 사람들이 그림자를 살아가도록 운명 지어졌을지도 모른다. 이처럼 좀 이상한 방식으로 그림자가 의식화될 수 있다. 일부 몇몇 사람들이 범죄 의도를 가지고 있는 사회에서 우리는 살고 있다. 누구도 이 사실을 회피할 수는 없다. 이 사실을 깨닫는 것만으로도 우리는 다른 사람들을 판단하는 태도를 누그러뜨릴 수 있으며, 범죄적인 성향을 지닌 사람들을 교정할 수 있다고 지나치게 자신하지 않게 될 것이다.

그림자를 어떻게 다루고, 그것과 어떤 관계를 맺을 것인가 하는 문제는 극히 까다로운 문제다. 그림자라는 말을 사용한 것은 아니지만, 하여튼 교회는 그림자를 언제나 알고 있었으며, 우리 자신의 어두운 면에 대해 끊임없이 경고해왔다. 하지만 교회는 그림자가 제기하는 영적인 문제에 답을 제시하지는 못했다. 예컨대, 우리가 죄를 고백할 때, 우리는 그림자의 존재를 인정하고 있는 것이다. 1928년에 간행된 『성공회 공동 기도서Book of Common Prayer of the Episcopal Church』 6쪽에 나오는, 일반적으로 많이 하는 고백의 내용을 살펴보자: "우리는 길 잃은 양처럼 당신의 길에서 벗어나 잘못을 범했습니다. 우리는 마음의 생각과 욕망을 따라 살아왔습니다. 우리는 해야 할 일은 하지 않고, 해서는 안 될 일만을 행하였습니다. 그래서 우리 안에는 평안을 찾을 수 없게 되었습니다."

75쪽에 있는 또 다른 문구를 살펴보자: "우리는 우리가 때때로 범한 수많은 죄악을 인정하며 통회합니다. 생각과 말과 행실로 지은 죄를 회개합니다." 심리학적으로 말하면, 하나님의 거룩한 율법을 거스르고, 해서는 안 될 일을 하고, 해야 할 일을 하지 않게 하는, 우리 안에 있는 것이 그림자이다.

바울은 그림자의 중요성, 그리고 그림자가 기독교인의 양심에 던지는 문제를 로마서에서 매우 분명하게 정리해 주었다:[7]

나는 내가 하는 일을 도무지 알 수가 없습니다. 내가 해야겠다고 생각하는 일은 하지 않고, 도리어 해서는 안 되겠다고 생각하는 일을 하고 있으니 말입니다. 그런 일을 하면서도 그것을 해서는 안 되겠다고 생각하는 것은, 곧 율법이 선하다는 사실에 동의하는 것입니다. 그렇다면, 그와 같은 일을 하는 것은 내가 아니라, 내 속에 자리를 잡

---

7) 로마서 7:15-19.

고 있는 죄입니다. 나는 내 속에, 곧 내 육신 속에 선한 것이 깃들여 있지 않다는 것을 압니다. 선을 행하려는 의지는 나에게 있으나, 그 것을 실행하지 않으니 말입니다. 나는 내가 원하는 선한 일은 하지 않고, 도리어 원하지 않는 악한 일을 합니다.

바울은 자신이 이상적인 목표를 갖고 있지만, 안에 있는 무언가가 그것을 실현하지 못하도록 방해하고 있음을 알고 있었다. 그의 자아 −이상이 그의 인격 안에 자리 잡고 있는, 어떤 요소와 충돌하고 있었 던 것이다. 그런 것 때문에 바울은 괴로움을 느끼면서, 자신이 구원받 아야 한다는 것을 인식하게 되었다. 바울은 자신 안에 있는 이 다른 것을 "내 속에 자리 잡고 있는 죄"라고 불렀다. 이것이 바로 그림자이 다. 우리는 다음 장에서 바울이 자신의 그림자 문제를 어떻게 처리했 는지를 살펴보게 될 것이다. 그림자 인격이 유대−기독교의 양심에 커다란 문제를 제기한다는 것은 분명한 사실이다.

사람들이 그림자 문제를 다루는 통상적인 방식은 단순히 그림자의 존재를 부정하는 것이다. 이는 그림자를 인식함으로써 죄책감과 긴 장이 생기고, 심적·영적으로 힘겨운 과제를 우리가 떠맡게 되기 때문 이다. 그림자를 부정하는 것은 문제를 해결하는 것이 아니라, 더 악화 시킬 뿐이다. 그렇게 되면, 우리는 우리 자신 안에 있는 어두운 면의 긍정적인 측면과 접촉할 수 없게 됨은 물론이고, 이 어두운 면을 다른 사람들에게로 투사하게 될 것이다.

투사는 인격의 일부가 활성화될 때마다 일어나는 무의식적인 심리 기제다. 그것은 의식과는 아무런 관계가 없다. 그것은 우리 자신의 일부이지만 전혀 인식되지 않고, 생생히 살아있다. 우리는 우리 자신 안에 있는 그 어떤 것을 다른 사람에게서도 보게 되는데, 이는 우리 자신 안에 있는 그 어떤 것이 다른 사람에게 투사되었기 때문이다. 인간관계에 관심을 두어보면, 이러한 것이 부정적인 결과를 만들어 내는 걸 알 수 있다. 우리가 싫어하는 우리 자신의 어두운 면을 다른 사람이 드러내 보일 때, 우리는 그에 따라 반응하게 마련이다. 우리는 그를 미워하거나 두려워하여, 이해심과 객관적인 분별력을 가지고서 그들을 있는 그대로 보지 않고, 도리어 우리 안에 있으나 우리가 싫어하는 그림자의 관점에서 그들을 보려고 할 것이다. 따라서 우리가 미워하는 누군가를 만날 때에는 잠시 멈춰 서서, 다음과 같이 자문해 보는 것이 좋다. 우리가 그 사람을 미워하는 것은, 우리가 싫어하는 그 무언가가 우리 안에 있어서 다른 사람에게 투사되었기 때문이 아닐까? 이것이 언제나 그런 것은 아니다. 우리가 다른 사람들을 미워하거나 싫어하는 것은, 다른 사람들이 우리를 못마땅하게 대하기 때문일 수도 있으니까. 하지만 그렇지 않을 때도 있다. 이러한 경우에 우리의 무의식은 그런 사람과 좋은 관계를 맺는 것을 매우 어렵게 만든다.

이것은 인종적인 편견을 갖는 경우에 특히 그런 것 같다. 특정한 인종의 사람들과 종교 집단, 혹은 소수 민족에게 인종적인 편견을 갖게 되는 것은 그림자를 투사하기 때문이다. 백인들은 흑인들에게 그림자를 투사하고, 흑인들은 백인들에게 그림자를 투사한다. 유대인들은 이방인들에게 그림자를 투사하고, 그 반대도 마찬가지이다. 물론 그림자를 투사함으로써 갖게 되는 이러한 맹목적 편견 때문에 개개인이 서로 사귀는데 반드시 필요한 에로스eros를 가질 수 있는 길이 막히게 된다. 이것의 극단적인 예를 나치의 경우에서 찾아볼 수 있지 아닐까 한다. 나치주의자들은 자신들의 우수성을 신봉한 나머지 자신들의 열등한 면을 유대인들에게 투사했다. 우리는 그러한 투사를 함으로써 얼마나 극악한 결과가 나타났는지를 부켄발트Buchenwald와 다카우에서 쉽게 찾아볼 수 있다.

투사 문제가 나타나게 된 데에는 특히 기성 종교의 잘못이 크다. 왜냐하면 종교 집단들은 신앙과 관련하여 자신들과 다른 종교 집단에게 자신들의 집단적인 그림자를 투사하는 경향이 있기 때문이다. 특정 종교의 교의적인 관념을 엄격하게 고수하는 사람들은, 다른 종교 집단의 일원들이 다양한 견해를 제시하여 자신들의 마음에 의심을 주입시킨다는 이유로, 자신들의 그림자를 그들에게 투사하게 마련이다. 이와 같이 개신교인들은 로마 가톨릭교인들에게, 로마 가톨릭교인들은 개신교인들에게, "비 몰몬 교인들"은 몰몬 교인들에게, 유대인들은 기독교인들에게 그림자를 투사해왔다. 반면에 신학적으로 고정된 신념 체계를 고수하지 않는 사람들은 근본주의적인 집단에 속한 사람들에게 그림자를 투사하기 쉽다. 그러한 처지에 놓여있는 사람들은 자신들의 그림자를 인식하지도 못하는 것은 물론이고, 투사의 기제도 알아채지 못하기에, 그리스도의 이름으로 끔찍하고 잔인한 행동을 하면서도 전혀 죄책감을 느끼지 못하는 것이다. 기독교인들은 유대인들에게 맞서 싸우는 계획을 실행했고, 로마 가톨릭교인들은 종교 재판을 벌였으며, 개신교인들은 자신들의 적수인 로마 가톨릭교인들을 처형했다. 이 모든 것이 그리스도의 사랑을 걸고서 자행된 일이었다. 그림자가 투사될 때에는 누구도 자신 안에 있는 악의라든가,

자신 안에 숨어 있는 의심이라는 원수를 알아채지 못한다. 과거에 자행된 잔인한 행동의 이면에는 이보다 저열한 동기인 탐욕과 자신의 권력을 확대하려는 의도가 도사리고 있음을 전혀 눈치 채지 못하는 것이다.

위에 든 예들을 보면, 개인적인 그림자뿐만 아니라 집단적인 그림자도 있음을 보여준다. 집단이나 문화 혹은 국가는 집단적인 자아-이상을 어느 정도 가지고 있다. 이 자아-이상이 집단적인 그림자를 만들어낸다. 집단적으로 아리아 사람의 우수성을 자아-이상으로 삼았던 나치는 그에 상응하는 집단적인 그림자를 갖고 있었다. "명백한 운명"은 미국이 집단적으로 가지고 있었던 자아-이상이었다. (그것은 19세기에 미국이 고수한 정책이었다. 이 정책은, 북 아메리카 대륙을 소유하는 것이 백인에게 명백하게 지워진 운명이라고 주장했다.) 이러한 집단적 자아-이상을 가지고 있던 미국이 집단적인 그림자를 야기 시켰는데, 이런 집단적인 그림자를 경험한 사람들이 바로 아메리카 원주민들이었다. 아메리카 원주민들은, 나치가 유대인들을 모조리 없애려고 시도한 것만큼이나, 무자비하고 잔인하게 학살당했다. 집단이나 국가 안에서 살아가는 개개인들이 지배적인 문화 의식과 동일시하면 집단적인 그림자를 투사하기 마련이다. 우리의 개인적인 그림자 속성과, 우리의 문화와 시간이 드러내는 집단적인 그림자는 필연적으로 뒤섞일 수밖에 없기 때문에, 그러한 것과 동일시하지 않으려면, 무엇보다도 개인의 의식이 든든해야 한다.

동화되지 않은 그림자 인격이 어떻게 투사되어 사회적으로 불온한 영향을 미치는지를 알고 나면, 그림자 문제가 대단히 중요하다는 것을 알게 된다. 또한 우리는 이러한 심리적인 문제가 어떻게 악의 문제와 연관되는지를 알아낼 수도 있다. 예컨대, 우리는 전쟁이 그림자의 문제라는 것을 이해하게 된다. 오늘날 전쟁이 일어나면 과거 그 어느 때 보다도 훨씬 끔찍한 결과를 가져올 수 있다. 전쟁은 그림자 문제가 얼마나 중요한지를 절실하게 가르쳐 준다. 전쟁은 우리의 그림자를 적에게 투사할 기회를 제공할 뿐만 아니라, 우리에게 실제로 그렇게 하라고 요구하기도 한다. 왜냐하면 어떤 사람이 다른 사람을 죽이려면, 그 다른 사람을 비인간화해야 하기 때문이다. 그리하여 적은 언제나 "파괴자"나 "난폭한 사람" 혹은 "제국주의자"로 그려진다. 적이 아버지나 어머니로, 아들이나 딸로, 우리 자신과 똑같은 사람으로 그려지는 경우는 없다. 왜냐하면 적이 우리 자신과 똑같은 사람으로 그려진다면, 우리가 그들을 죽일 수 없기 때문이다. 더욱이, 전쟁은 우리의 그림자를 풀어놓을 수 있는, 사회적으로 용인할 수 있는 방법이기도 하다. 당연히 거부되어야 할 파괴적인 충동들이, 전쟁이 일어나면, 사람들 사이에서 사회적으로 표출되도록 고무된다. 그 결과 정신병리 현상으로 여겨질 법한 일이 영웅적인 행동으로 둔갑되기도 한다. 전쟁에 참전하는 진정한 동기를 정치적인 표어와 경건한 구호로 그럴듯하게 가리고 있지만, 사실 전쟁은 그동안 소외되었고 인식되지 않았던 그림자가 자신의 어두운 본성을 표출하기 때문에 일어나게 되는 것이다. 아메리칸 인디언과 같은 수많은 원시인들은 이것을 잘 알고 있었고, 그래서 전쟁터에서 돌아온 전사들은 부락에서 다시 살러 들어가기 전에 정화 의식에 참여하지 않으면 안 되었다.

어떻게 자신의 그림자를 인식할 수 있는지를 일반적인 용어로 기술하기가 어렵다. 왜냐하면 그런 일은 언제나 개인적으로 일어나기 때문이다. 우리의 웃음 이면에는 그림자가 자리 잡고 있다. 이미 우리는 이것을 언급한 바 있다. 그림자는 우리의 꿈속에서 우리 자신과 똑같은 성의 인물로 나타나되, 혐오스럽고, 두렵고, 열등한 모습으로 나타난다. 유머와 우리의 꿈, 말의 실수와 무의식적인 망각 그리고 우리의 공상에 대해 연구를 해 보면, 그림자의 특성에 대한 암시를 얻을 수 있다.

　프로이트Freud가 지적했듯이, 실언의 배후에는 무의식적인 기제가 깔려 있다. 종종 실언을 일으키는 것은 그림자임을 알 수 있다. 기독교를 믿는, 나와 절친한 어떤 착한 여자를 예로 들어보자. 그녀는 다른 여자에게 격렬하게 화를 냈다. 하지만, 왜 그렇게 화를 냈는지 알지 못했다. 그녀는, "나는 그녀에게 앙심을 품고 말을 했다"고 내게 이야기했다. 물론 그녀는 격렬한 어조로 말했다는 것을 의미했지만, 앙심을 품고라는 말이 불쑥 튀어나왔던 것이다. 실제로 그녀는 마음속으로 이 여인에 대해 앙심을 품고 있었을 것이다. 하지만 그녀는 이런 사실을 전혀 인식하지 못했다.

　무의식적인 망각도 그림자에 뿌리를 두고 있다. 어떤 사람이 우리에게 전화를 걸어 파티에 초대한다. 우리는 파티에 가고 싶지 않지만, 핑계거리가 떠오르지 않아서 하는 수없이 그 초청을 받아들인다. 파티 날짜가 다가왔으나 그냥 지나가고 만다. 갑자기 우리는 파티에 참석하기로 해놓고 깜빡 잊은 것을 생각해낸다. 왜 잊었을까? 우리의 일부, 즉 그림자의 심적 기제가, 가고 싶지는 않지만, 그래도 먼저 초대를 받아들이고 나서, 파티에 가지 않을 방도를 꾸몄기 때문이다.

실언과 무의식적인 망각을 곰곰이 생각해 보라. 그러면 우리 자신의 다른 쪽, 곧 우리가 의식의 수준에서는 받아들일 수 없는 생각과 행동을 하려고 계획하는 면이 위에게 있음을 발견하게 될지도 모른다.

우리의 공상도 실마리를 제공한다. 우리는 식품점의 판매원에게 10달러를 주었는데, 그녀는 우리에게 20달러를 거슬러준다고 가정해보자. 정직한 나머지, 우리는 그녀의 실수를 지적한 뒤에, 그녀에게 거스름돈을 되돌려줄 것이다. 하지만 일순간이라도 우리의 내적인 과정에 주의를 기울여 보면, 아마 이런 생각이 들었을지도 모른다: "그 돈을 가지고 나가면 10달러의 이익이 생기는 거야." 실제로, 어떤 경우에는 그렇게 할지도 모른다.

그림자는 모든 종류의 공상 속에 나타난다. 예를 들어, 성적인 공상에는 그림자로 가득 차 있다. 우리는 모든 상황에서 모든 사람과 성관계를 갖는 공상에 잠기고는 이러한 공상에 대해 죄책감을 느낀 나머지, 다른 사람은 물론이고 심지어는 우리 자신도 모르게 공상을 감추려고 할 것이다. 왜냐하면 그림자 공상이 일어날 때마다 우리는 그것을 곧바로 억압하기 때문이다. 폭력적인 공상도 그러할 것이다. 살면서 이러저러한 때에 자신의 남편이나 아내, 혹은 자식이나 부모가 죽는 공상을 해보지 않은 사람은 거의 없을 것이다. 우리는 자신이 이런 공상을 한 것에 대해 몸서리를 치면서 곧바로 그러한 공상을 억압할 것이다. 왜냐하면 그런 공상은 너무나 음울해서 대면하기가 힘들기 때문이다. 하지만, 그러한 그림자 공상은 우리가 삶 속에서 개인의 공간을 충분히 갖고 있지 못하며, 우리의 삶이 다른 사람들의 삶과 지나치게 뒤엉켜 있으며, 우리 안에 있는 무언가가 "밖으로 나

가서" 개인적인 삶을 더 많이 살고 싶어 한다는 것을 말하는 것으로
볼 수도 있다.

일반적으로 그림자 공상은 성, 돈, 그리고 권력과 관계가 있다. 집
단적인 지지를 충분히 받을 경우, 우리는 이러한 공상을 분출할지도
모른다. 예를 들어, 개인들을 속이는 것이 아니라는 생각이 들 경우,
우리는 커다란 제도를 속일 수도 있다. 법망을 교묘하게 피하면서 소
득세 공제를 더 받으려고 여러 가지 궁리를 해 보지 않은 사람은 아마
거의 없을 것이다. 하지만 그들은 이웃을 속이지는 않을 것이다. 자동
차 사고를 당했던, 내가 잘 아는 사람이 생각난다. 그는 정비공장을
일곱 군데나 찾아가서 각기 다른 견적을 뽑은 다음, 액수가 가장 높은
견적서 두 장을 보험 회사에 넘겼다. (액수가 가장 낮은 견적서와 액
수가 가장 높은 견적서의 차액은 엄청난 것이었다.) 그런 다음 그는
보험 회사가 자신에게 높은 액수로 지급한 총액과, 견적을 낮게 낸 정
비공장에 자신이 실제로 지불한 액수 사이의 차액을 착복했다. 하지
만 나는 그를 정직한 사람으로 알고 있었다. 왜냐하면 전에 그가 그런
식으로 나를 속인 적이 한 번도 없었기 때문이다.

돈과 관련된 그림자는 대단히 강력한 요소로 작용한다. 오죽했으
면, 우리의 사회가 그림자의 횡포를 막으려는 명백한 목적에서 정교
한 사업 계약 체계를 고안해 냈겠는가. 사업 계약서를 쓸 때는 계약
당사자들이 서로에게 해야 할 일이 무엇인지 자세히 명시하고, 또 계
약을 이행하지 않을 경우에 어떤 제재가 주어진다는 것도 기록한다.
한 쪽이 다른 쪽을 고의로 속일지 모른다는 우려에서든, 우리에게 유
리할 경우 우리가 약속한 것을 잊는 것이 좋다고 생각하기 때문이든

간에, 이제 계약서는 우리가 살아가는데 있어서 필수적인 것이 되었다. 아메리칸 인디언이라면 그러한 협정이 필요 없었을 것이다. 왜냐하면 그의 말이 곧 그의 보증서였기 때문이다. 돈과 권력을 중시하는 우리 문화는 그림자 문제를 엄청나게 악화시켰으며, 우리의 생활 방식이 비인간화됨으로써, 우리는 다른 사람들을 물건처럼 사용하고, 그들을 개개인으로 보지 않게 되었다.

우리의 인간 관계가 잘 풀리려면 우리가 가진 그림자의 성격을 인식하는 것이 가장 중요하다. 다른 사람들은 우리의 그림자를 반대할 것이고, 우리가 그들에게 무슨 짓을 하고 있는지를 지적하게 될 것이다. 그들이 말하는 것을 주의 깊게 듣고, 그들의 말이 타당할 경우 그들이 제기하는 이의를 받아들인다면, 우리는 우리의 그림자를 인식하게 될 것이다.

분석심리학이 우리로 하여금 우리의 그림자를 인식하라고 촉구하는 까닭은, 그림자를 인식하지 못하면, 위험한 상황이 초래될지도 모르기 때문이다. 그러나 우리는 이러한 그림자 인식을 일반화해서는 안 되고, 특별한 경우로 보아야 한다. 사람이 제아무리 온갖 고백을 토해놓는다고 해도, 자신의 어두운 면을 속속들이 들어내지는 못할 것이다. 셰익스피어의 희곡 『폭풍우*The Tempest*』에서 왕이 혐오스런 칼리반을 가리켜 "이 어둠의 자식은 나의 자식이다"라고 말했듯이,[8] 우리도 우리의 그림자에 대해 그렇게 말할 수 있어야만 한다.

거울 속을 들여다보고 거기에 비친 우리의 어두운 영상을 볼 때 엄청난 저항감이 일기 때문에, 우리는 그것을 뚫어지게 바라보지 않으

---

8) William Shakespeare, *The Tempest*, 제5막, 1장, 275행.

면 안 된다. 이렇게 저항감을 일으키는 것 중 어떤 부분은 아마도 두려움이 아닐까 싶다. 우리가 그림자를 알아보면, 그것이 우리를 덮치지나 않을까 하는 두려움 말이다. 우리가 우리의 어두운 면을 보기를 두려워하는 이유는, 우리도 어둡게 될지 모른다는 두려움이 있기 때문이다. 실제로는 정반대이다. 그림자를 알지 못할 때에, 그림자에게 압도되기 훨씬 쉬운 법이다. 투사의 경우를 볼 때도, 우리에게 인식되지 않은 그림자가 여러 가지 방식으로 자신을 드러내기 때문이다.

존 놀스John Knowles의 소설 『분리된 평화A Separate Peace』야말로 그림자에 대한 탁월한 연구라고 볼 수 있는데, 이 책은 나중에 영화로 만들어졌다. 이 책은, 우리가 그림자를 인식하지 못할 때, 어떤 일이 일어나는지를 잘 보여준다. 이 이야기에는 두 명의 친구가 등장하는데, 이들 가운데 한 명은 육상선수다. 그는 자신의 친구를 다정하지만 짜증나는 방식으로 놀리고 조롱하여, 그만 친구의 분노와 질투를 일으키고 만다. 친구는 자신에게 일어난 이 어두운 감정을 직시하지 않는다. 어느 날 그 육상선수가 높다란 나뭇가지에 위험하게 앉아서 자신의 육상 실력을 뽐내자, 친구는 나뭇가지를 가볍게 흔들어, 육상선수를 추락시키는 치명적인 사고를 일으킨다. "내가 정말로 그 나뭇가지가 흔들리게 했었나"라고 친구는 자문한다. 이것이 바로 자신을 알아주지 않을 때 그림자가 작용하는 방식이다. 그가 자신의 분노와 질투심을 낱낱이 직시했더라면, 그가 이러한 감정을 친구에게 털어놓았더라면, 끔찍한 사고는 일어나지 않았을 것이다. 사태의 진상을 규명하면 할수록, 우리는 그림자를 억압하는 것이 답이 아님을 더더욱 깨닫게 된다.

우리가 그림자를 인식하는 것을 주저하는 것은 죄의식 때문이다. 그림자를 인식하게 되면, 죄의식이 일어나게 마련이다. 죄의식은 우리를 견디기 어렵게 만든다. 그래서 할 수만 있으면, 우리는 그것을 피하려고 한다. 우리는 아이들이 죄의식을 갖지 않으려는 것을 목격할 수 있다. 아이들은 자신들이 일으킨 상황에 대한 책임을 회피하기 위해 다양한 방법을 찾아내려고 한다. 수많은 사람이 이런 유치한 정신적 상태를 넘어서지 못했으며, 지금도 자신들이 책임져야 할 개인적인 악행이나 태만에 대해 죄의식을 느끼려 하지 않는다. 하지만 어느 누구도 죄의식의 문제를 피해갈 수는 없다. 대다수의 사람들이 대부분의 시간에 상당히 많은 죄의식을 느끼지만, 그것은 그릇된 죄의식이다. 사람들은 잘못된 사태에 대해서는 죄의식을 느끼면서도, 정작 자신들의 삶 속에서 일어난 사태, 곧 자신들이 책임져야 할 사태에 대해서는 책임을 지지 않으려 한다. 그릇된 죄의식이 우리를 힘들게 하지만, 만일 우리가 우리의 불완전한 인격에 대해 적절하게 책임지기만 한다면, 우리는 그렇게 힘들지 않을 것이고, 더욱 깊고 든든한 인격을 갖게 될 것이다.

또한 이것은 중요한 도덕적인 문제를 야기한다. 그것은 근본적인 도덕 문제를 우리의 의식 속으로 가져온다. 우리는 그것을 책임지고 다루지 않으면 안 된다. 우리는 우리의 그림자를 어떻게 처리하는가? 우리는 삶 속에서 우리의 어두운 면이 얼마나 많이 드러나게 하는가? 이미 지적했듯이, 그림자와 더불어 사는 것을 부정하면, 우리 삶의 에너지를 고갈시킬 위험을 낳게 마련이다. 새로운 삶의 에너지를 얻기 위해, 우리는 우리 안에 있는 삶의 일부, 곧 우리가 살아보지 못한 삶의 일부가 살아나게 할 때가 있어야 한다. 게다가, 어질고 온전해지기 위해서만 애쓸 경우, 우리는 가증스러워질 수도 있다. 왜냐하면 우리 안에 있는 생기 넘치는 에너지의 상당 부분이 거절당했기 때문이다. 착한 일에만 매달리는 사람은 가장 위태로운 삶을 사는 사람이라 할 수 있다. 자연스럽게 선을 행할 수 있는 능력을 우리가 넘어서려고 할 때마다, 우리는 더 많이 선을 행하게 되는 것이 아니라 악을 행하게 마련이다. 왜냐하면 우리의 부자연스러운 태도가 어둠을 무의식 속에 축적하기 때문이다. 그렇다고 해서, 그림자에게 지나친 자유를 주어야만 온전한 사람이 되는 것도 아니다.

이미 언급한 바 있고, 거듭 강조해도 지나치지 않은, 매우 중요한 일이 있는데, 그것은 바로 우리 자신의 그림자를 인식하는 것이다. 그림자를 인식함으로써 힘이 있고, 남에게 유익을 주는 의식의 변화가 이루어질 수 있다. 그렇게 되면 우리가 겸손과 유머 감각을 갖게 되고, 다른 사람들을 덜 판단하게 된다. 그림자를 인식하는 것은 의식적인 인격을 발달시키는 데에, 또한 개성화에도 필수적이다. 그것은 실제로 개인적인 도덕의 기초라고 볼 수 있다.

사람들이 자신을 알지 못한 채, 단지 외부의 제재 때문에 철저하게 도덕적인 삶을 살려고 한다면, 그들의 도덕은 집단적인 수준에 머물러 있게 된다. 보다 고차원적인 도덕적인 삶은 자기 인식을 통해서만 가능한 것이다. 더욱이, 사람들이 고수하는 도덕적 가치는 의식의 범위 안에서만 그 효력을 발휘될 수 있다. 우리가 어둠에 빠지고 악을 행하기 쉽다는 것을 알지 못한다면, 우리의 도덕법과 가치관이 아무 소용이 없을 것이다. 왜냐하면 그런 성향을 모르면, 그림자가 인격의 나머지 부분과 아무 연관도 맺지 못한 채 자율적인 모습으로 머물러 있을 수밖에 없기 때문이다. 이런 걸 생각해 볼 때 참된 도덕적인 삶은 개인이 자신의 그림자를 인식할 때 비로소 가능한 것이다. 그림자 인식이야말로 분석심리학이 악의 문제 해결에 기여할 수 있는 중요한 것 중의 하나로 볼 수 있다.

그림자 문제가 제기될 때, 사람들은 종종 자신의 어두운 면을 어떻게 처리해야 되는지를 묻는다. 내가 그림자 문제에 관해 상세히 말한 것은 이 때문이다. 나는 그림자를 인식할 수 있는 몇 가지 단서를 제시하고, 그림자를 보다 잘 의식하면서 살아가는 방법을 일러주는 지침을 몇 가지 보여 주었다. 그러나 그림자 문제는 개인 갓자가 해결할 수밖에 없는 것이다. 따라서 각 사람은 저마다 어두운 면과 더불어 창조적으로 살아가는, 자신만의 적절한 방법을 찾아야 할 것이다. 그러나 악의 문제와 그림자 문제가 중요하기 때문에, 우리는 다음 두 장에서 거기 대해 계속해서 다루게 될 것이다.

제6장
예수, 바울, 그리고 그림자

앞장에서 나는 교회가 그림자를 다루는 데에 별 도움을 주지 못했다고 비판했다. 이제 그 이유를 보다 자세하게 검토할 차례가 되었다. 나는 그림자 문제와 관련하여 예수의 태도와 바울의 태도를 비교하면서 그 이유를 살펴보고자 한다.

하지만 그렇게 하기에 앞서 분석심리학의 또 다른 개념인 "페르조나persona"를 먼저 소개해야겠다. "페르조나"라는 말은 "가면mask"을 뜻한다. 그것은 고대 그리스와 로마의 연극에서 배우가 자신들이 연기하는 배역을 묘사하기 위해 썼던 가면에서 유래했다. 분석심리학은 페르조나를, 우리가 밖으로 나가서 세계와 다른 사람들을 대할 때 쓰는 가면으로 이해한다. 그것은 우리의 자아 인격을 덮어씌우는 덮개와 같다. 페르조나는 다른 사람들의 눈에 가장 먼저 띄는 우리의 일부이다. 그것은 우리가 다른 사람들에게서 보고자 하는 우리 자신의 일부이기도 하다.

페르조나는 사회적으로 또 심리적으로 유익한 기능을 한다. 예를 들어, 완전히 무너지기 일보직전의 느낌이 드는데도 불구하고, 다양한 과제를 수행하고 다른 사람들을 만날 때, 여러분은 무너지기 직전의 느낌을 남들이 눈치 채지 못하게 할 것이다. 여러분의 내면 상태를 들키지 않으려면, 여러분은 자신의 페르조나를 활용하여 일정한 기능을 수행하도록 해야 할 것이다. 이처럼 적당한 페르조나는 인생과 사람들을 대처하는 데 꼭 필요한 자아의 일부다.

뉴욕에서 활동하는 융 학파 분석가인 테이어 그린Thayer Greene은 자신의 논문, "외향적인 사람의 고백Confessions of an Extrovert"(잡지 Quadrant의 1975년 겨울 호, 8권, #2, 21-32)에서, 페르조나가 본래의 역할보다 더 긍정적인 역할을 한다고 말했다. 그가 말한 대로, 그리스와 로마의 배우들이 썼던 고대의 가면이나 페르조나는 배우의 신원을 숨기기 위해 사용된 것이 아니라, 배우가 연기하는 성격을 가장 잘 표현할 수 있는 수단이었다. 이렇게 페르조나는 인격의 일부가 될 수 있다. 우리는 페르조나를 통해 다른 사람에게 우리 자신에 관해 무언가를 표현할 수 있다.

예를 들어, 여러분이 멋진 옷을 차려 입고 파티에 참석하여, 우아하고 매력적인 태도를 보이는 것은 자신의 참된 모습을 숨겨서 다른 사람에게 들키지 않으려고 하는 것이 아닐 것이다. 여러분은 의복과 예절이라는 페르조나를 통하여 여러분 자신의 특정한 면을 가장 잘 표현할 수 있고, 사람들과도 특별한 방식으로 좋은 관계를 유지할 수 있을 것이다. 일반적으로 의복과 패션이 대중에게 인기가 있는 것은 바로 이 때문이다. 적당한 옷차림은 우리가 주어진 상황에 알맞은 페르조나를 쓰는 데 도움을 준다.

우리가 스스로를 페르조나와 동일시할 때에는 문제가 생기게 마련이다. 우리 자신을 페르조나와 똑같다고 생각할 때, 우리는 페르조나를 잘못 사용하고 있는 것이다. 자신을 페르조나와 동일시하는 사람들은 그것을 가면이나 겉꾸밈으로 사용하고 있는 것이다. 그렇게 되면 그들의 진짜 인격이 감추어지고, 그들은 제약을 받아 페르조나가 드러내는 역할만을 하게 될 것이다. 게다가, 페르조나와 동일시하게 되면, 인격의 어둡고 그늘진 구석과 접촉할 기회가 사라지고 말 것이다. 페르조나와 동일시하게 되면, 결국 피상적이고, 거짓되고, 깊이가 없는 인격을 갖게 될 것이다.

간혹 다른 사람들은 어떤 페르조나를 택해서 우리가 그런 페르조나를 가지고 살도록 요구하기도 한다. 그런데 우리가 그런 페르조나를 떠맡지 않을 경우, 그들은 언짢아한다. 예를 들어, 교인들은 사제나 목사가 늘 선하고 친절하고 다정해야 한다는 페르조나를 그들에게 덮어씌움으로써 그들이 떠맡아야 할 역할을 설정한다. 다른 전문가들, 가령 의사나 심리치료사와 같은 사람들도 자신이 떠맡은 페르조나를 가지고 있다. 사람들은 심리치료사에게 사제나 목사처럼 선하기를 기대하지는 않지만, "그런 면도 지니고 있으리라"고 짐작한다. 또한 사람들은 의사가 모든 것을 알고 있고, 실수를 전혀 하지 않는다고 생각한다. 다른 사람들은 특정 페르조나가 우리 자신의 것이라고 생각한다. 그래서 그들은 어떤 페르조나를 택하여 우리에게 그렇게 살도록 요구하며, 그런 페르조나에 따라서 우리가 의식적 인격을 형성할 것을 바란다. 우리가 그런 페르조나를 받아들일 경우, 우리는 우리 자신의 일부를 잃어버리고 말 것이다. 그렇게 되면 그런 페르조나를 보상하는 것이 안에서부터 싹트게 마련이다. 즉, 그러한 페르조나와 정반대되는 것이 무의식의 어딘가에 배정되는 것이다.

예수는 페르조나와 그림자를 모두 알고 있었던 것 같다. 누가복음 18장 18-19절의 이야기를 예로 들어보자. 한 부자 청년이 예수에게 다가와 이렇게 묻는다. "선하신 선생님, 제가 무엇을 해야 영원한 생명을 얻겠습니까?" 예수는 "어찌하여 너는 나를 선하다고 하느냐? 하나님 한 분밖에는 선한 분이 없다"고 대답한다. 예수는 자신이 선이라는 페르조나를 건네받고 있음을 깨닫고, 그것을 즉시 되돌려주었음에 틀림없다.

예수는 페르조나를 알고 있었으며, 페르조나와 동일시하면 영적인 위험이 생길 수 있다는 것도 알고 있었다. 바리새파 사람들에 대한 태도를 보면, 이러한 예수의 인식이 드러난다. 예수는 이렇게 말한다: "율법학자들과 바리새파 사람들아, 위선자들아, 너희에게 화가 있다! 너희가 회칠한 무덤과 같기 때문이다. 그것은 겉으로는 아름답게 보이지만, 그 안에는 죽은 사람의 뼈와 온갖 더러운 것이 가득하다. 이와 같이, 너희도 겉으로는 사람에게 의롭게 보이지만, 속에는 위선과 불법이 가득하다."[1]

겉으로 아름답게 보이는 "회칠한 무덤"이라는 표현은 율법학자들과 바리새파 사람들이 스스로를 위해 채택한 페르조나를 가리키는 말이다. 그리고 "죽은 사람의 뼈"와 "온갖 더러운 것"은 이 페르조나와의 동일시를 보상하는 내적인 사람 내지는 그림자의 이미지다. 예수는 인간이 지니고 있는 대다수의 약점에 대해서는 관용을 베풀었지만, 이처럼 페르조나와 동일시하여 그림자를 감추는 것에 대해서는 화를 냈다. 예수가 화를 냈던 까닭은, 페르조나와 동일시하면, 심리적으로 볼 때, 부정직하게 될 뿐만 아니라, 나아가 자기 의에 이르고, 자비심이 결여되고, 영적으로 경직되는 결과를 가져올 수밖에 없기 때문이다.

---

1) 마태복음 23:27-28.

이 두 가지 예를 볼 때, 예수는 소위 "페르조나"라고 하는 것을 잘 알고 있었다. 뿐만 아니라 예수는, 곧 살펴보겠지만, 그림자에 대해서도 잘 알고 있었다. 이에 반해서 바울은 페르조나와 그림자 가운데 어느 것도 알지 못했다. 바울이 그 자신과 자신의 이중적인 성격에 대해 예리한 심리학적 통찰력을 가지고 있었다는 것은 분명한 사실이다. 하지만 그는 다른 사람들이 그의 영적 고투를 본받아 페르조나 및 그림자 문제와 씨름하도록 격려하지는 못했다. 도리어 그는 사람들에게 그림자의 존재를 부정하고, 그것을 억압할 것을 요구하였으며, 사람들에게 선, 빛, 사랑의 페르조나와 동일시할 것을 장려했다. 예수는 정신적으로 의식이 성장할 것을 요구했고, 나아가 우리가 우리의 이중성격 문제와 씨름하기 위해서는 영적인 용기가 필요하다고 말씀했다. 하지만, 바울은 정반대로 억압하라고 말했다.

바로 앞장에서 인용했던 로마서 7장의 구절은 바울 자신에 대한 가장 깊은 통찰을 보여준다. 그 말씀을 좀 더 인용해 보면 다음과 같다:

나는 내가 하는 일을 도무지 알 수가 없습니다. 내가 해야겠다고 생각하는 일은 하지 않고, 도리어 해서는 안 되겠다고 생각하는 일을 하고 있으니 말입니다. 그런 일을 하면서도 그것을 해서는 안 되겠다고 생각하는 것은, 곧 율법이 선하다는 사실에 동의하는 것입니다. 그렇다면, 그와 같은 일을 하는 것은 내가 아니라, 내 속에 자리를 잡고 있는 죄입니다. 나는 내 속에, 곧 내 육신 속에 선한 것이 깃들여 있지 않다는 것을 압니다. 선을 행하려는 의지는 나에게 있으나, 그것을 실행하지 않으니 말입니다. 나는 내가 원하는 선한 일은 하지 않고, 도리어 원하지 않는 악한 일을 합니다. 내가 해서는 안 되는 것을 하면, 그것을 하는 것은 내가 아니라, 내 속에 자리를 잡고 있는 죄입니다.[2]

바울이 자신의 인격 속에 자리한 이중성에 대해 잘 알고 있었다는 것이 이 성경 구절에서 잘 드러나 있다. 그는 자신 속에 자리 잡은 또 다른 힘이 있어서 그것이 자신의 선의善意를 역행하게 한다는 것을 인정하고 있다. 우리는 바울이 자아—이상과 그림자 사이에 있는 이중성에 대해 이야기하고 있음을 알 수 있다. 불행하게도, 바울은 이 정반대의 성향을 자신의 일부로 받아들이지 않았다. 결국, 그는 이렇게 하는 것은 자신이 아니라, "내 속에 자리를 잡고 있는 죄"라고 선언한다. 이것은 바울이 그림자를 자신의 본성의 불가피하고 정당한 일부로서 받아들이지 않았다는 뜻이 된다. 그가 할 수 있었던 유일한 해결책은 자신에게서 그림자를 제거할 방법을 모색하는 것이었다. 앞에서 살펴보았듯이, 이것은 문제의 해결책이 아니라, 오히려 문제를 지하로 더 깊이 쑤셔 넣는 결과가 될 뿐이다.

바울은 앞에서 인용한 로마서에서 자신의 행동의 이중성을 어느 정도 알고 있음을 보여주지만, 다른 곳에서는 이상하게도 자신의 말과 공상에 대해 아무것도 모르는 것처럼 보인다. 우리는 분명한 예를 갈라디아서 5장 12절에서 찾아볼 수 있다. 여기서 바울은, 자신을 따르던 그리스도인들을 유대교 식으로 만들어서는 안 되며, 초심자들에게 유대교의 관습, 특히 할례를 택하라고 강요해도 안 된다고 갈라디아 사람들에게 경고하고 있다. 바울은 그리스도인들을 유대교식으로

---

2) 로마서 7:15-20.

만들어 자신의 힘겨운 싸움을 무력화시키는 사람들에게 화를 내면서, 다음과 같은 통렬한 말로 결론을 맺는다: "나는 여러분을 선동하는 사람들에게 칼이 미끄러지는 것을 보았으면 좋겠습니다." (이 말을 글자 그대로하면 이런 뜻이다: "여러분을 선동하는 사람들은 차라리 그 지체를 잘라 버리는 것이 좋겠습니다.")

여기서 바울은 할례를 행한 그의 적들이 뜻하지 않게 스스로 거세하는 역겨운 공상을 하고 있다. 물론 우리는 그가 그런 생각을 품은 것에 대하여 그를 용서할 수 있다. 왜냐하면 우리는 그것이 화를 낸 것과 같다는 것을 알기 때문이다. 이와 비슷한 상황이 되면 우리도 그러한 생각을 품었을는지 모른다. 그는 이렇게 악의적인 공상을 하면서도, 정작 기독교 공동체 안에 있는 사람들에게는, 절대로 화를 내지 말고, 오히려 사랑과 오래 참음과 용서만을 보여주라고 훈계한다. 바울은 자신의 이러한 모순을 보지 못한다. 부모는 자식이 완전한 행동의 모범이 되기를 바라면서도, 정작 노여움을 부모의 특권으로 여기면서, 자식을 대한다. 바울도 자신의 기독교 개종자들을 그런 식으로 대한다.

바울은 밝은 면에서만 생각하고 행동하라고 당시 기독교인들에게 말한다. 바울은 사랑, 인내, 용서, 온유, 분별, 개인적 야망의 포기와 같은 것을 칭찬하고, 이러한 것들을 실천하고 지키라고 말한다. 그는 증오, 분노, 성적인 욕망이나 성적인 공상, 감정을 멀리하라고 훈계한다. 바울이 이렇게 심리학적인 윤리를 가르침으로써 집단적인 페르조나가 발달하게 되었다. 바울은 이 집단적인 페르조나를 받아들이라고 당시 기독교인들에게 요구했는데, 이것은 그 페르조나를 거스르는 모든 것을 억압하는 결과를 낳았다. 바울은 여러 곳에서 이 집단적인 페르조나를 기독교인들에게 요구한다. 여기서는 약간의 예를 드는 것만으로도 족할 것이다.[3]

갈라디아서에서 바울은 자신의 적들이 스스로 거세했으면 좋겠다고 피력한 후에 당시 기독교로 개종한 사람들에게 이렇게 말한다:

> 여러분은 성령께서 인도하여 주시는 대로 살아가십시오. 그러면 육체의 욕망을 따라 살아가지 않게 될 것입니다. 육체의 욕망은 성령을 거스르고, 성령이 바라시는 것은 육체를 거스릅니다. 이 둘이 서로 적대 관계에 있으므로, 여러분은 자기가 원하는 일을 할 수 없게 됩니다. 그런데 여러분이, 성령께서 인도해 주시는 것을 따르면, 율법 아래 있는 것이 아닙니다. 육체의 행실은 분명합니다. 곧 음행과 더러움과 방탕과 우상 숭배와 마술과 원수맺음과 다툼과 시기와 분노와 이기심과 분열과 분파와 질투와 술 취함과 흥청거리는 연회와, 또 이와 비슷한 것들입니다. 내가 전에도 여러분께 경고하였지만, 이제 또다시 경고합니다. 이런 일을 하는 사람들은 하나님의 나라를 유업으로 받지 못할 것입니다. 성령의 열매는 사랑과 기쁨과 평화와 인내와 친절과 선함과 신실과 온유와 절제입니다… 그리스도 예수께 속한 사람은 정욕과 욕망과 함께 자기의 육체를 십자가에 못 박았습니다… 선한 일을 하다가, 낙심하지 맙시다… 기회가 있는 동안에, 모든 사람에게 선한 일을 합시다. 특히 믿음의 식구들에게는 더욱 그렇게 합시다.[4]

---

3) 페르조나-그림자 문제와 관련된 또 다른 구절들은 다음과 같다: 고전 4:5, 5:1-3; 롬 1:18-32, 2:8, 2:21, 13:11-14, 12:9-21, 16:19-29; 빌 1:11, 2:3-5, 2:15; 골 3:5-25; 엡 5:2-20; 딤전 1:8-11; 딛 1:5-9.
4) 갈라디아서 5:16-24와 6:9-10.

바울은 정욕에 빠지는 강력한 성향을 비난하는데, 사실 이것은 우리 모두에게 있는 것인 바, 만일 이러한 성향이 자신의 개종자들 속에 없었다면, 바울은 그들을 그토록 강력하게 훈계할 필요가 없었을 것이다. 우리 자신 안에 있는 이러한 부분이 그림자 인격을 형성한다. 문제는 그것을 어떻게 다룰 것이냐 하는 것이다. 바울은, 우리가 모든 충동대로 행동하는 것, 그리고 우리의 감정과 욕망을 지나치게 풀어 주는 것은 해로울 수 있다고 했는데, 이건 옳은 말이다. 율법에 어긋나는 행동을 한다고 해서 그게 다 문제가 되는 것은 아니다. 이미 살펴보았듯이, 문제는 밝은 면과 일방적으로 동일시하고, 어두운 면을 무조건 억압하는 것이다. 바울은 "선한 일을 하다가 낙심하지 말라"고 말한다. 선한 일을 하다가 낙심하기가 쉽지 않다면, 바울은 그렇게 말할 필요가 없었을 것이다. 바울이 선한 일이라고 생각했던 것과 일방적으로 동일시하는 것을 거부하는 것도 우리 자신의 한 부분이다. 바울이 설정한 자아-이상에 따라 살려고 하면, 우리 내면의 갈등이 심화되어서, 우리가 분열될 수밖에 없고, 그렇게 되면 우리의 그림자는 적이 되고 말 것이다.

로마서에서 바울은 선과 일방적인 동일시할 것을 한층 더 강력하게 요청한다: "아무에게도 악을 악으로 갚지 말고, 모든 사람이 보기에 선한 일을 하려고 애쓰십시오. 여러분 쪽에서 할 수 있는 대로 모든 사람과 더불어 화평하게 지내십시오. 사랑하는 여러분, 여러분은 스스로 원수를 갚지 말고, 그 일은 하나님의 진노하심에 맡기십시오."[5] 이 구절에는 건전한 충고가 들어 있다. 우리는 악에 맞서 싸우다가 우

---

5) 로마서 12:17-19.

리 자신이 악하게 될 수 있다. 복수는 위험한 동기에서 생긴다. 고대 스페인의 격언이 말하듯이, "복수는 지옥에 떨어진 사람들의 입술에 가장 달콤한 맛을 낸다." 하지만 바울이 우리에게, 가장 높은 이상에 관심을 가지고 살고, 이것을 다른 사람들에게 드러내 보이라고 한 것은 지나친 요구가 아닌가 생각된다. 왜냐하면 이것은 우리의 참된, 그러나 달갑지 않은 감정과 모순되는 페르조나를 택함으로써만 이루어질 수 있기 때문이다. 정작 바울 자신은 적들에게 복수하는 공상을 하면서 자신의 적들이 스스로 거세했으면 하고 바라지 않았던가? 우리자신을 오로지 "최고의 이상"에만 맞출 경우, 우리는 우리 마음속에 있는 고상하지 못한 부분들을 의식에서 멀리 밀어낼 수밖에 없을 것이다. 이런 일이 공상이나 행위 속에서 노골적으로 드러나는데도, 우리는 자신이 누구인지를 모른 채 있을 수밖에 없을 것이다.

　바울은 거의 감정에 대립되는 입장을 취한다. 그는 분노, 성적인 욕망, 성적인 갈망을 악으로 보는 경향이 있다. 바울이 인간의 육체적 본성을 거절하는 까닭은, 감정이 육체에서 비롯되어, 엄청난 생리적 변화를 수반하기 때문이다. 이렇게 함으로써, 바울은 정신적 영지주의psychological Gnosticism에 빠지게 된다고 볼 수 있다. 기독교 초기에 영지주의자들은 물질적 우주와 인간의 육체를 원래부터 악한 것이라 하여 거부한 종교 집단을 이룬 적이 있다. 바울은 자신의 신학과 초대교회 안에서 영지주의를 거부하고, 물질적 실재도 하나님의 계획의 일부라고 여기는 기독교의 성육신 사상을 확고하게 고수한다. 그가 영지주의를 거부한 것은, 영지주의가 물질계를 악과 동일시하였기 때문이다. 하지만 그의 윤리학과 심리학을 보면, 영지주의의 정신이 그를 지배하고 있음을 볼 수 있다: "주 예수 그리스도로 옷을 입으십시오. 정욕을 채우려고 육신의 일을 꾀하지 마십시오"라고 바울은 로마서 에서 말한다.[6] 그는 대체로 성생활을 악으로 여겼고, 성행위를 사랑 과 친밀한 관계의 정당한 표현으로 생각한 적이 없었다. 그에게는 성 행위가 음란한 것이며, 사탄이 부추기는 것으로서, 결혼이라는 엄격 한 울타리를 제외하고는 그것을 허용하지 않았다. 그는 성행위를 인 간의 나약함을 인정하는 행위일 뿐이라고 보았고, 가장 고상한 생활 방식은 성행위를 아예 안 하는 것이라고 했다.[7]

또한 바울은 별난 페르조나를 성직자와 여성들에게 요구한다. 예 를 들어, 그는 디모데전서에서 감독의 자격에 대하여 이렇게 말한다:

감독은, 책망 받을 일이 없으며, 한 아내의 남편이며, 절제하며, 신중하며, 단정하며, 나그네를 대접하며, 가르치기를 잘 하며, 술을 즐기지 않으며, 난폭하지 않고 너그러우며, 다투지 않으며, 돈을 사 랑하지 않는 사람이라야 합니다… 감독은 또한, 교회 밖의 사람들로 부터도 좋은 평판을 받는 사람이라야 합니다. 그래야 그가 비방을 받 지 않으며, 마귀의 올무에 걸리지 않을 것입니다.[8]

---

6) 로마서 13:14.
7) 고린도전서 7:1-11 참조.
8) 디모데전서 3:2-7. 바울이 디모데전서를 썼느냐, 그렇지 않으냐의 문제는 학문적인 논쟁거리이다. 보수적인 로마 기톨릭 학자들은 물론이고, 로빈슨J. A. T. Robinson 주 교도 자신의 책, *Redating the New Testament*(Philadelphia: Westminster, 1976) 에서 바울이 디모데전서를 썼다고 생각한다. 하지만 현대의 다른 학자들은 바울이 쓰지 않았다고 생각한다. 하지만 그림자의 문제와 관련하여 바울의 관점과 초대교 회의 관점이 크게 다르지 않기 때문에, 디모데전서의 저자가 누구인가 하는 문제는 그리 중요하지 않다.

바꾸어 말하면, 성직자들에게는 특별히 요구되는 선의 분량이 있으며, 거기에 따라 살지 않으면 안 된다는 것이다. 그들의 페르조나는 교회 밖의 사람들로부터 비판을 전혀 받지 않을 정도가 되어야 한다는 것이다. 그러한 페르조나에 맞는 생활을 하는 것은 진정한 인간이 아닌, 겉만 번지르르한 사람을 만들어낼 뿐이다. 사실이 그러한데도 불구하고, 대부분의 성직자들은 오늘날에도 그러한 이상에 맞게 살지 않으면 안 된다고 느끼고 있으며, 그러한 모습을 사람들에게 보여주지 않으면 안 된다고 생각한다. 회중들 역시 성직자에게 그러한 행동을 기대한다. 회중들은 성직자에게서 조금만 결점만 드러나도 결코 그를 용납하지 않는다.

바울의 태도에서 드러나는 가장 큰 문제는, 행실은 물론이고 감정과 공상도 악으로 여긴다는 점이다. 바울은 "나쁜" 감정과 공상을 품기만 해도 악한 사람이 된다고 본다. 이것은 "나쁜" 감정과 공상을 밖으로 드러내지 않았다 해도 마찬가지다. 이를테면, 분노의 표출이 나쁜 게 아니라, 분노 자체가 나쁘다는 것이다. 난잡한 성생활이 사탄에게서 온 것이 아니라, 성적인 공상 자체가 사탄에게서 왔다는 것이다.

그러나 우리는 감정과 공상을 통제하기가 불가능하다. 그러한 것들은 무의식의 원천에서 나오는 것이다. 누구나 다 가끔은 음침한 공상을 한다. 우리가 그러한 공상을 한 것을 부인하고, 그것을 억누르고, 또는 그러한 공상을 하게 된 것을 어떤 악마 같은 세력이나 다른 사람의 탓으로 돌린다고 해서, 그러한 공상으로부터 벗어날 수 있는 건 아니다. 우리가 두려워하는 공상과 감정은 무의식의 어둡고 그늘진 구석에 속해 있다. 행위가 죄가 되는 것이 아니라, 생각 자체가 죄가 된다고 주장하는 바울의 윤리는 사람들을 힘들게 만든다.

우리는 성직자의 자격은 이러저러해야 한다고 말하는 바울의 사상과 대조되는 구석을 수Sioux족 인디언 주술사 레임 디어Lame Deer(절름발이 사슴)의 저작에서 찾아볼 수 있다:

> 병, 투옥, 가난, 술 취함 – 나는 이 모든 것을 몸소 경험하지 않으면 안 되었다. 죄를 짓는 게 이 세계를 굴러가게 한다. 정결해지려고만 한다면, 여러분은 냉혹해질 수밖에 없을 것이며, 여러분의 영혼은 비닐봉지에 휩싸이고 말 것이다. 여러분은 신과 악마 둘 다 되어야 한다. 좋은 주술사가 된다는 것은 혼란으로부터 자신을 보호하는 것이 아니라, 혼란의 와중에서도 옳음을 유지하는 것을 뜻한다. 그것은 삶의 모든 국면을 경험하는 것을 의미한다. 그것은 아픔을 두려워하거나 실수를 두려워하는 것을 뜻하지 않는다. 그렇게 해야만 거룩한 사람이 될 수 있다![9]

그리고 다른 곳에서는 아래와 같이 말한다:

> "착하고," 대중 앞에서 예절바르게 행동하고, 로만 칼라를 착용하고, 특정 부류의 여자를 멀리하는 설교자에게 백인들은 경의를 표한다. 하지만 인디언들은 착하고 예절바르게 행동하고 훌륭한 행동을 한 주술사에게 경의를 표하지 않는다. 위카사 와칸wicasa wakan, 곧 거룩한 사람은 있는 그대로 행동한다. 그는 나무나 새의 자유를 받았

---

9) John Fire/Lame Deer and Richard Erdoes, *Lame Deer −Seeker of Visions* (New York: Simon & Schuster, 1972), p. 79.

다. 그런 자유는 아름다울 수도 추할 수도 있다. 그러나 그것은 그리 문제가 되지 않는다.[10]

우리는 여자들과 페르조나에 대한 바울의 태도를 디모데전서에서 찾아볼 수 있다. 여자들을 남자보다 열등한 자리에 둔 뒤에, 바울은 다음과 같이 덧붙인다: "그러나 여자가 믿음과 사랑과 거룩함을 지니고 정숙하게 살면, 아이를 낳는 일로 구원을 얻을 것입니다."[11]

이러한 구절은 그리스도를 통해 얻는 구원이 무엇인지 의아하게 만든다. 여자들이 아이 낳는 일과 정숙한 삶으로 구원을 얻는다면, 그리스도를 통한 구원은 남자들에게만 해당된다고 생각될 수밖에 없을 것이다. 이런저런 이유로 아이를 낳지 못하는 여자들에게는 어떤 일이 일어나는지, 누가 어머니로 사는 게 아닌, 다른 형태의 삶을 살라고 부름 받았는지에 대해서도 바울은 언급하지 않고 있다. 여자들이 살아야 하는 거룩한 삶에 관한 한, 그것은 여자들에게 그림자 부분을 살아낼 권리를 남겨두지 않는다. 도대체 어느 누가 믿음과 사랑과 거룩함을 항상 지닐 수 있단 말인가? 노여움, 원한, 좌절, 권태, 혹은 피로가 자신을 삼킬 때, 여자는 어떻게 해야 한단 말인가? 어린아이를 양육하는 일을 해 본 사람이라면, 항상 거룩한 삶의 모범이 되는 게 얼마나 어려운 일인지, 어버이의 책임을 맡은 자신의 감정이 얼마나 어두워질 수 있는지, 친밀한 관계없이 배우자와 함께 생활해야 하는 스트레스가 어떠한지를 잘 알 것이다. 하지만 바울은 여성에게 아무런 대

---

10) *Ibid.*, p. 156.
11) 디모데전서 2:15. 딤전 2:9-15; 5:3-8 참조.

안도 제시하지 않은 채, 도리어 여성의 어두운 면을 모두 끊어버리고, 그러한 면이 드러날 경우에는 스스로를 나쁜 사람으로 여기라고 말한다. 이것은 불가능할 뿐만 아니라 바람직하지도 않다. 남자와 마찬가지로 여자도 어엿한 개인이 되기 위해서는 그녀 자신의 어두운 면이 필요하다. 더욱이, 아이에게 상처를 입히는 것은 단순히 화를 내는 것이 아니라, 억눌리고 인식되지 않은 화를 분출할 때다. 아이들은 적절한 방식으로 화를 표출할 때는 그것을 본능적으로 이해하지만, 자신들의 어두운 면을 직면하지 못하는 부모가 그들을 거부하면 그 때는 견디지 못한다.

　나는 바울을 지나치게 비판할 생각은 없다. 바울은 기독교적인 삶에 긍정적인 공헌을 많이 했다. 그는 대부분의 경우 좋은 본보기였다. 더군다나, 내가 예로 들었던 일방적인 태도들에 대해 바울이 아니라, 일반적으로 초대교회가 그 책임이 있다고 할 수 있다. 문제는 바울이 나쁜 사람이어서가 아니라, 그가 역사적으로 제약을 받는 인물이었다는 것이다. 그는 특정한 점에서는 영감을 받았을는지 모르나, 페르조나 및 그림자 문제와 관련해서는 당시의 지배적인 견해를 넘어서지 못했다. 예수는 자신이 당대의 집단적인 사고방식을 넘어설 수 있음을 알고 있었다. 그러나 바울은 그런 걸 몰랐다. 이 점에서, 교회가 예수의 가르침을 따르지 않고, 바울의 훈계를 따르기로 결정했던 것은 불행한 일이 아닐 수 없다. 하지만 그것은 불가피한 결정이었다. 교회의 일반적인 의식 수준으로 보건대, 교회가 예수의 가르침을 무시하고, 바울의 말을 따랐다는 것은 확실하다. 왜냐하면 이것이 당시의 사람들이 놓여 있던 자리이기 때문이다. 그럼에도 불구하고 그것은 유감스러운 일이다. 교회가 인간이 지닌 인격의 역동성과 관련하여 예수의 가르침을 따르기만 했었어도, 엄청난 정도의 정신적 손상을 피할 수 있었을 것이다.

우리는 예수가 페르조나에 대해 알고 있었고, 가면과 동일시하는 것이 영적으로 얼마나 위험한지에 대해 기탄없이 말씀하셨음을 살펴보았다. 우리가 이미 고찰한 바 있는, 마태복음의 인용구에서, 예수는 페르조나와 동일시한 사람들을, 겉보기에는 깨끗해 보이나 속에는 온갖 더러운 것이 가득한 회칠한 무덤에 비유했다. 페르조나와 대조해 볼 때, 속에 가득한 이 더러운 것은 그림자 인격이 아닐까 싶다. 문제는 그림자와 어떻게 관계를 맺을 것이냐 하는 것이다. 그림자를 억압하는 것은 해결책이 아니다. 그렇다고 우리가 그림자와 동일시되어 충동과 어둠에 따라서 살수도 없는 노릇이다. 충동과 어둠에 따라서 사는 것은 문제의 해결책이 아니다. 그것은 단지 한쪽의 대극으로부터 다른 쪽의 대극으로 옮겨가는 것에 불과하다. 내적으로 분열된 채로 여전히 남아 있는 것이다. 예수가 그 문제를 어떻게 처리할 것인가에 대해 약간의 지침을 제시해 준 것은 참으로 다행스러운 일이다. 다음과 같은 마태복음의 구절을 살펴보자: "너를 고소하는 사람과 함께 법정으로 갈 때에는, 도중에 얼른 그와 화해하여라. 그렇지 않으면, 고소하는 사람이 너를 재판관에게 넘겨주고, 재판관이 옥리에게 내주어서, 그가 너를 감옥에 가둘 것이다. 내가 진정으로 너희에게 말한다. 너희가 마지막 한 푼까지 다 갚기 전에는, 거기에서 나오지 못할 것이다."[12] 당시에는 법률적인 사건으로 다투는 사람들이 서

---

12) 마태복음 5:25-26.

로 함께 법정으로 가는 것이 관습이었다. 법정으로 가는 도중에 서로가 다툼을 끝내서, 재판관을 성가시게 하지 않을 수도 있었기 때문이다. 우리는 예수의 이 말씀을 충고로 받아들여, 그 관습을 따르는 것도 괜찮을 것이다. 이 말씀은 해석하기가 곤란한데, 이는 그것이 두말하면 잔소리이기 때문이다. 그것은 누구나 할 수 있었던 평범한 충고였을 것이다. 마지막 문장도 곤란하기는 마찬가지다: 우리가 그렇게 하지 않으면, 재판관이 우리를 투옥할 것이라고 예수는 말씀하신다.

그러나 우리가 심리학적으로 받아들이면, 그것은 엄청난 의미를 지닌다. 이 경우, 우리가 화해해야할 그 상대는 우리 안에 있기 때문이다. 그것은 우리의 페르조나와 대립하는 그림자 인격이다. 우리는 그것과 어느 정도 관계를 맺지 않으면 안 된다. 예수는 우리가 일생동안 이 내면의 적과 화해해야 한다고 말씀하고 있는 것이다. 우리가 그렇게 하지 않으면, 결국 벌이 주어질 것이고, 우리는 기준 미달의 존재로 드러나고 말 것이다. 처벌받아야 할 것은 적, 즉 그림자가 아니라 자아라는 것을 알아야 한다. 우리 인격의 모든 면을 직시하고, 인정하고, 그것과 화해하려고 힘쓰는 것이야말로 의식의 과제다. 이것이야말로 우리의 정신적인 작업 또는 과제인 것이다. 우리가 이 과제를 스스로 떠맡지 않는다면, 우리는 하나님이 보시기에 너무나 부족한 존재로 여겨질 것이다.

여기서 예수가 말하는 벌이란 다른 게 아니라, 마지막 한 푼까지 다 갚기 전에는 감옥에서 나오지 못할 것을 얘기하는 것이다. 우리가 정신적으로 깨어 있는 사람이 되어, 우리 인격의 모든 측면을 우리의 의식적인 삶과 연결하는 것이야말로 매우 중요한 일이다. 이러한 삶의 과제를 거부하려면, 위험을 감수해야 할 것이다. 의식적인 사람(깨어 있는 사람)이 되는 것은 힘든 일이지만, 우리가 무의식 상태에 놓여있다면, 그것은 더욱 더 힘써 볼 만한 가치가 있는 일이다.

예수가 그림자 문제에 대해 말한 또 다른 유명한 구절은 누가복음 15장 11-32절에 나오는 탕자의 비유다:

어떤 사람에게 아들이 둘 있는데, 작은 아들이 아버지에게 말하기를 "아버지, 재산 가운데서 내게 돌아올 몫을 내게 주십시오." 했다. 그래서 아버지는 살림을 두 아들에게 나누어주었다. 며칠 뒤에 작은 아들은 제 것을 다 챙겨서 먼 지방으로 가서, 거기에서 방탕하게 살면서, 그 재산을 낭비했다.

그가 그것을 다 탕진했을 때에, 그 지방에 크게 흉년이 들어서, 그는 아주 궁핍하게 되었다. 그래서 그는 그 지방에 사는 어떤 사람을 찾아가서, 몸을 의탁했다. 그 사람은 그를 들로 보내서 돼지를 치게 했다. 그는 돼지가 먹는 쥐엄 열매로라도 배를 채우고 싶은 마음이 간절했으나, 주는 사람이 없었다. 그제서야 그는 제정신이 들어서, 이렇게 말했다. "내 아버지의 그 많은 품꾼들에게는 먹을 것이 남아도는데, 나는 여기에서 굶어 죽는구나. 내가 일어나, 아버지에게로 돌아가서, 이렇게 말씀드려야 하겠다. '아버지, 내가 하늘과 아버지 앞에 죄를 지었습니다. 나는 더 이상 아버지의 아들이라고 불릴 자격이 없으니, 나를 품꾼으로 삼아 주십시오.'" 그는 일어나서, 아버지에게로 갔다.

그가 아직도 먼 거리에 있는데, 그의 아버지가 그를 보고 측은히 여겨서, 달려가 그의 목을 껴안고, 입을 맞추었다. 아들이 아버지에게 말했다. "아버지, 내가 하늘과 아버지 앞에 죄를 지었습니다. 이제부터 나는 아버지의 아들이라고 불릴 자격이 없습니다." 그러나 아버지는 종들에게 명령했다. "어서 좋은 옷을 꺼내서 그에게 입히고, 손에 반지를 끼우고, 발에 신을 신겨라. 그리고 살진 송아지를 끌어내다가 잡아라. 우리가 먹고 즐기자. 나의 이 아들은 죽었다가 살아났고, 내가 잃었다가 되찾았다." 그래서 그들은 잔치를 벌였다.

큰아들이 밭에 있다가 돌아오는데, 집에 가까이 이르렀을 때에, 음악 소리와 춤추면서 노는 소리를 듣고, 종 하나를 불러서, 무슨 일인지 물어 보았다. 종이 그에게 말하기를 "아우님이 집에 돌아왔습니다. 건강한 몸으로 돌아온 것을 반겨서, 주인어른께서 살진 송아지를 잡으셨습니다." 했다. 큰아들은 화가 나서, 집으로 들어가려고 하지 않았다. 아버지가 나와서 그를 달랬으나, 그는 아버지에게 말했다. "나는 이렇게 여러 해를 두고 아버지를 섬기고 있고 아버지의 명령을 한 번도 어긴 일이 없는데, 내게는 친구들과 함께 즐기라고, 염소 새끼 한 마리도 주신 일이 없습니다. 그런데 창녀들과 어울려서 아버지의 재산을 다 삼켜 버린 이 아들이 오니까, 그를 위해서는 살진 송아지를 잡으셨습니다." 아버지가 그에게 말하기를 "애야, 너는 늘 나와 함께 있지 않느냐? 또 내가 가진 모든 것은 다 네 것이 아니냐? 너의 이 아우는 죽었다가 살아났고, 내가 잃었다가 되찾았으니, 즐거워하고 기뻐하는 것이 마땅하지 않겠느냐?" 했다.

우리는 여기서 인간의 이중성의 문제를 다시 한 번 만나게 된다. 우리 모두의 내면에는 사회적 기대치에 부응하는 형이 있고, 또 "탕진하고" 싶어 하는 동생, 곧 그림자 측면이 자리하고 있다. 이러한 그림자 측면을 따라 살아갈 경우, 그 결과는 비참해진다. 탕자의 행실은 그를 파멸로 몰아갈 뿐이다. 하지만 동생은 결정적인 순간에 깨닫는다. 비유는 그가 "제정신이 들었다"고 말한다. "제정신을 찾는 것"은 그림자, 곧 우리의 어두운 실재를 보는 것이다. 이 때 우리는 구원과 온전함을 얻을 수 있는 순간을 맞게 된다.

탕자의 비유는 아버지가 두 적대적인 아들을 화해시키기 위해 애쓰는 것으로 끝을 맺는다. 형의 매몰찬 마음이 풀려서 그가 동생을 받아들였는지 안 받아들였는지 분명하지 않다. 형이 동생을 받아들였다면, 인격의 두 반쪽이 내적으로 화해하였을 것이고, 사회의 기대치에 부응하는 면과 역행하는 그림자 사이에 구원의 다리가 놓였을 것이다.

나는 탕자의 비유를 주관적·심리학적으로 해석할 수 있다고 본다. 하지만, 그렇다고 해서 이런 단계에서 해석하는 것만이 전부라고 말하고 싶지는 않다. 예수의 가르침은, 그가 말씀한 것 대부분이 사회적, 윤리적, 신학적, 심리학적인 입장에서 그 의미를 다양하게 살펴볼 수 있다는데서 멋있는 것이다. 그런데 심리학적인 의미를 찾아보는 것은 무시되어 왔다. 그래서 여기서는 우리가 예수의 가르침이 어떤 심리학적 의미를 지니고 있는지 관심을 가져보려고 한다.

교회가 그림자의 문제를 무시하게 된 한 가지 이유는, 그 문제가 우리를 역설적인 상황으로 몰고 가서, 우리로 하여금 역설적인 윤리의 필요성을 대면하도록 하기 때문이다. 우리는 역설을 좋아하지 않는다. 특히 전통적인 기독교적 입장에서 보면, 어떤 것을 흑백 논리로 설명하는 것을 더 좋아한다. 유감스럽게도, 이렇게 되면 우리 안에 있는 그림자 측면을 받아들일 수 없게 된다. 악의 가능성을 지니고 있는 그림자는 또한, 만물의 지고선至高善, 즉 온전함wholeness에 꼭 필요한 것을 속에 가지고 있다. 그림자에 대한 논의가 언제나 역설에 이르게 되는 것은 바로 이 때문이다.

우리는 그러한 예를 누가복음 7장 36~50절에 나오는 이야기에서 찾아볼 수 있다. 이미 우리는 이 이야기를 간략하게 설명한 바 있다. 이 매력적인 이야기에서 예수는 바리새파 사람 하나와 식사를 하고 있었다. 그때 평판이 좋지 못한 한 여인이 예수께 다가와, 울면서, 눈물로 그의 발을 닦아드린다. 예수와 함께 식사하고 하고 있던 바리새파 사람이 이것을 보고 깜짝 놀라, 만일 예수가 이 여인이 누구인지를 알았더라면, 그녀와 말도 안 했을 것이라고 중얼거린다. 예수는 그 바리새파 사람이 무슨 생각을 하고 있는지를 알아채고서, 그에게 이의를 제기한다. 예수는 이렇게 말한다. "어떤 돈놀이꾼에게 빚진 사람이 둘 있었는데, 한 사람은 또 다른 사람보다 돈놀이꾼에게 갑절이나 빚을 졌다. 돈놀이꾼이 그 두 사람의 빚을 탕감해 주었다고 가정해 보자. 그러면 누가 더 고마워하겠느냐?" 그 바리새파 사람은, 더 많이 탕감 받은 사람이 돈놀이꾼을 더 사랑하지 않을 수 없을 것이라고 대답할 수밖에 없었다.

예수는 이 여인도 마찬가지라고 말한다. 예수는 자신이 그 바리새파 사람의 집에 들어갔을 때, 그 바리새파 사람이 발 씻을 물도 주지 않았지만, 이 여자는 사랑과 감사의 마음이 북받쳐 눈물로 자신의 발을 닦아주었다고 말한다. 그런 다음 예수는 다음과 같이 역설적으로 말한다: "그러므로, 내가 네게 말하거니와, 이 여자는 그 많은 죄를 용서받았다. 그것은 그녀가 많이 사랑하였기 때문이다. 용서받는 것이 적은 사람은 적게 사랑한다." 이렇게 말하고 나서, 예수는 그 여인에게 덧붙여 이렇게 말씀하신다. "네 믿음이 너를 구원했다. 평안히 가거라."

예수가 말씀하고 있는 역설은 사태를 흑과 백으로 보려고 하는 모든 시도에 찬물을 끼얹는다. 이 여인이 그랬듯이, 우리가 우리의 그림자 측면에 따라 살아갈 경우, 죄를 많이 지을 수밖에 없을 것이다. 예수는 이 여인이 생활 방식을 바꾸었어야 했다고 분명히 말한다. 다른 한편, 바리새파 사람이 그랬듯이, 우리 안에 죄가 자리할 수 있음을 알지 못하고, 또 용서의 필요성을 깨닫지 못한다면 , 우리는 자비와 사랑의 능력으로부터 단절되고 말 것이다. 우리가 삶 속에서 신중한 태도를 견지하려고만 하면, 우리는 우리가 누구인지를 절대로 알 수 없을 것이다. 온전한 사람이 되고자 한다면, 우리는 철저한 삶을 살아야 할 것이다. 또한, 자기-의에 사로잡히기보다는 용서를 받는 게 훨씬 나을 것이다.

우리가 종종 잘못 이해하는 마태복음 5장 48절을 보면 예수의 관점이 잘 요약되어 있다: "그러므로 너희의 하늘 아버지께서 완전하신 것과 같이, 너희도 완전하여라." 여기서 문제는 영어권 독자들이, "완전한perfect"이라고 번역된 그리스 말의 의미를 놓치고 있다는 것이다. 영어권 독자들은 "완전한"이라는 말이 흠이나 결점 혹은 얼룩이 없는 것을 의미한다고 생각할 것이다. 바울은 여기서 기독교로 개종한 사람들에게 흠이 없는 삶을 살도록 촉구했다. 말하자면 그것은 세속적인 생각이나 노여움, 혹은 이기심이나 욕망이 전혀 없는 삶을 뜻한다. 이미 살펴보았듯이, 그러한 삶을 사는 것은 사실 불가능한 일이다. 만일 우리가 이런 종류의 완전에 이르고자 애쓴다면, 우리의 정신이 분열되고 말 것이다. 마태복음 5장 48절에서 사용된 그리스 단어는 흠 없는 순결purity을 의미하지 않고, 완성completion을 의미한다. 영어에서 "완전한perfect"으로 번역된 그리스 단어는 텔레이오스*teleios*다. 텔레이오스는 완성하는 것을 의미한다. 그것은 목적을 뜻하는 그리스 단어 텔로스*telos*에서 파생했다. 철학의 한 분과이며, 삶의 궁극적인 목적을 탐구하는 틸리올로지teleology(목적론)라는 말도 이 단어에서 유래했다. 마태복음 5장 48절을 글자 그대로 번역하면, "그러므로 너희의 하늘 아버지께서 완성하시는 것과 같이, 너희도 완성하여라."가 될 것이다.

그렇다면, 예수가 촉구하고 있는 것은, 우리의 삶과 인격이 완성되어야 하며, 우리의 삶과 인격이 예정대로 궁극적인 목적을 향해 나아가야 한다는 것을 의미하는 것이다. 이것은 필연적으로 그림자를 인식하는 것과 관계가 있으며, 우리 자신의 그늘진 부분을 전체의 불가피한 일부로 받아들이는 것과 관계가 있다. 예수가 제안하는 그림자 문제의 해결책은 정신적 의식의 성장growth of psychological consciousness과 관계가 있을 뿐만 아니라, 영적 성숙spiritual maturity과도 관계가 있다. 그것은 우리의 밝은 면은 물론이고 어두운 면도 인정하는 것이다. 예수는 그림자를 억압하지도 말고, 우리 자신을 페르조나와 동일시하지도 말아야 한다고 가르쳤다.

바울의 가르침과 예수의 가르침 사이에서 드러나는 본질적인 차이는 다음과 같다: 바울은 우리에게, 선만을 일방적으로 드러내라고 촉구하는 반면, 예수는 우리에게, 완성되어라, 온전하게 되라고 촉구한다. 바울의 심리학이 드러내는 윤리는 억압을 통해서만, 즉 그림자를 의도적으로 모른 체함으로써만 이루어질 수 있다. 예수의 윤리는 그림자를 의식화하고, 그 결과로 생겨난 긴장을 견뎌내고, 발달 과정을 겪음으로써만 성취될 수 있다. 이 발달 과정은 그림자를 의식화할 때에만 시작될 수 있다. 이미 살펴보았듯이, 바울의 태도는 그가 처해 있던 시대의 일반적인 태도를 나타낸 것에 불과하다. 수세기를 통틀어 보건대, 교회는 그러한 태도에서 크게 벗어나지 못했다. 이 점에서, 우리는 교회가 고차적인 예수의 정신에 따라 살지 않고, 정신적으로 열등한 수준에 머물러 있었다고 말할 수 있을 것이다. 그 결과, 인간은 분열을 계속 경험할 수밖에 없었고, 그림자 문제는 해결되지 않은 채 더 악화되고 말았다.

신약성경이 계시록으로 끝나는 것을 보면 이런 사실을 알 수 있다. 계시록을 보면 하나님과 사탄 사이에는 인간 영혼의 문제가 해결되지 않았음을 보여주는 형이상학적인 분열과 이원성이 자리하고 있음을 알 수 있다. 예수의 태도를 가지고 대극을 통합할 수 있었음에도 불구하고, 복음서에서 예수가 말한 복은 다 사라지고, 그 대신에 우리는 지나치게 일방적으로 선한 면만을 추구하게 되었다. 그 결과 대극이 형성될 수밖에 없게 되었다. 계시록에는 하나님의 궁극적인 본성이 드러나 있지 않다. 다만 해결되지 않은 인간의 문제가 형이상학적인 영역으로 떠넘겨졌을 뿐이다.

물론 상당수의 사람들은 예수의 가르침에 대한 이와 같은 해석을 반대하고, 비교적 명쾌하고 단순한 바울의 관점을 더 좋아할 것이다. 우리는 기독교의 심리학적인 차원을 들여다보는 데 익숙하지 않다. 예수의 길은 너무 어려운 것처럼 보이고, 사람들이 따르기에는 이치

에 맞지 않는 것처럼 보일 것이다. 예수 자신도 자신의 길이 쉽지 않다
는 것을 알고 있었다: "멸망으로 이끄는 문은 넓고, 그 길이 널찍하여,
그리로 들어가는 사람이 많다. 생명으로 이끄는 문은 너무나도 좁고,
그 길이 험해서, 그곳을 찾아오는 사람이 별로 없다."[13]

　예수가 우리에게 지정해 준 길이 우리에게 많은 것을 요구한다는
것은 틀림없는 사실이다. 정신적으로 깨어 있는 것, 우리 자신의 이중
성을 정직하게 대면하는 것이야말로 어렵고 고통스러운 일이다. 이
런 점에서, 처음부터 예수의 이름을 택한 사람들이 그의 가르침의 중
요성을 보려고 하지 않았다는 것은 놀랄만한 일이 아니다. 예수가 걸
어간 길은 개인적인 길individual way이다. 그것은 집단적으로 혹은 단체
로 이루어질 수 있는 길이 아니다. 예수가 자신의 길을 "좁은 문으로
들어가는 것"과 같다고 말한 것은 바로 그런 이유에서다. 반면에, 군
중은 널찍하고 탁 트인 길로 가다가 멸망할 수밖에 없을 것이다. 어떤
사람이 자신의 개인적인 그림자를 인식했다면, 그러한 사람은 곧바
로 개인적으로 의식에 이르는 길로 접어들기 시작한 것이다. 고통스
럽기는 하지만, 생명으로 이끄는 문은 좁은 문이다.

　한꺼번에 달려가면 인간은 예수가 요구한 정신적인 윤리를 성취하
기가 어렵다. 이것은 논쟁의 여지가 있을지 모른다. 하지만 사람들에
게 맡겨둘 경우, 그들은 죄에 빠지고, 삶을 탕진하고, 자신들의 창조
주를 부인하게 될 것이다. 대부분의 사람들이 원하지 않는, 고차원의
정신적인 자각에 이르도록 요구하기보다는, 무엇을 할 것인지, 어떻
게 행동할 것인지, 무엇을 피할 것인지를 그들에게 말해 주는 것이 훨

---

13) 마태복음 7:13-14.

씬 나을 것이다.

이 관점은, 도스토예프스키가 쓴 『까라마조프가의 형제들*The Brothers Karamazov*』이라는 책의 "대심문관"이라는 장에서, 대 심문관이 웅변적으로 논증한 관점이기도 하다. 그리스도가 돌아왔음에도 불구하고, 대심문관은 그리스도의 이름을 전하는 교회의 지도자로서 그리스도를 기쁘게 맞아들이지 않는다. 그는 그리스도를 투옥한다. 그 노인이 감옥 안에 갇힌 그리스도를 찾아와 비난한다. 당신은 교회가 당신의 이름으로 이룩해 놓은 업적을 방해하고 파괴하려고 돌아온 것이 아니냐는 둥, 교회는 그리스도의 업적을 바로잡았다는 둥, 당신은 사람들이 자유인이 되기에는 불가능한 것들을 요구했다는 둥, 당신이 요구한 것들이 사람들을 불행하게 만들었다는 둥, 당신이 제시한 것은 극소수의 사람만이 성취할 수 있었다는 둥, 당신은 그렇게 하지 못했지만, 교회는 인간의 곤경을 보고 그에게서 자유의 짐을 벗겨주었다는 둥. 이제 대심문관은 그리스도가 돌아올 권리가 없으며, 그가 옛적에 했던 말에 무언가를 보탤 권리도 없다고 말한다.

사람들이 예수의 자유로운 윤리 대신에 집단적이고 무의식적인 생활 방식을 택하는 곳이면 어느 곳에서나 대 심문관은 존재하게 마련이다. 국민의 행복을 위해 그렇게 한다고는 하지만, 개인의 자유를 빼앗는 국가도 대 심문관일 수 있다. 교회도 대심문관일 수 있다. 교회가 대 심문관이 될 수도 있다는 사실을 전혀 모른 채, 바울은 깨어 있는 사람이 되기보다는 선한 사람이 되는 데 필요한 조건을 자신의 회중들에게 제시하였던 것이다.

도스토예프스키가 분명하게 밝히고 있듯이, 대심문관의 태도에는 파괴적인 요소가 자리하고 있다. 말하자면 그는 사람의 자유를 빼앗고 있었던 것이다. 예수의 윤리는 요구가 지나치긴 하지만 사람의 자유를 빼앗지는 않는다. 자유는 결국 선택과 갈등이라는 심리적 부담을 안게 된다. 모든 예수의 말씀과 행동을 보면, 그 밑에 자유가 깔려 있다. 탕자가 삶을 탕진하기로 마음먹었을 때, 아버지는 그에게 그것을 그만두게 하지 않았다. 하나님도 예수의 발을 닦아 준 여인이 죄스러운 삶으로 빠져들 자유를 막지 않았다. 예수가 부자 청년에게, 모든 것을 팔아서, 가난한 사람들에게 나누어주라고 말씀하자, 부자 청년은 근심하면서 떠나갔다. 예수는 그 부자 청년을 쫓아가서 마음을 바꾸라고 말씀하지 않았다.[14]

하지만 바울의 윤리는 사람의 자유를 빼앗는다. 집단적인 권위가 우리에게 부여한 선의 기준에 순응하고, 이것과 모순되는 모든 생각을 억압해야 한다는 말을 자꾸 들으면, 어찌 우리가 자유를 잃어버리지 않을 수 있겠는가. 그렇게 되면 우리는 더 이상 깨어 있는 사람이 되기를 바랄 수 없으며, 우리 자신에 대해 책임적이 될 수 없게 된다. 하지만 예수의 윤리는 삶이 제시하는 대안들, 이중성의 문제, 그리고 정신적으로 솔직한 것이 필요함을 인간에게 알려준다. 예수는 "선"을 따르는 것보다는 의식이 성장하는 것을 더 높이 평가했다. 자유란 최상의 정신적인 가치를 지니고 있는 것이다. 왜냐하면 자유만이 의식과 사랑을 발달시킬 수 있기 때문이다. 우리가 이중적인 본성을 타고난 것은 이 때문일는지도 모른다. 이중성이야말로 의식적으로 정신이 발달할 수 있는 전제조건이다.

---

14) 마태복음 19:16-22.

제 7 장

『지킬 박사와 하이드 씨』에 나타난 그림자와 악의 문제

로버트 루이스 스티븐슨의 『지킬 박사와 하이드 씨』는 악과 그림자에 대해 잘 연구해 놓은 소설이다. 1886년에 쓰여 진 이 흥미롭고 신비스런 이야기에서 우리는, 매우 주목할 만한 방식으로 인간의 이중적인 성격에 대해 서술해 놓은 걸 발견할 수 있다. 스티븐슨의 이야기는 출판된 지 불과 10년도 안 되어 프로이트의 출현을 예견했고, 이보다 더 시간이 지난 후에는 융의 출현도 예견했다.

『지킬 박사와 하이드 씨』를 읽은 사람이 얼마 안 될지 모른다. 하지만, 이 이야기에 대해서는 거의 모든 사람들이 들어 알고 있을 것이다. 예를 들어, "힐사이드를 죽인 자는 지킬과 하이드와 같은 사람이었는가?"15)라는 잡지의 표제어를 읽은 사람은 누구나 그 의미를 알 정도로 "지킬과 하이드"가 우리 모두에게 친숙한 존재가 되었다고 본다. 작가가 아주 훌륭하게 이야기를 풀어 갔기에 아주 재미있는 것은 물론이고, 우리는 여기서 그림자 문제에 대한 심리학적 통찰을 얻을 수 있다. 19세기 말에 영국과 미국의 독자들은 그 이야기를 읽으면서 손에 땀을 쥐었을 것이다. 그 이유는 이 이야기가 미스터리를 다루었

---

15) *Time*, May 7, 1979, p. 26.

기 때문이며, 또한 그 미스터리가 독자들이 이 이야기를 다 읽어보면 끝에 가서 지킬과 하이드가 동일 인물이라는 사실을 알게 됨으로써 풀리기 때문이다.

어떤 이야기가 공통 의식common mind에 이르는 길을 찾고, 그리하여 누구나 그 이야기를 듣고서 중심 주제를 알 수 있다면, 그것은 아마도 그 이야기가 원형적인 특성을 지니고 있기 때문이라고 볼 수 있다. 이 이야기를 보면, 원형은 그림자와 관계가 있고, "지킬과 하이드"는 우리 모두의 공통된 상상의 산물임을 알 수 있다. 그리고 우리는 지킬과 하이드가 우리 마음 속에도 있음을 알게 된다. 우리가 우리 자신의 그림자를 개인적으로 인식하지 못할지라도 말이다. 우리가 원형을 제대로 이해하기는 어렵지만, 원형은 매우 신비스러운 것이며, 우리의 감정을 자극하는 에너지를 가득 지니고 있어서, 우리를 매혹시킬 수 있다.

『지킬 박사와 하이드 씨』이야기가 쓰여 진 방식을 보면, 그 이야기의 원형적原型的 성격이 폭넓게 예시되어 있음을 알 수 있다. 자신의 자전적인 저서인 『평원을 가로질러Across the Plains』16)에서 스티븐슨은 자신의 이야기를 어떻게 썼는지 언급했다. 그의 말에 따르면, 그는 "소인들little people," 혹은 "브라우니 요정들"의 도움을 크게 받았으며, 돈이 필요하거나 다른 이야기가 필요할 때면 언제나 그들에게 도움을 요청했다고 한다. 그에 의하면, "잠들지 않는 브라우니 요정들"이 그

---

16) Robert Louis Stevenson, Vol. IX, *Across the Plains* (New York, N.Y.: The Davos Press, 1906). 같은 주제를 다루고 있는 그의 다른 소설 *The Master of Ballantrae*와 *The Weir of Hermiston*도 살펴보라.

를 "성실하게 도와주고," 이제까지 그가 스스로 만들 수 있었던 것보다 더 좋은 이야기를 만들어주었다고 한다. 브라우니 요정들은 필요할 때면 줄거리를 구상하고 인물들을 설정하느라 밤새워 일하기도 하고, 심지어는 그의 꿈속에까지 등장하여 이야기를 꾸미는 데 필요한 실마리를 그의 상상력에 가득 불어넣었다고 한다. 『지킬 박사와 하이드 씨』가 바로 그런 경우였다. 스티븐슨은 다음과 같이 말한다: "나는 오랫동안 이 주제에 관한 이야기를 쓰려고 애쓰면서, 인간의 이중적 존재에 대한 강렬한 느낌을 실어 나를 수단을 모색해왔다. 이 강렬한 느낌은 생각하는 피조물의 의식에 이따금씩 출현하여 그 의식을 압도한다… 나는 이틀 동안 돌아다니면서 어떤 줄거리를 얻기 위해 머리를 쥐어짜고 있었다. 둘째 날 밤에 나는 창문에 어떤 장면이 나타나는 꿈을 꾸었는데, 그 장면은 얼마 안 있어서 둘로 갈라지더니, 그 속에서 악을 저지르고 싶어 하던 하이드가 급히 도망치다가 그를 추적하는 사람들 앞에서 변신을 하는 것이었다." 스티븐슨이 먼저 꿈속에서 지킬과 하이드를 만난 것은 분명한 사실이다. 이런 걸 미루어 보건대, 무의식이 직접 『지킬 박사와 하이드 씨』 이야기의 주제를 제공했다고 해도 과언이 아니다.

나는 스티븐슨이 꿈에서 만난 하이드가, 그리고 평소에 갖고 있던 그림자 문제에 대한 그의 관심이 그로 하여금 얼마나 개인적으로 정신적인 고투를 하게 했는지를 이 자리에서 자세히 설명하려는 것은 아니다. 이 문제에 흥미를 가진 사람은 스티븐슨에 관하여 쓴 바바라 한나Barbara Hannah의 탁월한 연구 논문을 읽어보면 될 것이다. 이 논문은 그녀의 저서 『온전함을 향한 고투Striving for Wholeness』에 실려 있다.17) 우리의 흥미를 끄는 것은 그 이야기이며, 또 그 이야기가 그림 자 문제에 대해 무엇을 말하려고 하는지를 아는 것이다. 많은 사람들 이 『지킬 박사와 하이드 씨』 이야기를 읽지 못했거나, 읽긴 했어도 여 러 해 전에 읽었을지 모르기에, 여기서 그 이야기의 개요를 언급해 보 겠다. 이미 그 이야기를 잘 알고 있는 독자는 개요 뒤에 적어놓은 주석 으로 곧바로 넘어가도 될 것이다.

『지킬 박사와 하이드 씨』의 줄거리

이야기는 변호사인 어터슨 씨가 이상한 문門의 신비 속으로 빨려 들 어가는 장면과 함께 시작된다. "몸은 여위고 키는 큰 데다가 무뚝뚝하 며 우울해 보였으나 어딘지 호감을 주는 데가 있는 것으로" 묘사된 어 터슨 씨가 그의 친구이자 "마을에서 잘 알려진 풍류가"인 리처드 엔피 일드 씨와 함께 일주일에 한 차례씩 산책을 한다. 이 특별한 만남에서 그들은 "런던의 어느 번화가 뒷골목"으로 발을 들여놓는다. 거기에는 신비스러운 문이 하나 있었는데, 이 문에는 초인종이라든가 문 두드 리는 고리 쇠가 달려 있지 않았고, "칠은 벗겨져 변색되어 있었으며," 학교에 다니는 사내아이들이 칼로 북북 그어서 망가져 있었지만, 어 느 한 사람 나서서 그 망가진 곳을 고치려들지 않았다. 엔피일드 씨가

---

17) Barbara Hannah, *Striving Towards Wholeness* (New York, N.Y.: G. P. Putnam's Sons, 1971).

겸손한 어터슨 씨에게 "저 문을 눈여겨본 일이 있습니까?" 하고 물은 다음, 곧바로 이상한 이야기를 하기 시작한다. 엔피일드 씨는 어느 날 밤늦게 집으로 돌아가던 중 갑자기 작지만 강인한 체구의 사나이가 재빨리 걸어가는 모습을 보았고, 다른 방향으로 접어들자, 어떤 소녀가 교차로를 향해 막 달려오는 모습이 보였다. 그 두 사람은 맞부딪쳤고, 그 사나이는 소녀를 때려눕힌 다음 냉정하게 그녀의 몸을 짓밟아 뭉개기 시작했다. 그리고는 그 소녀가 땅바닥에서 울부짖는 걸 그대로 버려 둔 채 가버렸다. 엔피일드 씨는 말하기를 "그것은 무시무시한 광경이었습니다. 인간으로선 할 수 없는 행동이었습니다. 그건 마귀나 할 수 있는 짓이었습니다"라고 했다. 그 소녀는 울부짖었고, 그녀의 울부짖는 소리는 엔피일드 씨와 다른 사람들을 달려오게 했다. 엔피일드 씨는 범인을 쫓아가서 그 끔찍한 일이 벌어진 현장으로 그를 붙잡아왔다. 그 소녀의 상처는 그리 심하지 않은 것으로 드러났다. 그러나 그 작은 사나이에게는 구경꾼들을 화나게 할 만한 그 무언가가 있었다. 엔피일드 씨는 때마침 불려온 의사를 보았는데, 그 의사는 "그 사나이를 죽여버리고 싶은 생각으로 역겨워하며 얼굴이 하얘"졌다. 엔피일드 씨는 말하기를 여자들이 "독수리처럼 사나워져 있었고, 나는 그처럼 증오에 찬 얼굴을 가진 사람들이 모인 광경을 본 적이 없었습니다. 그 한가운데에는 그 사나이가 다소 음산하고 비웃는 듯한 냉정한 태도로... 마치 악마처럼 뻔뻔스럽게 서 있었습니다."라고 말했다. 그 사나이를 죽여버리는 일이 아무런 가치가 없는 일이었기에, 거기 모인 군중은 그 아이의 가족에게 100파운드를 변상하라고 요구하고, 결국 그 추한 사나이는 100파운드를 변상하겠다고 동의한다.

그런 다음 그 사나이는 열쇠를 꺼내어 그 이상한 문을 따고 들어가서 진짜임이 드러난 수표, 곧 해당 액수가 지불되도록 끊은 수표를 가지고 나왔다. 그 수표에는 마을에서 잘 알려진 어떤 사람의 서명이 되어 있었는데, 그 사람은 "전형적인 신사인데다가… 당신의 동료들 가운데 한 사람, 곧 당신의 동료들이 말하는 선행을 베푸는 사람"이라고 엔피일드 씨는 말했다. 엔피일드 씨는 그 선한 사람이 청년기에 보여준 것으로 보거나 그 선한 사람의 이름이 도시에서 존경받고 있는 사실을 미루어 보건대, 그 추악한 사나이가 그 선한 사람의 약점을 쥐고 있는 것은 아닐까, 아무래도 그 추악한 사나이가 사기치는 것은 아닐까 추측했다. 하지만 엔피일드 씨는 더 이상 질문을 하지 않았다.

어터슨 씨는 생각에 깊이 빠진다. 그는 "내가 묻고 싶은 점이 하나 있네. 아이를 짓밟은 그 사람의 이름을 묻고 싶네"라고 말한다.

"그 사람은 하이드라는 이름을 가진 사나이였어요."라고 엔피일드 씨가 대답한다. "좀 설명하기 어렵군요. 외모는 어딘가 좀 이상한 데가 있습니다. 어딘가 불쾌하고 아주 역겨운 데가 있어요. 저는 그렇게 싫은 사람을 본 적이 없지만, 왜 그런지 그 까닭을 모르겠어요. 그는 틀림없이 어딘가가 기형이랄까, 이것 또한 지적할 수는 없지만, 그런 느낌을 강하게 안겨 주는 녀석입니다."

어터슨은 충격을 받는다. 왜냐하면 그 수표에 서명된 사람의 이름을 이미 알고 있기 때문이다. 차차 알게 되겠지만, 그 사람은 어터슨의 고객이자 평판이 자자한 헨리 지킬 박사이다. 어터슨과 엔피일드는 이야기를 두 번 다시 거론하지 않기로 약속한다. 그런 다음 어터슨은 생각에 잠긴 채 집으로 돌아가서는 금고를 열어, 헨리 지킬 박사의 유언장을 꺼낸다. 유언장 작성과 관련하여 어터슨의 도움을 거부한 채 지킬 박사의 자필로만 작성된 이 이상한 문서에는 지킬 박사가 3개월 이상 실종될 경우 지체 없이 그의 전 재산이 하이드의 손에 넘겨져야 한다고 규정되어 있다. 예전 같으면 그 유언장은 어터슨에게 기분 나쁜 것이었을 것이다. 하지만 이제 어터슨은 하이드의 성격이 사악하고 비열하다는 것을 알고 있다. 어터슨이 보기에 하이드의 성격은 전에 없이 악하고 비열한 것처럼 보였다.

어터슨은 마음이 뒤숭숭하여 지킬 박사와 자신의 친구인 래논 박사의 집으로 찾아가서, 수수께끼 같은 인물인 하이드에 관해 알고 있는지를 묻는다. 하지만 어터슨 씨가 전해들은 전부는, 그 두 박사가 전에는 친밀한 사이였지만 이제는 거리가 멀어졌다는 것이었다. 래논은 "헨리 지킬이 내게 미치광이처럼 보인 지가 10년도 더 되었네"라고 했다. "그는 정신이 어딘가 잘못되기 시작했어… 요즘 통 만난 일이 없네. 그런 비과학적인 헛소리는" 하고 래논은 갑자기 "얼굴빛이 붉어져서" 덧붙였다.

어터슨은 집으로 돌아왔지만 도무지 잠을 이룰 수 없었다. 어터슨은 괴로운 마음으로 하이드 씨의 환영이라도 보려고 했지만 하이드의 얼굴을 볼 수는 없었다. 어터슨은 자신이 하이드를 볼 수만 있다면, 의혹이 풀릴 것이고, 그러면 자신도 잠을 청할 수 있을 것이라고 생각했다. 그래서 어터슨은 지킬의 실험실로 통하는 그 이상한 문 주변 지역을 자주 서성대기 시작했고, 마침내 그의 노력은 보상을 받게 된다. 젊지만 흉측해 보이는 작은 체구의 사나이가 열쇠를 흔들어 대며 그 문으로 다가가는 것을 보았던 것이다.

"어터슨 씨는 성큼 나서서 그가 옆으로 지나갈 때 그의 어깨를 툭 쳤다. '하이드 씨지요?'

하이드 씨는 헉하고 숨을 삼키며 움찔하여 물러섰다. 그러나 그는 잠시 놀랐을 뿐이었다. 그는 변호사의 얼굴을 똑바로 보지는 않았지만, 침착하게 대답했다. '그렇소만 용건이 뭐요?'

'안으로 들어가시는 것을 보았기 때문입니다' 하고 변호사는 대답했다. '저는 지킬 박사의 오랜 친구지요. 곤트 가(街)에 사는 어터슨입니다. 제 이름을 들어 보셨겠지요. 때마침 만나 뵙게 되었기에 들어갈 수 있을까 하고요.'

'지킬 박사는 만날 수 없을 거요. 집에 안 계시니까요'라고 하이드 씨는 대답하고, 열쇠의 먼지를 불었다. 그리고는 갑자기 고개를 들지 않고, '나를 어떻게 아시죠?'하고 물었다.

'한 가지 부탁이 있습니다.' 하고 어터슨 씨는 말했다.

'말씀하십시오. 그게 뭐죠?' 하고 상대는 대답했다.

'당신의 얼굴 좀 보여주시겠소?' 하고 변호사가 요구했다.

하이드 씨는 좀 망설이는 듯하더니 무엇이 갑자기 생각난 듯, 도전적인 태도로 그를 향해 돌아섰다. 두 사람은 몇 초 동안 서로를 노려보았다. '이제 당신을 잘 알겠습니다.' 하고 어터슨 씨는 말했다. '무언가 도움이 되겠지요.'

'그래요.' 하이드 씨가 대꾸했다. '만나게 되어 다행이오. 이왕에 나의 주소도 드리겠습니다.' 그는 소호 지역에 있는 어느 거리의 주소를 주었다.

'아니!' 어터슨 씨는 생각했다. '이 자도 그 유언장을 생각하고 있는 걸까?' 그러나 그는 그런 생각을 감추고 주소를 잘 알아들었다는 말을 어물어물 할 뿐이었다.

상대가 말했다. '그런데, 저를 어떻게 아셨습니까?'

'들어서 알고 있습니다' 하고 대답했다.

'누구한테서 들었는가요?'

'우리는 같은 친구들이 있지 않습니까?' 하고 어터슨 씨는 말했다.

'같은 친구들?' 하이드 씨는 약간 쉰 목소리로 되받았다. '그들이 누굽니까?'

'예를 들자면 지킬과 같은 사람이죠.' 하고 변호사가 말했다.

'그는 당신에게 말한 적이 없소' 하고 하이드씨는 화가 나 얼굴을 붉히면서 소리쳤다. '당신이 거짓말을 하리라고는 생각하지 않았는데요.'

어터슨씨가 말했다. '여보쇼, 그건 좀 지나친 말이군요.'

상대는 큰 소리로 으르렁거리는 듯 거칠게 웃어대더니, 다음 순간 재빠르게 문을 열고 집 안으로 사라졌다.”

어터슨 씨는 하이드를 보았지만, 그의 마음은 전보다 더 편하지는 않았다. 하이드가 추악하긴 했지만, 이것이 “어터슨 씨가 그에 대해 여태까지 느꼈던 알 수 없는 역겨움, 증오, 공포를 설명하지는 못했다.”“가엾은 친구 헨리 지킬이여, 만약 내가 인간의 얼굴에서 악마의 형상을 본다면, 자네의 새로운 친구의 얼굴이야말로 바로 그것일세.” 라며 어터슨은 스스로에게 말했다.

어터슨은 헨리 지킬을 찾아가기로 마음먹는다. 하인인 푸울이 어터슨을 알아보았지만 지킬 박사는 외출 중이었다. 어터슨은 하이드가 옆문으로 들어간 것을 알고 있었기에 이것을 이상하게 여긴다. 그

러나 푸울은, 하인들이 하이드를 본 적은 없지만 그에게 복종하라는
분부를 받았으며, 종종 하이드가 작업실 문을 출입한다고 말했다.

이와 같은 사실로도 어터슨은 안심하지 못한다. 그는 집안을 터벅
터벅 걸으면서 지킬이 커다란 곤경에 빠진 것이 틀림없다고 생각한
다. 그는 하이드씨가 그 어떤 이유로 지킬을 협박할지도 모른다고 생
각한다. 게다가, 하이드가 유언장의 존재에 대해 알아차리기라도 한
다면 전 재산을 물려받기 위해 안달할지도 모를 일이었다. 그것은 대
단히 위험한 일임에 틀림없었다. "지킬이 허락해 준다면, 지킬이 나
에게 하게만 한다면," 하면서 어터슨은 자기의 친구인 헨리 지킬을 돕
겠다고 마음먹는다.

두 주가 지난 뒤에 어터슨은 저녁 식사에 초대를 받고 때마침 지킬
과 이야기를 나눌 기회를 갖는다. 이야기에서 우리는 처음으로 헨리
지킬이라는 중심적인 인물을 만나게 된다. 그는 "몸집이 크고, 풍채
가 좋으며, 피부가 깨끗한 50살쯤 된 신사로서, 얼마쯤 지나치게 영
특한 면이 엿보이지만, 어느 모로 보나 훌륭한 능력이 있고 친절을 겸
비한 인물로" 묘사된다. "우리는 그 얼굴빛으로도 그가 어터슨 씨에
게 진심에서 우러나온 따뜻한 우정을 보내고 있음을 알 수 있다."

어터슨은 다른 손님들이 다 떠날 때까지 남아 마침내 자신의 친구
이자 고객인 지킬과 함께 그의 유언장 문제와 수수께끼 같은 인물인
하이드 씨에 대하여 이야기를 나누게 된다. 하지만 어터슨은 만족스
런 답변을 거의 듣지 못한다. 지킬은 유언장 문제와 관련해서는 논의
하려고 하지 않았지만, 하이드라는 이름이 거명되고 어터슨이 그를
어떻게 만나게 되었는지를 말하자, "지킬 박사의 크고 잘 생긴 얼굴이

입술까지 파래졌고, 눈가에는 음산한 기운이 돌았다. '더 듣고 싶지 않네.' 하고 지킬 박사가 말했다. '이 문제는 거론하지 않기로 자네와 얘기가 되었던 걸로 알고 있네.'"

어터슨이 굽히지 않자, 지킬은 자신과 하이드와의 관계가 실로 고통스러우며, 자신의 입장이 기묘하게 놓여 있으며, 하지만 "이야기해본들 어떻게 될 수 있는 것도 아니라"고 말한다. 어터슨이 지킬에게 자신을 믿어달라고 말하자, 지킬은 고맙다는 인사와 함께 한 가지 사실만을 말해주겠다고 말한다. "내가 하려고만 한다면, 나는 하이드 씨와 끊을 수도 있네." 대화는 지킬이 하이드를 아주 많이 걱정하고 있으니, 만일 자기가 이 세상에 존재하지 않게 되면, 하이드를 도와줄 것을 어터슨에게 부탁하고 어터슨으로부터 그렇게 하겠다는 약조를 받는 것으로 끝난다.

하지만 어터슨은 지킬과 래논 박사가 자기가 생각했던 것보다 훨씬 심각한 불화를 겪고 있다는 것을 알고 있었다. 지킬은 래논을 가리켜 "그 도량 좁고, 무식하고, 잘난 체 떠들어대는 도학자"라고 불렀다. 지킬은 래논에게 화가 나 있었다. 래논이 지킬의 "비과학적 이단설"에 반대하였기 때문이다. 지킬은 "나는 래논에게 그 누구보다 실망했네."라고 말한다.

하이드씨에 얽힌 수수께끼를 규명하고자 하는 노력이 수포로 돌아가자, 어터슨은 침묵할 수밖에 없었다. 하지만 1년 뒤에 한 사건이 일어나는데, 그 사건이 잔인하기 그지없었기에 런던을 발칵 뒤집어 놓았을 뿐만 아니라, 어터슨을 다시 일깨워 지킬 박사와 하이드씨의 이상한 관계를 규명하게 한다. 어느 늦은 저녁에, 한 가정부가 창밖을 내다보고 있었다. 한 노신사가 골목길을 걸어오는 모습이 보였고, 또 다른 길로는 키 작고 추하게 생긴 젊은이가 지팡이를 짚고 오는 모습이 보였다. 그녀는 그 젊은이가 하이드 씨임을 알아본다. 그가 그녀의 주인을 방문한 적이 있었고, 그녀는 그를 보고 혐오스럽게 생각했었기 때문이다. 그 두 사람이 길에서 마주치자마자, 그 젊은이는 갑자기 지팡이로 노인을 마구 때리기 시작하더니, 이내 그를 땅바닥에 때려 눕히고는 그의 뼈가 으스러질 때까지 마구 짓밟았다. 그녀가 기절했다가 정신이 들었을 때, 그 노신사가 죽은 채 길가에 널브러져 있었고, 살인자는 이미 사라지고 없었다. 하지만 범행에 사용된 지팡이의 반쪽이 도랑에 뒹굴고 있었다. 다른 반쪽은 물론 범인이 가지고 간 것이다. 경찰이 호출되었고, 지갑과 금시계 그리고 편지가 피해자의 몸에서 발견되었다. 그 편지에는 어터슨 씨의 이름이 적혀 있었다.

다음날 아침 경관이 어터슨 씨를 찾아갔고, 어터슨 씨는 그 노신사가 자기의 고객이며, 평판이 자자하고 높이 존경받는 댄버즈 커루 경(卿)이라는 런던 사람이라고 확인해 준다. 하이드란 사람이 그를 공격했다는 소리를 듣고 나서, 어터슨은 충격을 받았다. 부러진 지팡이를 보고 나서, 어터슨은 얼굴빛이 창백해졌다. 왜냐하면 그 지팡이는 몇 년 전에 그가 자신의 친구인 헨리 지킬에게 직접 건네준 것이었기 때문이다.

물론 어터슨 씨는 하이드 씨의 주소를 가지고 있었기에 도시의 작은 구역, 곧 소호 지역에 있는 그 주소지로 경찰관을 데려간다. "여기가 헨리 지킬이 좋아하는 자, 즉 25만 파운드의 돈을 상속받을 자의 집입니다." 그들이 아파트 문을 두드리자, 얼굴에 악의가 있는 노파가 문을 열고서, 이곳은 하이드 씨의 집인데, 하이드 씨가 한 시간 조금 못되어 나가고 없다고 마지못해 말한다. 집안으로 들어간 경찰관은 집이 취미에 맞게 골라진 호화로운 가구들로 배치되어 있었지만, 최근 서둘러 무언가 뒤진 흔적이 곳곳에 있음을 알게 된다. 왜냐하면 옷가지가 뒤집어져 바닥에 팽개쳐져 있었고, 불살라져 재로 변한 서류 더미들이 쌓여 있었기 때문이다. 이 불탄 찌꺼기에서 경관은 불길 속에서 타다 만 녹색 수표책 뭉치를, 부러진 지팡이의 반쪽을 방문 뒤에서 발견했다. 경관은 이제 자신들이 범인을 잡을 수 있겠다고 생각한다. 그들은 범인이 현금을 찾으러 은행에 오기를 기다리기만 하면 그만이었다. 하지만 문제는 그걸 입증하기가 그리 쉽지 않다는 것이다. 범인에게는 가족이 전혀 없었고, 그가 찍은 사진도 없었고, 극소수의 사람들만이 그를 보았으며, 사람들이 그의 인상착의에 대하여 한 가지 사실에만 의견이 일치하였기 때문이다. 즉 범인에게는 "뭐라고 표현할 수 없는 기형이라는 느낌"이 있다는 것이다. 그런 만큼 하이드는 당분간 완벽하게 도망가 있을 것처럼 보였다.

　어터슨 씨는 친구에 대한 걱정으로 가득 차서 다시 한 번 더 지킬 박사의 집으로 찾아갔다. 거기서 푸울의 안내를 받아 박사의 실험실로 갔다. 그가 그곳까지 안내된 것은 그 날이 처음이었다. 여기서 그는 친구의 인사를 받는다. 하지만 친구의 모습은 열정이 넘치는 모습이 아니었다. 지킬 박사는 죽은 듯이 창백해져 있었다. 그는 방문자를 맞이하기 위해 일어나지도 않고, 차가운 손을 내밀며 여느 때와는 다른 목소리로 인사말을 건넬 뿐이었다. 대화의 중심이 비참한 살인과 추적 받고 있는 하이드에 이르자, 어터슨은 "자네는 이 녀석을 숨겨

줄만큼 정신이 나가진 않았겠지?"하고 묻는다. "어터슨, 신께 맹세하네." 하고 지킬이 소리쳐 말했다. "신께 맹세코 이제 다신 그 녀석을 안 만나겠네. 명예를 걸고 자네에게 말하지만 그 자는 이 세상에서 이미 나와 볼일이 없네. 모든 것이 끝났어. 사실 그 자는 나의 도움이 필요한 것도 아니었지. 자네는 나만큼은 그 자를 모를 걸세. 그 자는 안전해. 아주 안전해. 믿어주게. 이제 그 자의 소식은 더 이상 들려오지 않을 걸세."

대화가 한참 진행된 뒤에 어터슨은 하이드가 지킬을 죽이고 유언을 집행하려 했던 것은 아닐까라는 생각을 지킬에게 내비치면서, "자네는 용케도 면했군." 하고 말한다. "나는 그보다 더 큰 경험을 했어" 하고 박사는 비통한 말투로 말한다. "나는 교훈을 얻었네ㅡ아아, 어터슨, 얼마나 큰 교훈인가!" 이렇게 말하고서 그는 한동안 두 손으로 얼굴을 감쌌다.

친구의 낯선 행동에 놀라긴 했지만, 어터슨은 다소 안심이 되었다. 하지만 어터슨이 떠나기 전에, 헨리 지킬은 하이드에게서 받은 편지 한 통을 어터슨에게 내어주면서 읽어보라고 한다. 그 편지에서 하이드는 지킬 박사가 자신에게 준 것보다, 자신이 지킬에게 입은 은혜가 더 크며, 자신은 안심할 수 있는 곳으로 피할 방도가 있다고 밝히고 있었다. 지킬이 어터슨에게 조언을 구하고, 어터슨은 그 편지를 가지고 그 자리를 떠나서 이 문제를 어떻게 할까 골똘히 생각한다. 하지만 어터슨은 이상한 영감을 받고서 그 편지를 가지고 자신의 친구이자 주임 서기인 게스트씨를 찾아간다. 우연하게도 지킬이 보낸 두 번째 편지가 그들의 수중에 들어오고, 게스트씨는 두 편지의 필적을 비교해 본다. 게스트는 그 편지들의 필적이 이상하게 닮은 데가 있으며, 글씨의 기울기만 다를 뿐 여러 면에서 서로 일치한다는 결론을 내린다. 어터슨은 충격을 받는다. 그는 "헨리 지킬이 살인범을 위해 위조 편지를 쓰다니!"라고 속으로 말한다. "그의 온몸의 피가 냉각되는 듯한 느낌이 들었다."

의혹은 깊어만 가고, 시간은 계속해서 흐르고, 하이드씨의 자취는 보이지 않았다. 그의 비열한 생활, 그의 냉혹함과 난폭함을 알리는 소식, 그를 알고 있는 모든 사람이 그를 증오하는 말을 하였건만, 정작 그의 모습은 어디에서도 보이지 않았다. 그의 모습이 보이지 않게 되자, 사람들도 차츰 긴장이 누그러지기 시작한다. 헨리 지킬에게도 새로운 삶이 시작된다. 그는 고립된 삶에서 벗어나, 어터슨 및 래논과의 우정을 새롭게 하고, 자선을 베푸는 일에 더욱 힘썼으며, "종교적인 면에서도 매우 열성적인 사람이 되었다."

그로부터 두 달여가 지난 어느 날, 날마다 친구의 집을 방문하던 어터슨은 지킬의 집 문이 굳게 닫혀 있어 자기의 방문을 받아들이지 않음을 알게 된다. "박사님은 방문을 잠그시고 아무도 만나지 않습니다."하고 푸울이 말한다. 어터슨은 거듭 거절당하고 나서, 사태를 상의하기 위해 래논 박사를 찾아가지만, 그의 얼굴에 사색死色이 역력히 드러나 있음을 보게 된다. 어터슨에게 충격을 준 것은 래논의 얼굴이 그렇게 변한 것 때문만은 아니었다. "마음 깊숙이 자리한 어떤 두려움을 나타내는 박사의 눈빛과 태도"가 그에게 더 충격을 주었다. 어터슨이 지킬의 문제를 거론하자, 래논은 격한 감정을 터뜨린다. "지킬 박사에 대해서는 보고 싶지도, 듣고 싶지도 않네" 하고 큰 소리로 말한다. 그는 어터슨에게 어떤 설명도 하지 않고, 아무것도 말해줄 수 없으며, "이 저주스런 화제"에 대해서는 더 이상 듣고 싶지 않다는 말만 되풀이한다.

어터슨은 낙심한 채 집으로 돌아와, 지킬에게 편지를 써서 자기가 대문에서 거절당했다는 불평과 함께 왜 래논과 절교했느냐고 물었다. 어터슨은 "래논과의 불화는 돌이킬 수 없는 것"이라는 답장을 받는다. 그 편지에는 이렇게 씌어 있었다. "나는 옛 친구를 탓하지 않네. 그러나 우리가 이제 다시는 만나지 말아야 한다는 그의 말에 나도 동감일세. 나는 이제부터 극도로 고립된 생활을 할 작정이네. 우리 집 문이 가끔 자네에게까지 닫혀 있더라도 자네는 놀라거나 우리의 우정을 의심해선 안 되네. 부디 나 자신의 어두운 길을 걸어가게 내버려두게. 나는 지금 내가 어떤 처벌을 받고 또 어떤 위험에 처하게 될지도 모르겠네."

이 일이 있은 지 얼마 되지 않아, 래논이 세상을 뜨고 만다. 장례식을 치른 다음 날 밤, 어터슨은 슬픔에 싸여 사무실 문을 잠그고, 죽기 전의 래논이 그에게 쓰고 조심스럽게 봉한 편지를 꺼낸다. 그 편지는 "사신私信: 어터슨 본인이 직접 뜯어볼 것. 만일 어터슨이 먼저 세상을 떠났을 경우에는 개봉하지 말고 파기할 것"이라고 되어 있었다.

머뭇머뭇하다가 어터슨은 봉투를 뜯는다. 봉투 안에는 또 다른 봉투가 들어 있었다. 거기에는 "헨리 지킬 박사의 사망 또는 실종 전에는 개봉하지 말 것"이라고 적혀 있었다. 여기서 다시 헨리 지킬이 실종될 수도 있다는 암시가 등장한다. 전에 보았던 헨리 지킬의 유언장에도 그런 기록이 있었는데, 안에 들어 있던 소포에도 래논 박사의 필체로 그렇게 기록되어 있었던 것이다. 어터슨은 직업윤리를 가지고 있었기에 그 소포를 열어 내용을 살펴보지 않는다. 읽히지 않은 그 편지는 다시 금고의 깊숙한 곳에 보관된다.

어터슨은 계속해서 친구 지킬을 방문하려고 시도하지만 거듭 거절당하자 서서히 단념한다. 푸울은 지킬 박사가 어느 때보다 더 자신을 가두고 있으며, 거의 실험실을 떠나지 않고, 말도 없어지고, 기운도 빠지고, 그의 마음에 무언가 걸리는 것이 있는 것 같다고 어터슨에게 말한다. 이야기의 대가답게, 스티븐슨은 모든 것이 다 놓여 있어야만 짜 맞출 수 있는 수많은 퍼즐 조각을 독자에게 제시한다: 지킬과 하이드의 수상한 관계, 거의 기적에 가까운 하이드의 잠적, 지킬의 눈에 띨 정도로 악화된 모습과 두 달 동안 변화된 삶을 산 후의 전적인 은둔, 래논의 갑작스런 죽음, 이유를 알 수 없는 두 친구의 결별, "위조된" 편지, 래논의 사후에 래논으로부터 어터슨에게 전달된, 그것도 지킬이 죽거나 실종되기 전에는 뜯어보지 말라고 적혀 있는 수상한 소포, 그리고 설명할 수 없는 지킬의 은둔.

방문해도 좋다는 답변을 지킬로부터 듣지 못한 채, 어터슨은 점차 그 수수께끼를 풀고자 하는 열의를 잃는다. 그러던 어느 날, 충격적인 사건이 일어나서 어터슨의 마음에 다시 불을 댕긴다. 그 사건은 일요일에 일어났는데, 이 날 어터슨씨와 엔피일드씨는 습관대로 산책을 하고 있었다. 그들은 지킬 박사의 실험실로 통하는 수상한 문이 있는 런던의 뒷골목에 이르게 된다. 그들이 미심쩍은 하이드 사건이 끝났다고 기뻐하던 바로 그 순간, 우연히 그 건물의 창문 안으로 "우울한 죄수"의 모습을 한 지킬 박사가 보였다. 어터슨과 엔피일드가 지킬에게 들뜬 마음으로 인사를 하고, 한 순간 지킬이 그들의 따뜻한 인사에

답례하는 동안에는, 밖으로 나오라는 그들의 청이 거의 받아들여질 것만 같았다. 하지만 "박사의 얼굴에서 미소가 갑자기 사라져 버리고, 처참한 두려움과 절망의 표정이 나타났으므로, 아래에 있는 두 사람은 온몸의 피가 얼어붙는 것 같았다." 창문이 닫혔고, 아래에 있던 두 친구는 두려움이 담긴 눈망울로 서로를 바라본다. "이럴 수가! 이럴 수가!" 하고 어터슨 씨가 말한다. 그리고 그들은 말없이 걸어 나온다.

이 일이 있은 지 얼마 되지 않아서 마지막 밤이 다가왔다. 어터슨은 난로 가에 앉아서 뜻밖의 방문자를 맞이한다. 푸울이 자기의 주인에게 예사롭지 않은 일이 일어났다고 생각하고는 달려온 것이었다. 푸울은 어터슨에게 자기와 동행하여 집으로 가자고 한다. 어터슨은 그렇게 한다. 어터슨이 하인들과 인사를 나누고 있는데, 그 가운데 몹시 흥분한 한 하녀가 "울음"을 터뜨린다. 어터슨을 실험실로 데려간 푸울이 "나으리, 어터슨 선생님께서 뵙자고 하시는데요."하고 말하자, 안에서 "아무도 만날 수 없다고 전하라"는 소리가 들렸다. 하지만 그 목소리는 지킬의 목소리가 아니었다! 집의 중심 처소로 돌아오자, 푸울은 한 주 내내 실험실에서 누군가가 어떤 종류의 약품을 달라고 외치는 소리가 밤낮으로 들렸으며, 하루에 두세 번씩 실험실 밖으로 던져진 쪽지를 하인이 가져오면, 자신이 불순물이 섞이지 않은 약을 구하기 위해 이 약방 저 약방으로 뛰어다녔으며, 아무리 여러 번 처방약을 구해주어도 실험실에서 애타게 기다리는 그 사람을 만족시킬 수 없었다고 말한다. 그리고 다시 푸울은 자기가 그 녀석을 보았다고 말한다. 그 녀석이 빠져나와 약방에서 얻은 가장 최근의 약을 찾고 있었는데, 얼굴에 복면을 하고 있는 사람의 모습이었다는 것이다. "그 자가 만일 저의 주인님이었다면, 왜 쥐처럼 소리를 지르며 저를 피해 달아났을까요?" 하고 푸울은 어터슨에게 말한다. "저는 그가 우는 소리, 여자처럼 아니 방황하는 망령과 같이 우는 소리를 한 번 들었습니다."라고 푸울은 말했다. 실험실에는 누군가 수상한 녀석이 있었던 것이다.

두 사람은 마지못해 지킬이 살해되었을 것이며, 그 수상한 침입자는 에드워드 하이드임에 틀림없다고 결론짓는다. 이제 그들은 실험실 문을 부수는 것밖에는 다른 수가 없다고 생각한다. 두 사람은 이 마지막 필사적인 조처를 취하기 전에 다시 한 번 더 지킬을 부른다.

"지킬, 자네를 꼭 만나야겠네" 하고 어터슨이 큰소리로 말했지만, 아무 대답도 들려오지 않았다. 잠시 후 "어터슨" 하는 소리가 나왔다. "제발 그러지 말게." "아니, 이건 지킬의 목소리가 아니다ー하이드의 목소리다."라고 어터슨이 외쳤고, 이와 함께 두 사람은 문을 부순다.

어터슨과 푸울은 실험실 안으로 들어서지만 방은 고요했다. 그들은 방금 독극물로 자살한 한 사람의 시체를 발견한다. 그 시체는 아직도 꿈틀거리고 있었다. 그것은 에드워드 하이드의 시신이었다. 그는 자기의 몸보다 훨씬 큰 옷을 입고 있었는데, 지킬 박사의 몸에나 맞는 크기였다. 그들은 지킬의 시신을 찾기 위해 어수선한 실험실 구석구석을 뒤졌지만 아무것도 발견하지 못했다. 종교 서적 한 권이 테이블 위에 있었는데, 그것은 훌륭한 의사가 상으로 받는 것으로 알려진 책이었다. 하지만 그 책의 여백에는 가공하리만큼 불경한 말이 적혀 있었다. 드디어 그들은 실험실에 있는 거울 앞에 멈춰 서게 된다. 그 거울은 여러 번 사용된 것으로서, 공포심을 불러일으키는 모습이었다. 마침내 그들은 세 개의 봉서封書를 발견하게 된다. 첫 번째 봉서에는 헨리 지킬이 자기의 전 재산을 가브리엘 존 어터슨에게 물려준다고 직접 작성한 유언장이 들어 있었다. 두 번째 것은 박사의 손에 들려져 있던 간결한 편지였는데, 래논 박사가 전한 편지를 읽어보라고 어터슨에게 권하는 내용이었다. 세 번째 봉서는 "여러 군데를 봉한 꽤 두툼한 서류 봉투"였다. 어터슨은 경찰관을 부르기로 하고, 먼저 래논 박사의 수기를 읽는다.

래논 박사의 수기

어터슨에게 편지를 보내기 나흘 전에, 래논은 헨리 지킬로부터 한 통의 편지를 받는다. 그 편지에서 지킬은 래논에게 오늘밤 잡혀 있는 다른 모든 약속을 연기하고, 자기의 집으로 와서, 자기의 실험실에 있는 캐비닛 문을 억지로라도 열 것과, (래논이 이렇게 하는 것을 허락하도록 푸울에게 지시해 두었으니) 서랍 안에 있는 모든 내용물을 래논의 집으로 가져가 달라고 부탁한다. 그런 다음 지킬은 래논에게, 한밤중에 집에 혼자 있을 것과, 지킬의 이름으로 찾아오는 사람을 집 안으로 맞아들인 다음 그에게 캐비닛에서 꺼내온 내용물을 전달해 줄 것을 부탁한다.

래논은 부탁 받은 대로하기로 마음먹고, 지킬의 실험실로 가서, 캐비닛에서 "백색의 단순 결정염結晶鹽"인 듯한 것을 꺼낸다. 한밤중에 문 두드리는 소리가 들렸고, 래논은 "한 작은 사나이가 현관의 기둥에

웅크리고 기대어 서 있는”것을 보았다고 말한다. 그 사나이는 자기 몸에 비해 기이하게 큰 옷을 입고 있었는데, 매스껍지만 않았다면, 누구나 그 모습을 보고 웃지 않을 수 없었다. 하이드라는 그 사람은 성급하게도 결정염을 요구했고, “그 내용물을 보더니 아주 안심한 듯 큰소리로 울먹였다. 래논은 돌처럼 굳어져 앉아 있었다.”

그 작고 혐오스러운 사나이는 그 약을 꿀꺽 한숨에 마셨고, 섬뜩하고 소름끼치는 변모를 겪기 시작했다. 곧이어 래논의 눈앞에 헨리 지킬이 서 있었다. 래논은 자신의 편지에서 다음과 같이 결론지었다: “그 다음 그가 내게 말한 것을 나는 도저히 기록할 마음이 나지 않는다. 나는 직접 이 눈으로 보았고, 또 직접 귀로 들었다. 그리고 나의 마음은 그로 인해 병들었다. 그러나 그 광경이 내 눈에서 사라진 지금, 나는 그것을 과연 믿어야 할지 알 수가 없었다. 나의 삶은 뿌리까지 흔들렸다. 잠은 내 곁을 떠나버렸다. 밤이고 낮이고 그 무시무시한 공포가 내 옆에 앉아 있다. 나는 죽을 날이 얼마 남지 않았음을 느낀다. 나는 죽고 말 것이다. 더구나 믿을 수 없는 채로 죽어 가는 것이다.” 래논의 수기를 다 읽은 다음, 어안이 벙벙해진 어터슨은 두툼한 봉서를 읽는다.

이 사건에 대한 헨리 지킬의 진술 전문

지킬의 진술은 다음과 같이 요약된다: 그는 자신과 자신의 삶에 대해 기술하기 시작했다. 지킬에 의하면 자신은 부호의 집에서 태어났으며, "학식이나 덕망이 높은 사람들을 존경했고, 이로 미루어 짐작할 수 있듯이, 장래의 명예와 영달을 보장받고 있었다"고 한다. 지킬 본인이 알고 있었던 가장 큰 결점은 "자제할 수 없는 향락적인 기질이었다." 언뜻 보기에 그것은 무해한 것처럼 보였지만, 그는 이것을 목에 힘주며 다니고 싶은 자신의 욕망, 사람들 앞에서 더욱 점잖은 체하고 싶은 오만한 욕망과 조화시키기가 어렵다는 것을 알았다. "그리하여 나는 나의 쾌락을 숨기게 되었으며, 분별할 줄 아는 나이에 이르러 주위를 살펴보면서 자신의 출세며 사회적 지위를 가늠해 보기 시작했을 무렵에는, 이미 이중생활에 깊이 빠져 있었다."고 그는 말한다. 계속해서 그는 자신이 "수치스럽게" 여겼던 방종한 생활을 어떻게 하게 되었는지를 이야기한다. 그는 자신이 "이중성격"을 가지고 있음을 알았다. "나의 양면은 둘 다 매우 진지했다. 자제심을 벗어 던지고 부끄러운 짓에 빠질 때에도, 백일하에서 학문의 진보에 힘쓰고, 사람들의 슬픔이나 고통을 덜어주기 위해 애쓸 때에도 그러했다." 이 모든 것을 들어서 그는 다음과 같이 결론을 내린다: "인간은 실제 단일적 존재가 아니라 이원적 존재다." 심지어 그는 "인간이란 결국 다양하고 모순되며 개별적인 자아의 극단적 존재에 불과하다"고 감히 추론하기까지 한다. 그는 이런 식으로 "인간의 철저하게 타고난 이중성"을 인식하게 된다.

이 시점에서 지킬은 자신이 "이러한 요소들을 분리해보자는 생각을" 하기 시작했다고 말한다. "만약 이 요소가... 각각 분리된 실체에 깃들게 된다면, 인생은 모든 참기 어려운 고통으로부터 구제될 것이다." 생각이 여기까지 미치자 그는 실험을 하기 시작했고, 자신의 모습을 변모시키는 데 꼭 필요한 성분을 도매 약품상에서 구입하여 자신의 두 인격을 분리시킬 수 있는 약품을 조제하기에 이른다. 그런 다음 지킬은 그 약을 들이켰고, 엄청난 변모를 경험하기 시작한다: "나는 신체적으로 젊어지고 가벼워졌으며 만족감을 느꼈다. 안으로는 성급하고 무모하게 달려들고 싶은 감정이 생기고, 무질서한 관능의 환상이 공상 속에서 물레방아를 돌리는 물줄기처럼 일었으며, 의무의 구속은 사라져버리고, 전에 알지 못했던 순수하지 못한 영혼의 자유를 의식했다. 이 새로운 생명의 첫 호흡을 시작하는 순간, 나는 나 자신이 더욱 더, 10배나 더 사악해진 것과 나의 원초적인 악의 노예로 전락한 것을 알았다. 이러한 인식은 그 순간 포도주처럼 나를 짜릿하고 기쁘게 했다." 그런 다음 지킬은 거울 속을 들여다보았고, 우리가 익히 알고 있는 그 사람, 곧 키가 작고 젊은 다소 기형적으로 일그러진 에드워드 하이드의 신체를 보게 되었다.

"이것 또한 나 자신인 것이다"라고 지킬은 판단한다. 지킬은 하이드를 맞아들였고, "모든 인간은 선과 악의 혼합체이지만, 다만 에드워드 하이드는 인류의 모든 계층 중에서 순수한 악 그 자체"라고 단정한다. 이제 지킬은 자신이 약품을 들이마시면 하이드로 변모한다는 것을 알았고, 자신이 이제까지 억눌러왔던 모든 향락에 빠져들 수 있거나, 아니면 이런 게 발견될지도 모른다는 죄책감과 불안감에 빠져들 수 있다는 것을 알게 된다. 행동을 보다 용이하게 하기 위하여, 그는 소호 지역에 있는 집을 장만한다. 거기에서 그는 하이드가 되어 마음 내키는 대로 살 수 있었고, 어터슨이 그토록 반대했던 유언장을 작성하기도 한다. 그가 찾고자 했던 쾌락은 "점잖치 못한" 것이었지만,

일단 하이드의 손에 넘어가면 곧 "극악무도한 방향으로 바뀌어" 버렸다. 하지만 지킬은 전혀 죄의식을 느끼지 않는다. "죄를 범한 것은 결국 하이드, 오직 하이드 뿐이었던 것이다. 지킬은 조금도 나빠지지 않았다. 다시 깨어나 보면, 그의 선량한 성격은 다시 그대로였던 것이다. 그는 가능한 한 하이드가 저지른 악을 서둘러 회복시켜 놓으려 하기까지 했다. 이러는 사이 그의 양심은 무기력해져 갔다."

모든 것이 잠시나마 지킬이 계획했던 대로 굴러가는 듯했다. 어느 날, 그가 약을 먹지 않았는데도 하이드로 변신해 있음을 알게 되기까지는! "그렇다. 나는 헨리 지킬로서 잠이 들었다가 에드워드 하이드가 되어 깨어난 것이다." 지킬은 두려웠다. 어떻게 그는 자신의 정상적인 모습과 성격으로 되돌아갈 수 있을 것인가? 그는 약을 먹음으로써 답을 알게 된다. 그 약은 그를 하이드에서 지킬로 되돌려 놓는다.

이 끔찍한 경험을 한 뒤에 지킬은 자신이 두 개의 인격 가운데 어느 하나를 선택해야 한다고 느낀다. 그것은 힘겨운 선택이었지만, 마침내 그는 지킬로 남기로 결심한다. 그럼에도 불구하고 그는 소호에 있는 집을 처분하지도 않고, 캐비닛에 감춰 두었던 에드워드 하이드의 옷가지를 없애버리지도 않는다. 두 달 동안 그는 엄격한 생활을 하지만, 결국에는 "자유를 추구하는 하이드와 같이 고통과 갈망으로 괴로워하기 시작"한다. "그리하여 마침내 도덕성이 힘을 잃었을 때, 나는 또 다시 변신의 약을 제조하여 마시고 말았다."

하이드가 커루 박사를 살해한 것도 바로 이 시기의 일이었다. "갑자기 지옥의 악령이 나에게서 깨어나 날뛰었다. 기뻐서 어쩔 줄 몰라 나는 정신없이 아무런 저항도 하지 않는 몸을 마구 쳤으며, 그때마다 쾌락을 맛보았다. 그리고 피로감이 일고 나서야 나는 발작의 최고조에 달했다가, 갑자기 차가운 공포의 전율이 심장을 스치고 가는 것을 느꼈다.” 그런 다음 하이드가 약을 마시고, 평상시의 성격이 되살아나자, “헨리 지킬은 감사와 후회의 눈물을 쏟으며 무릎을 꿇고 엎드려 하나님께 손을 모아 기도를 드렸다”고 되어 있다.

이제부터, 지킬은 자신이 더 이상 하이드가 될 수 없다는 것을 알게 된다. 왜냐하면 하이드는 이제 수배자였기 때문이다. 그는 “자기 존재의 더 나은 부분”에 매달리지 않으면 안 되었다. 그리하여 지킬은 다시 한 번 자선에 힘쓰는 삶을 살게 된다. 그러던 어느 날 공원에 앉아서 자신을 “남들과 비교해 보고, 남의 어려움에 신경을 쓰지 않는 그들의 한가한 잔인함을” 자신의 “적극적인 선행과 비교하며 미소를 떠올리는” 순간, 그는 갑자기 하이드로 변모했다! 이제 그의 상태는 절망적이었다. 그는 일반 대중의 눈에 띄어서는 안 되었지만, 굳이 그가 하이드의 모습으로 귀가할지라도, 그의 하인들은 그를 맞아들일 것이었다. 그가 래논에게 편지를 쓰고, 래논의 도움을 받아서 약을 되찾고, 지킬 자신으로 되돌아온 것도 이 시기의 일이었다.

이제 지킬은 자신의 또 다른 모습을 두려워하며 살게 되지만, 약을 먹지 않고도 하이드로 변신하는 것을 피할 수 없다는 것도 알게 된다. 그리하여 그는 이런 일이 일어날 경우 약을 쉽게 구할 수 있는 실험실에 틀어박혀 살게 된다. 하지만 하이드의 모습에서 지킬의 모습으로 변신하는 데에는 더 많은 약이 필요했다. 그는 말하기를 “지킬이 약해져 감에 따라 하이드의 힘이 강해져 가는 것 같았다”라고 한다. 그리고 그는 약을 다 써버리기 시작했다.

물론 그는 실험실에 틀어박혀 살았으며, 빈번히 에드워드 하이드의 모습으로 변신했다. 언젠가 푸울이 실험실 문 밖에서 보았던, 가면을 쓴 얼굴은 바로 하이드의 모습이었다. 필사적으로 그는 새로운 약을 조제하는 데 필요한 재료를 구하기 위해 푸울을 보내어 런던을 샅샅이 뒤지게 하였지만, 번번이 실패하고 만다. 차츰 그는 "내가 처음 구한 염鹽이 불순물이었으며, 약이 효과를 나타낼 수 있었던 것도 그 알 수 없는 불순성 때문이었다."는 것을 깨닫는다. 지킬은 자신의 편지를 다음과 같이 마무리한다. (그리고 이로써 스티븐슨도 이야기를 마무리한다.)

한 주일 가량이 지난 지금, 나는 마지막 남은 그 가루약의 힘을 빌려 이 진술서를 끝내고 있다. 그러므로 기적이 일어나지 않는 한, 이것이 헨리 지킬이 자신의 생각으로 사고할 수 있고, 거울로 자신의 얼굴을 (얼마나 가엾게 변해 버렸는가!) 비쳐볼 수 있는 마지막 기회인 것이다. 또한 너무 오래 꾸물대다가 이 글을 마치지 못하면 안 된다. 왜냐하면 나의 이 수기가 여태까지 파손되지 않은 것은 세심한 주의와 큰 운이 따랐기 때문이다. 이것을 쓰고 있는 동안 변신의 고통이 일어난다면, 하이드는 이것을 갈기갈기 찢어버릴 것이다. 그러나 만일 내가 이것을 끝내서 간수해 둔 뒤 시간이 조금 흐르게 되면, 그의 굉장한 이기심과 순간적인 시간에만 한정되는 사고 덕택에 아마도 이것은 그의 원숭이 같은 악행으로부터 다시 한 번 무사할 수가 있는 것이다. 사실 우리 둘에게 다가오고 있는 운명은 벌써 그를 변화시켰으며, 한풀 꺾어 놓았다. 지금부터 반시간 후, 나는 또 다시 그리고 영원히 저 저주스런 인격으로 변하여 의자에 앉아 떨면서 울고 있으리라. 혹은 극도로 긴장하고 겁에 질려 정신이 몽롱해진 상태에서 귀를 기울인 채 이 방(이 세상에 있는 나의 마지막 은신처)을 왔다 갔다 하며, 나를 위협하는 온갖 소리에 귀를 곤두세우리라. 하이드는 교수대에서 죽을 것인가? 아니면 최후의 순간에 자기를 구해내는 용기를 찾을 것인가? 신만이 알 것이다. 나는 상관하지 않는다. 지금이야말로 나의 진짜 죽음의 시간이며, 앞으로 일어나는 일은 나 자신과는 관련이 없다. 그러므로 여기 나는 펜을 놓고, 나의 고백서를 봉함으로써, 저 불행했던 헨리 지킬의 생애를 마치고자 한다.

＊　＊　＊　＊　＊　＊

우리는 헨리 지킬에 대한 묘사와 에드워드 하이드에 대한 묘사를 비교할 수 있다. 우리가 듣기로, 지킬은 "몸집이 크고, 풍채가 좋으며, 피부가 깨끗한 50살쯤 된 신사로서, 얼마쯤 지나친 영특함이 엿보이지만, 어느 모로 보나 역량과 선의善意가 두드러지게 나타나는 인물"이었다. 따라서 지킬의 성격이 좋지 않다고 추정할 근거는 없다. "얼마쯤 지나친 영특함"이라는 암시만이 헨리 지킬의 선함 밑에 무언가 미심쩍은 인격의 소유자가 숨어 있다는 것을 드러낼 뿐이다. 나중에 지킬은 자신을 일컬어 "학식이나 덕망이 높은 사람들을 존경한" 사람으로 자세하게 묘사한다. 이것은 헨리 지킬이 선함과 친절을 본래부터 지니고 있을 뿐만 아니라 동료들의 인정을 받고자 하는 갈망을 가지고 있고, 사람들 앞에서 특정한 자세를 취했으며, 남들의 인정과 존경을 받고자 하는 괜찮은 페르조나를 자신의 것으로 받아들였음도 말해 준다.

하지만 지킬은 자신의 인격의 또 다른 면, 곧 위에서 말한 페르조나와 일치하지 않는 면도 알고 있었다. 그것은 "자제할 수 없는 향락성"을 지닌 것이었다. 이것은 그로 하여금 삶 속에서 어느 정도 쾌락을 추구하게 했다. 하지만 그는 이것을 목에 힘주고 다니고 싶어 하는 그 자신의 "오만한 욕망"과 조화시키기가 어렵다는 것을 알았다. 그래서 지킬은 "사람들 앞에서 점잖은 체하고 싶은 욕망"을 택했다. 바꾸어 말하면, 지킬이 공개적으로 취한 점잖음은 그가 지닌 인격의 다른 측면을 가리기 위한 가면이었던 것이다. 지킬은 자신의 인격의 다른 측면을 사람들이 보는 것을 원치 않았고, 그것을 "수치스럽게" 여겼다. 그 결과, 지킬은 "나는 나의 쾌락을 숨기게 되었으며," "이미 이중생활에 깊이 빠지게 되었다"고 말한다.

지킬은 심리학적인 통찰력을 드러내 보였다. 그는 자신이 이중인격을 가지고 있음을 알고 있었고, "인간은 실제로 단일적 존재가 아니라 이원적 존재다"라고 단언한다. 심지어 그는 인간은 개별적인 자아의 집단으로 이루어져 있다, 인격은 단일한 것이 아니라 마치 한 마을의 사람들과 같다고 추론하기까지 한다. 이것은 현대 심층심리학이 확증해 주고 간파해주는 것이기도 하다. 그는 이러한 이중성을 "철저하게 타고난 것," 다시 말해서 원형적이며, 인간의 정신 구조의 근본적인 양상으로서 처음부터 존재하는 것이라고 본다. 그 자신에 대한 이러한 심리학적 통찰력을 가졌더라면, 지킬은 아마도 의식 발달의 최고 정점에 도달했을지도 모른다. 하지만 앞으로 살펴보겠지만, 그는 근본적으로 실수를 저지름으로써 실패하고 말았다.

하이드는 젊고 사악한 힘으로 가득 차 있고, 키가 작고, 다소 기형적인 인물로 묘사된다. 그는 "무시무시하고," "사람 같지 않은" 자, 그를 한 번 보기만 해도 사람들의 마음속에 증오를 불러일으키는 자다. 그는 음산하고 비웃는 듯한 냉정함을 지니고 있어서, 인정이라고는 없는 자다. 게다가 그는 양심의 가책도 없고, 죄책감도 없는 자다. 하이드의 젊음은 지킬의 그림자 인격으로서 그가 아직 사용되지 않은 에너지를 갖고 있음을 암시한다. 앞에서 살펴본 대로, 그림자는 아직 살지 못한 삶을 그 안에 가지고 있다. 그러하기에 그림자 인격을 건드리는 것은 새롭고 활력 넘치는 에너지의 주입을 받아들이는 것이다. 하이드의 작은 키와 보기 흉한 외모는 그림자 인격인 하이드가 지킬의 외적인 삶 속에 충분히 살아 있지 않음을 가리킨다. 대부분 무의식의 어둠 속에서 살았기에, 하이드는 마치 바위틈과 다른 나무들의 그림자에 짓눌려 자랄 수밖에 없는 나무처럼 외모가 일그러져 있다. 지킬이 "의무의 구속이 사라진 것"으로 묘사한 하이드의 양심 결핍도 그림자 인격의 특징이다. 그것은 마치 그림자가 도덕적인 감정과 의무를 저버리고 자아 인격으로 올라가는 것과 같다. 우리가 내면의 금지된 충동에 따라서 살려고 할 때 그런 일이 일어나는데, 거기서는 옳다는 느낌이나 그르다는 느낌을 구분하기가 어렵다.

지킬의 설명을 들어보면, 에드워드 하이드에 대한 가장 중요한 사실을 우리가 알게 된다. 처음으로 약을 마시고 하이드로 변모한 순간을 지킬은 이렇게 설명한다: "나는 나 자신이 더욱 더, 10배나 더 사악해진 것과 나의 원초적인 악의 노예로 내가 전락한 것을 알았다." 처음에 지킬은 자신 안에서 "향락성," 곧 잘못된 길로 빠질 수도 있지만, 더 이상 해롭지는 않은 쾌락을 추구하는 측면만을 보았다. 하지만, 일단 하이드로 변신하자, 그는 이제까지 상상했던 것보다 훨씬 자신이 악해져 있음을 깨닫는다. 이 설명으로 보건대, 그림자 인격은 우리 인격의 어두운 면과 함께 시작되지만, 어떤 점에서는 훨씬 더 깊고 훨씬 더 원형적인 차원의 악, 곧 지킬이 하이드를 일컬어 사람들 가운데 유독 그만이 순수한 악 그 자체라고 말할 만큼 강력한 악과 접촉하는 것 같다. 원형적인 악의 손아귀에서 쾌락을 추구하는 잘못은, 지킬이 빠져들고 싶어 한 것이기도 한데, 커루 박사를 끔찍하게 살해한 것에서 볼 수 있듯이, 실로 극악무도한 행동으로 이어지기도 한다. 그러한 행동은 단순히 악과 파괴의 기쁨을 얻기 위해 행해진 것이었다. 우리는 어떤 사람이 어떤 양심의 가책도 느끼지 않고 다른 사람을 살해하거나 전쟁을 벌이거나 범행을 저지르는 상황에서 이와 같은 극악무도한 행동을 목격할 수 있다. 우리에게 충격을 주고, 우리를 매혹시키고, 또 우리로 하여금 겁에 질린 채 날마다 신문을 읽게 만드는 것이 바로 원형적인 악이다.

언젠가 칼 G. 융은 우리가 행동하는 대로 된다고 말했다. 이것은 우리가 지킬의 사망 이유를 이해하는 데 많은 도움을 준다. 잠시 동안이라도 하이드가 되기로 마음먹은 순간, 지킬은 하이드가 되기 쉬웠을 것이다. 고의로 악을 행하겠다는 결심은 우리로 하여금 악을 행하게 만든다. 이런 이유로 그림자의 가장 어두운 충동에 따라서 사는 것은 그림자 문제의 해결책이 될 수 없다. 왜냐하면 우리가 그러한 시도를 하자마자, 우리는 쉽게 악에 사로잡히거나 악에 물들 수 있기 때문이다. 이것은 원형적인 악의 본성을 드러낸다. 원형은 자아를 사로잡을 수 있는 성격을 가지고 있기 때문이다. 그렇게 되면 자아는 원형에 의해 삼켜지거나, 아니면 원형과 동화同化되고 만다.

지킬도 자신이 본의 아니게 하이드로 변한 것을 안 뒤에야 이러한 위험을 깨닫는다. 이것은 그에게 엄청난 충격이었다. 그는 지킬에서 하이드로, 그리고 다시 마음만 먹으면 하이드에서 지킬로 변신할 수 있기를 기대했었다. 하지만 이제 그는 하이드가 엄습하고 있음을 깨닫는다. "내가 하려고만 한다면, 나는 하이드씨와 끊을 수도 있다"고 말하던 이전의 확신은 이제 온데간데없이 사라졌다. 이러한 태도는 그가 악에 대해 부주의했음을 보여준다. 지킬은 이러한 부주의 때문에 악에 사로잡힌 것이다. 그것은 지킬이 공원에 앉아서 자신이 "남과 같다"고 생각하고, 남들과 비교하여 자신을 좋게 생각하고, 다른 사람들의 "한가한 잔인함"을 자신의 적극적인 선의善意와 비교하는 장면에서 다시 싹튼다. 자신의 이중적 성격의 긴장으로부터 벗어나려는 바람으로 그랬겠지만, 지킬이 악의 힘을 경솔하게 무시한 것이 그를 결정적으로 파멸의 길로 빠뜨리게 된다.

이 시점에 이르러 지킬은 자신의 인격에 자리 잡고 있던 하이드 기질과 더 이상 관계하지 않기로 결심하고, 심지어 어터슨에게 "신께 맹세하네. 신께 맹세코 이제 다신 그 녀석을 안 만나겠네. 명예를 걸고 자네에게 말하지만 그 자는 이 세상에서 이미 나와 볼일이 없네. 모든 것이 끝났어."라고 선언하기까지 한다. 그리고 지킬은 하이드와의 관계를 끝내려고 노력한다. 그는 자신의 옛 삶을 회복하고, 이전보다 더 선행에 힘쓰고, 처음으로 종교에도 귀의하게 된다.

우리는 지킬이 종교에 귀의한 것을, 그가 형식적인 종교 의식에 참여한 것으로 보아야 한다. 아마도 그는 어떤 교회의 예배에 참석했을

지도 모른다. 물론 우리는 지킬의 종교가 참된 것이 아님을 알고 있다. 그는 하나님에 대해서는 전혀 모르지만, 형식화된 종교 안에서 그리고 자신의 종교적 겉치레 속에서 하이드에게 압도되는 것을 막아보고자 한 것이다. 오늘날 우리도 어쩌면 종교를 그런 식으로 이용하고 있는지도 모른다. 특히 인간의 죄를 비난하고, 죄지은 사람을 처벌로 위협하고, 선행을 구원의 징표로 보고 선을 행할 것을 부추기는 종교적 신조를 가지고 있는지도 모른다. 이러한 종교는 자신의 그림자 인격을 억누르려고 의식적으로 혹은 무의식적으로 애쓰는 사람들에게 인기가 있을 수도 있다.

하지만 그러한 시도는 지킬 박사에게 도움이 되지 못했고, 이제 지킬 안에서 하이드의 측면이 더욱 강력해 지게 했다. 그림자 인격으로서 하이드는 무의식 속에 계속 존재한다. 이제 그는 자유로워지고자, 즉 자신이 바라는 대로 살기 위해 지킬을 지배하고자 이전보다 더 발버둥 친다. 어두운 면이 지나치게 강력해진 나머지, 그를 억눌러 심혼psyche의 지하실에 가둬두려고 하는 시도는 실패하고 만다. 하이드가 지킬 보다 더 강력해졌기 때문이다. 여기서 스티븐슨은 그림자를 사는 것이 답이 아니라면, 그림자를 억압하는 것도 답이 아니라고 말하고 있는 것이다. 왜냐하면 그 둘은 인격을 둘로 분열시키기 때문이다.

지킬의 위선과 종교적 겉치레도 있다. 하이드와 더 이상 관계하지 않고자 하는 그의 바람과 그의 종교는 모두 자신을 보호하고자 하는 그의 욕망에서 비롯된 것이지, 그의 도덕 감정에서 비롯된 것이 아니다. 지킬이 하이드를 억누르려고 한 것은 영적인 이유에서가 아니라 그가 파멸을 두려워했기 때문이다. 그 저변에는 아직도 악에 대한 동경이 도사리고 있다. 이는 지킬이 하이드와 더 이상 관계하지 않겠다고 결심하면서도 하이드의 옷가지를 없애지 않고, 소호에 있던 집도 처분하지 않은 사실에서 분명하게 드러난다. 우리는 이 시점에서 지킬이 악에 압도되는 것을 피할 수 있는 유일한 길은 그의 영혼이 악령보다 더 강력한 영으로 채워지는 것이라고 말할 수도 있을 것이다. 하지만 지킬은 자신이 하이드가 되는 것을 허락함으로써 자신의 영혼을 공허하게 만들었으며, 그 결과 악이 그를 사로잡고 말았다.

헨리 지킬의 결정적인 실수는 자신 안에 있는 대극對極의 긴장으로부터 벗어나고자 한 데 있다. 이미 살펴본 대로, 그는 약간의 심리학적 의식을 대다수의 사람보다 더 많이 지니고 있었다. 자신이 이중인격을 지녔음을 알고 있었기 때문이다. 그는 자신 속에 또 다른 사람이 있으며, 그 사람의 바람은 뭇 사람들의 인정을 받고 싶어하는 그의 평범한 바람과 정반대라는 것을 알고 있었다. 그가 이 의식을 키워 자신 안에 있는 대극의 긴장을 감당했더라면, 그의 인격이 발달했을지도 모른다. 심리학적 용어로 말하면, 그는 개성화되었을지도 모른다. 하지만 그는 그 대신에 약을 조제하여 이러한 긴장으로부터 벗어나는 길을 택했고, 그 결과 지킬과 하이드가 되어, 죄책감이나 긴장 없이 자신의 인격의 두 측면을 다 살아가는 즐거움과 이점을 취했다. 지킬에게 그것은 주목해 볼 가치가 있었고, 하이드에 대한 책임을 전혀 느끼지 못했기 때문이다. "죄를 범한 것은 결국 하이드, 오직 하이드뿐이었던 것이다."라고 그는 단언했다.

이것은 그림자 문제에 어떻게 대처해야 하는가에 대한 실마리를 제공한다. 지킬의 실수는 우리에게 어디로 가야 하는지를 일러주는 것 같다. 그림자와 함께 한 우리의 드라마의 결론이 다음과 같이 성공적으로 내려질 수 있겠다: 성공은 지킬이 거부했던 긴장을 감당하는 데 있다. 그림자를 인식하는 것을 억압하는 것과 그림자와 동일시하는 것은 우리 안에 있는 대극의 긴장으로부터 벗어나려고 하는 시도일 뿐이다. 그것은 우리 안에 있는 밝은 면과 어두운 면을 함께 묶고 있는 "끈을 풀려고 하는" 시도에 불과하다. 물론 그러한 시도의 동기가 고통스러운 문제에서 벗어나는 것이겠지만 말이다. 하지만 고통의 회피는 심리적 재앙으로 이어지는 반면, 고통을 감당하는 것은 온전해질 수 있는 가능성을 줄 것이다.

그러한 대극의 긴장을 감당하는 것은 십자가에 못 박히는 것과 같다. 우리는 대극 사이에 매달려 있는 상태, 고통을 감당하는 상태로 살아야 한다. 그렇게 매달려 있을 때에만, 하나님의 은혜가 우리 안에서 역사할 수 있다. 우리의 이중성의 문제는 자아^{ego}의 수준에서는 결코 해결되지 않는다. 그것은 합리적인 해결책을 허용하지 않는다. 하지만 문제의식이 있는 곳에서 자기^{Self}, 곧 우리 안에 있는 하나님의 형상^{Imago Dei}이 작동하면, 불합리한 인격의 통합이 가능해 질 수 있다. 달리 말해, 우리가 우리 본성 속에 있는 대극의 짐을 의식적으로 짊어질 때, 우리 안에서 무의식적으로 일어나는 은밀하고 불합리한 치유의 과정이 작용하여 우리에게 이익을 줄 것이고, 통합된 인격을 향해 움직일 것이다. 이러한 은밀하고 불합리한 치유의 과정, 곧 이겨내기 어려운 장애물들에 둘러싸여 있는 가운데 길을 발견하는 것은 특별히 여성적인 특징을 지니고 있다. 자아와 그림자, 빛과 어둠 등과 같은 대극이 결코 통합될 수 없다고 단언하는 것은 이성적이고 논리적이며 남성적인 정신에서 우러나온 것이다. 그러나 여성적인 정신은 논리가 아무것도 발견할 수 없다고 말하는 곳에서 통합統合, synthesis의 길을 찾아낼 줄 안다. 이런 이유에서, 스티븐슨의 이야기 속에 여성이 극히 적게 등장하고, 설령 등장하더라도 부정적인 견지에서만 등장하는 것은 주목해 볼 가치가 있다. 그 책에선 중요한 등장인물로 여성이 한 사람도 등장하지 않는다. 지킬, 엔피일드, 어터슨, 푸울, 주임 서기인 게스트, 래논―이 모두가 남성들이다. 등장인물 중 여성은 간략하게만 언급된다. 하이드의 집에서 시중드는 여성은 "흉한 얼굴의" 여성, 냉정하고 마녀 같은 여성으로 그려진다. 마지막 날 밤 어터슨이 지킬의 집으로 가서 만난 "기절한" 하녀도 간략하게만 언급된다. 그녀도 "병적으로 흥분하여 울음을 터뜨리는" 사람으로만 그려질 뿐이다. 물론 짓밟힌 소녀도 등장하고, 하이드 주위를 에워싼, "독수리처럼 사나운" 여인들도 등장한다. 마지막 날 밤 실험실 안에 있던 하이드도 "여자처럼 혹은 망령처럼 울고 있는" 것으로 그려지기도 한다. 막연하기는 하지만 여성이나 여성적인 것을 긍정적으로 표현한 유일한 언급은 커루 박사의 살해 장면을 목격한 가정부다. 하지만 그녀조차 살해 장면을 보고서 실성한 것으로 그려지고 있다.

요컨대, 스티븐슨의 이야기에서는 여성성the feminine이 잘못 다루어지고 있다. 여성적인 것은 냉정하고 마녀 같고, 약하고 무능하고, 괴로움을 당하는 것으로 그려진다. 이것은 여성의 정신이 쓸모가 없으며, 상황에 아무런 도움도 되지 않음을 암시한다. 심리학적인 표현으로 새겨 보면, 우리는 지킬이 거부했듯이, 심리학적인 의식이 거부될 때, 우리 영혼의 여성적인 부분이 약해지고, 쇠퇴하고, 절망과 비극에 빠진다고 말할 수도 있겠다. 왜냐하면 달리 해결할 수 없는 문제의 주변에서 해결책을 찾아내는 데 도움을 주는 것은 다름 아닌 여성적인 능력이기 때문이다.

어터슨에 대한 설명은 제대로 되어 있다. 어터슨에 대한 묘사를 보면 이야기 작가인 스티븐슨의 재능이 드러난다. 이야기의 대부분이 그의 눈과 경험을 통해 우리에게 전달되고 있기 때문이다. 어터슨은 세인의 주목을 전혀 받지 않는다. 그의 성격은 빈틈없이 그려진다. 우리는 어터슨과 같다. 우리는 그를 우리 마음속에 그릴 수 있다. 우리는 그의 생각과 감정과 반응을 따라갈 수 있다. 하지만 이야기의 스포트라이트는 언제나 그를 통하여 지킬과 하이드의 신비적 사건에 비춰진다. 어터슨은 절대로 무대의 중심을 차지하지 않는다. 이 때문에 우리는 문학적 장치, 곧 이야기가 전달되려면 반드시 있어야 하는 인물이지만, 선과 악에 대하여 우리에게 무언가 가르치려드는 인물은 아닌, 어터슨을 쉽게 놓치곤 한다.

하지만 사실상 어터슨은 겉으로 보이는 것보다 훨씬 중요한 역할을 한다. 왜냐하면 그는 악을 민감하게 느끼는 감수성을 지닌 인물이며, 그의 의식 속에서 선과 악, 자아와 그림자의 이야기가 최종적으로 충분히 잘 드러나기 때문이다. 그는 악에 대해 충격을 받을 만큼 충분히 강한 감정의 기능을 지니고 있으며, 악에 사로잡히는 것에 맞설 수 있는 인물을 대표한다. 사람으로 하여금 악의 심연에서 공포와 맞설 수 있게 하는 것이 바로 이러한 감정 기능이지만, 지킬에게서는 이러한 감정 기능이 약화되었고, 하이드에게서는 전혀 찾아볼 수 없었다.

누구나 마침내 악을 인식하는 것이 필요하다. 지킬의 행동과 하이드의 행동은 비밀스러웠다. 하지만 비밀은 자신을 드러내는 방법을 모색하게 마련이다. 모든 비밀은 내면의 감추어진 힘에 의해 인간의 의식으로 떠오른다. 이런 이유로 악행은 결국 인류 일반, 특히 누군가의 의식에 드러나게 마련이다. 예를 들어, 이야기의 서두에서 어터슨이 알 수 없는 무언가에 의해 괴로워하고 잠을 이루지 못했던 것을 살펴보자. 이것은 무의식이 어터슨을 괴롭히고 있으며, 지킬과 하이드의 무시무시하고 음산하며 은밀한 삶을 어터슨의 의식에 드러내기 위해 길을 모색하고 있다는 분명한 표시다. 이야기에서 어터슨의 의식은 악을 알아차리는 그릇이 된다. 그리고 그는 가장 인간적이고 가장 좋은 자아, 곧 일종의 구원자를 대표한다. 그는 일어나고 있는 사태를 차츰 알아채고, 두려움을 느끼는데, 이것은 어둠의 힘이 인간의 삶을 움켜쥐는 것을 막는 인간적인 보호 수단이다.

그러면 래논은 어떤가? 그도 악의 본질을 알아채지만 잘못된 방식으로 알아챘다. 래논은 지킬과 하이드의 의혹을 어터슨만큼 파헤치지 않았다. 엄청난 악이 그를 습격했을 때, 그것은 그에게 너무 과도한 것이었다. 그는 악을 너무 빨리 알아챘고, 필요한 준비를 갖추지도 않고 필요한 인간적 도움을 구하지도 않은 채 악을 너무 깊이 들여다보았다. 그것은 악을 의식하게 되는 또 다른 면이다. 우리는 악을 인식해야 하지만, 악을 너무 깊이 순진하게 파고들면 우리가 회복될 수 없을 정도의 충격을 받을 수도 있다.

하이드로 둔갑하기 위해 지킬이 제조한 악마적인 약품 역시 현대에 접어들어 항-정신성 약을 많이 사용하는 요즘 이 시점에서 비평해 볼 가치가 있다. 나는 적어도 어떤 사례들에서는 알코올이 사람들을 지킬의 성격에서 하이드의 성격으로 변화시킨다는 것을 자주 목격했다. 정상적이던 사람도 약간의 술을 마시면 인격의 추한 면을 드러낸다. 특정한 경우, 음주를 하게끔 하는 충동의 밑바닥에는 그림자가 자신을 주장하려는 노력이 깔려 있는 것 같다. 이것은 마치도 우리가 지금 다루고 있는 이 이야기에서 하이드가 자신의 어두운 삶을 살 수 있도록 지킬에게 약을 복용해달라고 간절히 바란 것과 같다.

우리는 지킬의 인격의 악한 부분이 지킬을 파멸시켰지만, 결국에는 그 어두운 부분이 그 자신을 파멸시킨 것이라고 말할 수도 있을 것이다. 지킬이 하이드에게 완전히 사로잡히자마자, 하이드 자신도 자살하고 만다. 이것 역시 우리에게 교훈을 준다. 이것은 우리에게, 결국 악은 제 꾀에 넘어가 자신마저 파멸시킨다고 이야기한다. 악은 제 힘으로는 살지 못하고, 자신의 먹이가 될 선한 것이 있는 곳에서만 존재한다. 우리는 이 점을 제9장에서 더 자세히 살펴볼 것이다.

결국, 여기서는 악에 대처하는 방법에 대하여 약간의 설명을 하면 좋을 것 같다. 악이 그 모습을 드러낼 때, 거기에는 악에 직접 맞서려고 하는 경향이 있게 마련이다. 때로 우리는 악에 직접 맞서야 한다. 하지만 악에 직접 맞설 때 거기에는 위험도 존재한다. 왜냐하면 로렌스 반 데어 포스트Laurens van der Post가 지적한 대로, 우리는 우리가 맞서는 그 악에 동화되기 쉽기 때문이다. 베트남 전에서 보여준 미국인들의 행동을 예로 들어보자. 적어도 표면상으로는 미국은 마을의 지도자들을 암살하고 또 다른 극악무도한 행위를 자행하고 있던 베트콩과 북부 베트남 공산주의자들의 악에 맞서 전쟁에 개입했었다. 하지만 전쟁이 끝날 무렵, 미국인들은 공산주의자들이 자행한 극악무도한 행동만큼이나 나쁜 잔학한 행위에 대해 가책을 느끼지 않을 수 없게 되었다. 악은 전염성이 강하다. 악의 영향을 받지 않고, 혹은 악에 오염되지 않은 채, 악에 접근하기란 거의 어려운 일이다. 이렇게 볼 때, 악에 대처하는 것은 문제가 아닐 수 없다.

하지만 악에 맞서지 않으면, 때때로 악은 이전보다 더 크고 더 강력해진다. 악에 대처하는 가장 좋지 못한 방법은 악을 달래는 것이다. 영국의 시종장관이 히틀러 정부의 악을 달래려고 했을 때, 그것은 그 상황에서 악을 더 부추기는 셈이 되고 말았다. 가정생활을 하는데도 이것은 맞는다고 볼 수 있다. 까다롭고 졸라대기만 하는 아이를 달래는 것은 그 아이 안에 있는 부정적인 자질資質을 만족시키고 강화시킬 뿐이다. 지나친 요구를 하는 배우자의 결점을 달래려고만 하는 사람은 이러한 나쁜 성향을 더 강하게 만들뿐이다.

나는 마리-루이제 폰 프란츠의 저서인 『민담에 나타난 그림자와 악Shadow and Evil in Fairy Tales』에서 악에 대처하는 방법에 대해 많은 통찰력을 얻었다.[18] 폰 프란츠는 민담에는 악에 대처하는 정해진 방법이 없다고 지적한다. 먼저 우리는 개인의 상황에 따라서 한 가지 방법을 적용하여 악에 대처하고 그런 다음에는 다른 방법을 적용한다. 어떤 때에는 악에 대하여 단호하게 대처하고, 어떤 때에는 간접적으로 악에 접근해야 한다. 대체로 우리는 확고한 태도를 취하고 정신을 바짝 차린 채 악에 대처해야 하지만, 다른 때에는 적어도 잠시만이라도 악을 다른 방식으로 보기도 해야 한다. 하지만 항상 우리는 마치 악이

---

18) Marie-Louise von Franz, *Shadow and Evil in Fairy Tales* (Zurich, Switzerland: Spring Publications, 1974).

우월 의식superior consciousness에 의해서만 극복될 수 있다는 듯이, 우리가 무엇을 하고 있는지 알고 있어야 한다.

지킬과 하이드의 이야기는 악이 매혹적인 것이라고 우리에게 말해 준다. 이것이야말로 우리가 이미 주목한 바 있는 악의 한 특성이다. 그러한 매혹 때문에 악은 인간의 영혼을 지배하는 엄청난 힘을 지니고 있다. 언젠가 칼 G. 융이 악의 지배로부터 개인의 영혼을 지킬 수 있는 방법은 두 가지, 곧 개인의 영혼이 악의 힘보다 더 큰 능력으로 채워지거나, 아니면 개인이 따뜻하고 친밀한 인간 공동체 안에 머무는 것뿐이라고 말했는데, 그만큼 악은 매혹적이어서 사람의 영혼을 지배하는 실로 엄청난 힘을 지니고 있다. 언젠가 융은 금주 동맹의 창립자인 윌리엄 W. 에게 다음과 같은 내용의 편지를 쓴 적이 있다: "나는 참된 종교의 통찰이나 인간 공동체의 방벽이 이 세계에 만연한 악의 원리에 맞서지 않는다면, 악의 원리가 인식되지 않은 영적인 욕구를 파멸로 이끌어 갈 것이라고 강하게 확신합니다. 어떤 초월적인 힘에 의해 보호받지 못하고, 사회에서 고립된 보통 사람은 악의 힘에 맞서기가 어려운 것입니다."[19]

융은 고립의 위험을 언급했다. 이 위험을 너무 많이 강조할 필요는 없다. 예를 들어, 우리가 사는 이 시대의 피도 눈물도 없는 살인자들도 사실 정서적으로 고립된 사람들이기 때문이다. 반대로, 에로스를 통해 다른 사람들과 끈끈하게 연결된 사람들은 냉혹한 악의 위험에 맞설 수 있는 약간의 방책이라도 갖고 있다. 이런 이유로 유년기 초기

---

19) C. G. Jung, *Letters 2* (Princeton, New Jersey: Princeton University Press, 1975), p. 624.

에 절제를 배우는 것이 절대적으로 중요하다. 사랑으로 부모나 대리 부모와 맺어질 때, 영혼은 인정의 따스한 온기를 공급받는다. 이러한 인정이야말로 악에 맞서는 최선의 방책이다. 다른 한편으로, 이러한 유대가 존재하지 않는 곳에서는 피해자이든 가해자이든 간에 악에 굴복할 위험이 커질 것이다.

　지킬과 하이드의 이야기는 사로잡히는 것possession이야말로 악의 가장 나쁜 형태임을 우리에게 보여준다. 지킬의 영혼이 하이드에게 사로잡혔을 때, 지킬은 파멸되고 말았던 것이다. 우리가 악의 힘을 충분히 진지하게 생각하지 않을 때, 악에 사로잡히는 일이 일어나는 것 같다. 폰 프란츠는 프레벨frevel의 위험을 언급한다. 프레벨은 경솔한 태도를 의미하는 독일 낱말이다. 이 단어에서 영어의 "경박한frivolous"이란 말이 유래했다. 예를 들어, 잠재적인 위험을 당연히 고려해야 함에도 불구하고 그렇게 하지 않은 채 경솔하게 약을 복용하는 사람은 프레벨을 연습하고 있는 것이다. 하지만 악의 힘을 경솔하게 무시하는 것을 볼 수 있는 경우가 많으며, 악의 힘을 무시하면 어디에서든 악의 위험이 커지게 마련이다.

　시인 윌리엄 블레이크William Blake는 "형식form은 천국에서 나오고, 힘energy은 지옥에서 나온다."라고 말했다. 삶의 과제는 이 두 대극을 통합하는 것이라고 말해도 좋을 것이다. 한 가지 이유는, 이미 앞의 이야기에서 살펴보았듯이, 그림자는 엄청난 힘을 가지고 있으며, 또 그림자의 힘은 우리를 어찌할 수 없을 정도로 매혹시킨다는 데 있다. 하지만 우리는 그림자의 삶 속으로 경솔하게 뛰어들어서도 안 되고, 그렇게 해야 할 이유도 없다. 그림자의 존재를 부정할 수는 없다. 그러나 그림자 문제는 보다 높은 권위의 빛에서 다루어져야 한다. 이 세계의 종교들은 이것을 잘 알고 있었고, 인류에게 하나님을 의식하고 살아가는 삶의 기술을 가르쳐왔다. 그러나 전통적으로 하나님을 의식하고 묵상하는 방법들은 오늘날 수많은 사람들에게 이 더 이상 효과를 발휘하지 못하고 있다. 지금 일부의 사람들은 내면에 계신 하나님과 직접적으로 관계를 갖기 위해 심리학으로 돌아서고 있다. 심리학은 이 내면에 계신 하나님을 자기Self라고 부른다. 이 과정에서는 꿈이 대단히 중요하며, 특히 꿈은 우리 영혼이 위험에 처할 때, 우리에게 아주 확실한 것을 보여준다. 위대한 영靈이 인간에게 꿈을 보낸 이유는 우리가 어둠 속에서 방황하지 않고 악의 힘에 압도되지 않게 하기 위해서라고 말한 아메리칸 인디언들을 이해할 수 있다.

제8장

성경 밖의 신화와 민간 전승에
등장하는 악마

우리는 이미 구약성경과 신약성경 안에서 악마가 어떤 모습을 띠고 있는지를 살펴보았다. 이제부터는 악마가 성경 밖의 신화와 민담 속에서 어떤 역할을 하고 있는지를 살펴보려고 한다.

악마에게 붙여진 수많은 이름 가운데 하나는 루시퍼Lucifer다. 이것은 악마에게 주어지기엔 묘한 이름이다. 왜냐하면 그것은 "빛을 가져오는 자"를 의미하기 때문이고, 우리는 보통 악마를 어둠의 세력과 연관시켜 생각하기 때문이다.

그 명칭은 성경 구절에서 유래했다. 루시퍼란 명칭은 초대교회 교부들이 만든 관용적 표현이다. 이사야 14장 12−15절에는 다음과 같이 기록되어 있다:

> 웬일이냐, 너, 아침의 아들, 새벽별아,
> 네가 하늘에서 떨어지다니!
> 민족들을 짓밟아 맥도 못 추게 하던 네가,
> 통나무처럼 찍혀서 땅바닥에 나뒹굴다니!
> 네가 평소에 늘 장담하더니

"내가 가장 높은 하늘로 올라가겠다.

하나님의 별들보다 더 높은 곳에

나의 보좌를 두고,

저 멀리 북쪽 끝에 있는 산 위에,

신들이 모여 있는 그 산 위에

자리 잡고 앉겠다.

내가 저 구름 위에 올라가서,

가장 높으신 분과 같아지겠다." 하더니,

그렇게 말하던 네가 스올로,

땅 밑 구덩이에서도

맨 밑바닥으로 떨어졌구나!

　원래 이 구절들은 근동 지역을 정복했지만 다시 패하여 쓰러진 거대 도시 바빌론을 가리키도록 되어 있었다. 하지만 교회의 교부敎父들은 이 구절들이 사탄을 상징하고, 하나님 계신 천상으로부터 사탄이 추락한 것을 상징한다고 보았다. 그들은 천사 루시퍼의 본향이 하나님이 계신 곳이었으며, 그가 부당하게 권력을 요구했기에 천상에서 지상으로 추락하게 되었다는 정교한 전설을 만들어 내었다. 이런 노력 속에서 그들은 성경의 다른 구절, 곧 누가복음 10장 18절도 참조한다. 이 구절에서 예수는 가르치고 병을 고치는 사명을 다하고 의기양양하게 돌아오는 72명의 제자들에게 다음과 같이 말한다: "사탄이 하늘에서 번갯불처럼 떨어지는 것을 내가 보았다."

　교회 교부들에 따르면, 사탄은 원래 천사장天使長 가운데 하나로서 하나님과 함께 살았으며, 그의 본래 이름은 루시퍼, 즉 빛을 가져오는

자로서, 영어로 된, 예루살렘 성경*The Jerusalem Bible*으로 이사야 14장 12
절을 보면, "새벽별Daystar"이라고 번역되어 있다. 하지만 루시퍼는 교
만, 속임수, 야심과 같은 죄의 희생양이 되고 만다. 그는 하나님의 천
사들 가운데 하나로 만족하지 못하고, 도리어 하나님의 권능을 탈취
하려고 한다. 실로, 어떤 이는 그가 하나님의 보좌에 앉으려 할 만큼
대담성을 가지고 있었다고 말한다.

이러한 무례를 두고볼 수 없었던 대천사大天使 미가엘이 루시퍼와 맞
서 싸워 그를 하늘에서 몰아낸다. 루시퍼는 지상으로 떨어져 지옥에
거처를 두고, 이 세상에 대한 지배권을 행사한다. 이 유리한 조건을
발판 삼아 그 타락한 천사는 인간의 영혼을 자신의 왕국의 일부로 만
들고자 혈안이 되었고, 전에 하늘을 지배하려고 했던 것처럼 이제는
땅도 지배하려고 한다. "이리하여 그 존재는 길을 잃기 전에는 빛으로
서 존재하다가 이 곳으로 떨어졌고, 자신의 영광을 먼지로 만들어 버
렸다"고 오리게네스는 말한다.[1] 초대교회의 주교였던 아켈라우스
Archelaus는 이렇게 말한다: "그리하여 하나님의 명령에 복종하기를 거
부한 일단의 천사들이 하나님의 뜻을 어겼다. 실제로 그들 가운데 하
나가 섬광처럼 지상에 떨어졌다… 지상으로 던져져 천상의 어디에도
들어갈 수 없게 된 그 천사는 사람들 사이를 활보하면서 그들을 속이
고, 그들을 꾀어 자신처럼 죄인이 되게 하고 있다. 지금도 여전히 그
는 하나님의 명령을 거스르는 적으로 남아 있다."[2]

---

[1] Origen, *De Principis*, Book I, Chapter V.
[2] Archelaus, *The Disputation with Manes*. Ante-Nicene Fathers, Eerdmans
Series, p. 205.

대천사 미가엘이 아후라 마즈다를 대신하고, 사탄 혹은 루시퍼가
아흐리만을 대신하는 기독교 신화와 조로아스터교의 사고思考 사이에
어떤 유사성이 있는지를 살펴보는 것은 그리 어렵지 않다. 이것은 요
한복음에도 반영되어 있다. 요한복음에서는 악마가 거듭 "이 세상의
주관자"로 불리고 있으며, 그리스도가 자신의 권세를 버리고 하늘에
서 내려와 영혼을 구하는 동안, 땅이 악마의 지배를 받고 있는 것으로
묘사되고 있다. 예수는 자신이 십자가에 달릴 것을 예고하는 대목에
서 제자들에게 다음과 같이 말한다: "나는 너희와 말을 더 이상 하지
않겠다. 이 세상 통치자가 가까이 오고 있기 때문이다."[3]

유대교 사상가들도 루시퍼 전설을 공유하였으며, 탈무드에는 흥미
롭게도 그 이야기가 변형된 것이 들어있다. 탈무드에 의하면, 루시퍼
는 사람을 시샘하였기 때문에 타락했다고 한다. 랍비들은, 아담이 창
조되었을 때, 모든 천사가 지상의 이 새로운 지배자에게 허리를 굽혀
절해야 했는데, 사탄만이 질투심에 휩싸여 절하지 않았고 그래서 하
늘에서 떨어졌다고 가르쳤다.

악령과 열등한 악귀의 무리도 사탄을 따라갔다. 사람의 마음속에
서 일어나는 악한 생각은 이 악한 무리가 불어넣는 것으로 믿어졌다.
이미 살펴본 대로, 신약新約 시대의 사람들은 이 다수의 어둠의 세력이
질병을 일으키고, 인간에게 죄를 불어넣고, 정신적 고통을 일으킨다
고 생각했다. 사탄 마귀의 수를 실제로 산출하여 알아낸 최근의 신학
자는 바르하우제Martinus Barrhause라는 바젤의 신학자다. 그의 산출에 의
하면, 정확한 숫자는 2,665,866,746,664—이조 육천 육백 오십 팔

---

3) 요한복음 14:30. 12:31과 16:11을 참조하라.

억 육천 육백 칠십 사만 육천 육백 육십 사—였다. 4) 이토록 막대한 군
대를 악마가 마음대로 부릴 수 있다니, 인간이 그토록 많은 불행에 시
달리는 것도 놀라운 일은 아니다.

　이 루시퍼 전설은 어떻게 악이 인간 세계에 들어왔는지를 아주 잘
설명하고 있다. 그러나 왜 하나님께서 그런 일이 일어나게 하셨는가
를 설명하지는 않는다. 하나님의 뜻을 거역하고, 천상 생활에 어울리
지 않는 천사가 인간을 괴롭히기 위해 지상으로 보내져야 했다는 것
은 공평하지 못한 것 같다. 도대체 무슨 잘못을 저질렀기에 인간이 그
달갑지 않은 유배자에게 거처를 내주어야 한단 말인가? 혹자는 하나
님께서 자신의 집안 문제를 무력한 인간에게 떠넘기기보다는 고상하
게 처리하셨을 것이라고 생각할는지도 모르겠다.

　루시퍼 전설에서 드러나는 이러한 결함에도 불구하고, 그 전설은
아직도 교훈적인 이야기로 남아 있다. 심리학의 관점에서 보면, 그 이
야기는 원형原型, 즉 인간 정신의 전형적이고 불가피한 부분을 묘사하
고 있다. 이 관점에서 보면, 그 전설은 인간 정신의 치명적인 분열을
묘사하고 있다. 인간의 정신은 본래 온전한 것이었지만, 그만 그 정신
자체에 거슬러서 분열되고 말았다. 그러므로 천상의 분열은 인간의
정신 분열과 상응한다. 이미 살펴보았듯이, 이러한 분열은 우리가 그
림자를 다룰 때 부딪히게 되는 어려움 때문에 기독교인의 의식 속에
서 더욱 심해진다. 이 이론에 따르면, 악마가 정말로 서양 사람의 정
신 속으로 들어간 것처럼 보일 것이며, 어두운 세력이라는 원형적인

---

4) Maximilian Rudwin, *The Devil in Legend and Literature* (La Salle, Ill.: Open
　Court Publishing Company, 1973).

악이 그들의 의식을 뒤흔들고, 곤란을 조장하고, 파멸을 일으키는 것
처럼 보일 것이다.

루시퍼 전설은 우리가 인간에 대해 너무 자신만만해서는 안 되며,
악의 문제를 해결함에 있어서 너무 순진해서도 안 된다는 것을 분명
히 보여준다. 예를 들어, 루시퍼 전설이 암시하는 것처럼, 악이 인간
의 정신 속에 있는 원형적인 힘이라면, 사람들이 자라고 살기에 가장
그럴듯한 환경이 주어질지라도 악이 떨어져나가지는 않을 것이다.
우리는 구제불능의 범죄를 저지르는 인격이란 바로 이런 원형적인 힘
이 생생하게 표출된 것이라고 할 수도 있을 것이다. 또한 우리는, 모
든 아이가 충분한 사랑과 애정을 받고 양육된다면, 인간의 모든 악행
이 사라질 것이라고 생각해서도 안 될 것이다. 물론 이것이 도움이 안
되는 것은 아니지만, 문제는 수많은 어린이가 이렇게 양육되지 못하
고 있다는 것이다. 그들이 적절한 양육을 받지 못하고 도리어 어두운
세력들에 에워싸여 있다는 것은 원형적인 힘이 인간의 삶을 분열시킨
다는 증거이다. 긍정적인 부모의 양육을 잘 받은 아이 안에도 악을 행
할 수 있는 가능성이 늘 존재하고 있다고 할 수 있다. 원형의 힘은 그
토록 엄청난 것이다.

또한 루시퍼의 전설은 악의 원형 속에는 권력 충동이 자리하고 있
다고 말한다. 루시퍼의 죄는 하나님을 대신하여 하늘 보좌에 앉으려
고 한 데에 있었다. 그의 타락을 야기하고 인간의 곤경을 초래한 것은
다름 아닌 권력욕이었다. 심리학적인 차원에서 볼 때, 이 파괴적인 권
력 충동은 자기Self의 자리에 앉으려고 하는 인간의 자아ego가 지닌 원
형적인 특성으로 볼 수도 있다. 우리의 자아 구조 안에는 하나님이 주

신 심혼의 중심the God-given Center of the psyche이 다스리게 하기보다는 오히려 자아가 정신을 온통 지배하게 하려는 어두운 성향性向이 도사리고 있다. 이러한 견지에서 보면, 도덕적인 악의 문제의 핵심에는 인간의 자아중심성이 자리 잡고 있다고 하겠다. 때문에 기독교와 같은 종교들은 인간 속에 있는 이러한 권력 충동을 극복하고, 인간으로 하여금 그의 중심이신 하나님과 겸손하고도 적절한 관계를 맺게 하려고 무던히 애를 쓰고 있다.

의미심장하게도, 예수가 세례를 받고 하나님으로부터 성령을 받은 뒤에 그에게 가장 먼저 일어난 사건은 광야에서 권력 충동의 전형인 사탄과 대면한 것이었다. 사탄은 예수에게 이렇게 말한다: "네가 하나님의 아들이거든, 이 돌들에게 빵이 되라고 말해 보아라." 그런 다음에는 "네가 하나님의 아들이거든, 여기에서 뛰어내려 보아라." 하고 말하고, 마지막에 가서는 예수에게 이 세상의 모든 나라를 보여주면서 "네가 나에게 엎드려서 절하면, 이 모든 것을 네게 주겠다."고 말한다.5)

현대인의 관점에서 볼 때, 루시퍼의 이야기는 단순하고 공상적인 것처럼 보인다. 그러나 우리는 그 이야기가 주는 지혜를 간과해서는 안 된다. 루시퍼 전설이 처음부터 생겼던 것은 그것이 원형과 관계를 맺고 있기 때문이다. 인간은 자신의 원형적인 토대를 표현하고 그것과 관계를 맺기 위해 그러한 이야기를 지어낼 수밖에 없었을 것이다. 오늘날 우리는 이와 같은 전설들을 더 이상 만들어내지도 않고 따르지도 않는다. 하지만 인간에게는 신화를 만들어내는 성향이 있다. 그

---

5) 마태복음 4:1-11.

러기에 인간은 신화의 적절한 기능을 제거함으로써 왜곡된 신화를 만들기도 한다. 이제 "악마"는 다른 영역에서 등장한다. 서로 다투는 신화적 하나님 상像과 사탄 상像이 세계 정치 무대에 투사되고 있다. 러시아 사람들은 미국 사람들에 맞서는 적대자의 역할을 하고, 그 역도 마찬가지다(이 책이 처음 쓰여 진 1988년의 상황에서 저자가 한 말이어서 다소 오늘엔 맞지 않는다. 지금은 미국과 러시아가 적대적인 관계라고 말할 수만은 없다-역주). 다른 사람들에게 투사된 신화는 편집증적인 정신 상태를 야기하는데, 이러한 정신 상태에 빠지기보다는 우리가 종교적 신화를 가지는 것이 훨씬 나을 것이다.

민간전승에서 악마는 여러 가지 형태와 모습을 띤다. 예를 들어, 신약 성경을 보면, 악마가 스스로 빛의 천사로 둔갑할 수 있음을 알 수 있다. 바울도 "사탄도 빛의 천사로 가장한다."고 말하지 않았는가.6) 『파우스트』 이야기에서 보듯이, 악마는 사람의 모습으로도 나타날 수 있다. 그 이야기에서는 악마, 혹은 그의 수하 가운데 하나가 메피스토펠레스로 나타나 냉소적이고 약삭빠르고 지각이 예민한 사람처럼 행동한다. 악마는 지독하게 못생긴 모습으로, 보기 싫고 불쾌한 모든 특성을 지닌 사람의 모습으로 나타날 수도 있지만, 동시에 대단히 아름다운 모습으로, 매우 매혹적인 남자나 아름답고 유혹적인 여인의 모습으로 나타날 수도 있다. 악마가 경건한 성 아우구스티누스를 유혹하려 한 것도 이러한 모습으로였고, 성인聖人도 그렇다고 믿었다. 악마는 동물의 형상으로, 포효하는 사자, 사나운 용, 뱀, 늑대, 검둥개로 나타나기도 한다. 악마와 동료 격인 동물로는 박쥐, 쥐, 생

---

6) 고린도후서 11:14.

쥐, 해충, 파리 등이 있다.

악마가 인간의 모습으로 보이고자 할 때 가장 좋아하는 것은 그가 사제司祭로 보이고자 한다는 것이다. 성직자의 옷을 입고, 가능하다면 설교단을 차지하는 것만큼 악마가 좋아하는 것도 없다고 한다. 전설에 따르면, 악마의 진짜 신분은 항상 그가 절룩거리기 때문에 탄로가 나는데, 이는 그가 하늘에서 떨어질 때 입은 상처 때문이라고 한다.

또한 악마는 다양한 색을 띤다. 그가 좋아하는 색은 검은 색이지만, 붉은 색과 파란 색을 사용하기도 한다. "우울한 기분"을 blues라고 표현하게 된 것은 파란 색을 악마와 연관시킨 데서 생겨났다는 설도 있다.

원숭이는 악마가 짐승의 모양을 한 상像 가운데 또 다른 것이다. 실제로, 그는 신을 흉내 내기 때문에 "하나님의 원숭이"로 불리기도 한다. 초기 기독교인들은 많은 그리스 신화와 일부 기독교 전설이 매우 유사하다는 것을 알게 된다. 치유의 신 아스클레피우스와 그리스도에 관한 이야기는 매우 비슷하다. 초기 기독교인들은 이러한 유사성이 악마의 역사役事라고 말했다. 악마가 사람들로 하여금 진정으로 하나님을 예배하는 대신 이교의 신들을 예배하게 하려고 기독교의 전설들과 매우 흡사한 이교도의 이야기를 꾸며냈다는 것이다.

이 변덕스러운 악마의 모습은 그가 무의식과 밀접하게 제휴하고 있음을 드러낸다. 무의식 역시 본질적으로 변덕스러운 것이다. 무의식이 어떤 때는 이렇게 나타나기도 하고 어떤 때는 다르게 나타나기도 하고, 상징적인 형태를 띠기도 하고 다른 형태를 띠기도 한다. 실로 무의식은 이러한 악마적인 특성을 지니고 있다. 앞에서 살펴보았듯이, 무의식은 우리가 의식으로부터 받아들여지지 않은, 우리 본성의 불유쾌한 특성을 담고 있다. 무의식은 획일적인 의식의 입장으로 흡수 병합되기를 거부하고, 항상 명쾌한 진리를 표현하지 않고, 역설적이다. 무의식은 또한 트릭스터trickster이기도 하다. 무의식은 우리를 속여 더 잘 의식하게 하는 책략으로 가득 차 있지만, 우리를 속이는 그 순간에는 악마 자신과 같은 것처럼 보인다. 물론 이것은 무의식의 한 측면에 불과하다. 또한 무의식은 대단히 도덕적인 측면을 가지고 있으며, 우리가 결코 회피할 수 없는 궁극적 진실을 대변하기도 한다. 하지만 거기에도 악마적인 측면이 존재하며, 이런 이유로 무의식은 의심스럽게 여겨지기도 한다. 역설을 두려워하고, 절대적이고 확고한 진리로 추정되는 것을 보증할 필요를 느끼는 사람들에게는 아마 무의식이 악마로 보이기가 쉬울 것이다.

하지만 성경 밖의 신화에서 가장 심리학적으로 드러나는 악마의 양상은 그가 억눌린 이방 신들의 속성과 연계되어 나타난다. 예를 들어, 악마는 종종 염소의 형상을 한 것으로 묘사되는데, 이는 이교도의 숲의 신들이 염소의 모습으로 나타나기 때문이다. 악마의 갈라진 발굽은 다시 돌아온 목신牧神 판Pan(염소의 뿔과 다리를 가진 음악을 좋아하는 숲·牧羊의 신-역주)의 발굽으로 보일 수도 있다. 악마의 뿔은 디오니소스Dionysus(술의 신. 로마 신화에서는 바쿠스Bacchus-역주)에게서 유래한 것이라고 전해진다. 하지만, 악마의 뿔은 마술 숭배Wicca로 알려진 고대 영국의 자연 종교에서 숭배되던 뿔 달린 신으로부터 유래했다고 전해지기도 한다.

고대 영국의 자연 종교에는 두 신神이 있었다. 하나는 치유와 풍요를 주관하는 인정 많은 여신女神이었고, 다른 하나는 뿔이 달리고 인정이 많은 남신男神이었다. 기독교가 영국에 상륙한 후 대략 1천 년 동안 교회는 그 고대 종교를 묵인했다. 그 이유는 교회가 그것을 억누를 필요를 강하게 느끼지 않았기 때문이다. 하지만 마침내 그 고대 종교를 억누르기 위해 하나의 운동이 전개되었는데, 그것은 그 종교에 반대하는 교황의 교서教書에서 최고조에 달했다. 이 교서를 교황 이노센트 8세가 1484년에 발표했다. 이때부터 마술 숭배는 지하로 숨어들 수밖에 없었고, 검정고양이와 함께 빗자루 위에 올라탄 마녀들이 영국의 민간전승과 심상imagery에 나타나기 시작했다. 고대의 자연 여신nature goddess이 흉한 모습으로 되돌아온 것이다. 그 여신이 흉한 모습으로 되돌아온 것은 그녀가 거절당했기 때문이다. 그 후, 악마를 뿔 달린 존재로 묘사하는 것이 대중화되었다. 이것은 고대의 뿔 달린 남신男神이 악마로 되돌아온 것이다. 왜냐하면 그때만 해도 그는 억압의 대상이었기 때문이다. 이런 식으로 "고대 종교의 신들은 끊임없이 새 시대의 악마가 되었다."7)

이것은 다음과 같은 사실을 말해준다. 즉 억압됨으로써 결과적으로 무의식으로 추방된 인간 정신의 측면을 표현하거나 의인화한 것, 그것이 바로 악마의 형상이다. 기독교는 전부는 아니지만 고대 이방 신들의 역할과 기능 가운데 상당히 많은 부분을 흡수할 수 있었다. 예를 들어, 아버지 신이자 고대 그리스의 다른 모든 신들을 지배하는 절대 권력자인 제우스가 아버지 하나님이라는 기독교 이미지 속으로 흡수되었고, 이치와 조화와 질서를 고취하는 신인 아폴로는 이성理性과

---

7) Stewart Farrar, *What Witches Do* (New York, N. Y.: Coward, McCann & Geoghagan, Inc., 1971), p. 31.

그것의 교화 능력을 신뢰하는 기독교에 흡수되었다. 아스클레피우스도 기독교에 흡수되었다. 그가 맡았던 치유의 기능은 스스로 치유자가 된 그리스도와, 곤경에 빠진 인간을 치유하는 감화력을 지닌 성인들이 떠맡았다. 하지만 그 밖의 다른 신들은 기독교 정신 속에서 전혀 표현되지 않았다. 예를 들어, 환희의 신이요, 자연과 본능의 힘에 내맡기는 신이요, 억제되지 않은 즐거움의 신인 디오니소스는 기독교 정신 속에서 설자리를 얻지 못했다. 숲 속을 떠도는, 거친 자연의 영靈을 상징하던 목신 판Pan도 그러했다. 하물며, 기쁨이 넘치고 생명을 낳는 성교로 황소와 암소를, 종마와 암말을, 남자와 여자를 맺어주는 에로스의 여신이자 성적 결합의 여신이며 사랑의 고취자인 아프로디테Aphrodite는 말해 무엇 하랴. 그녀의 욕망은 기독교의 입장에 포함되기에는 너무나 정도를 벗어나 있었으며, 기독교의 도덕관과는 어울리지 않았던 것이다. 이렇게 무시되고 거절된 남신들과 여신들, 그리고 그들이 드러내는 정신적 기능들은 기독교의 억압 대상이 되었으며, 성경 밖의 예술과 민간전승에서 악마로 다시 나타났다.

이런 이유로 악마는 두려움의 대상이 되었다. 왜냐하면 우리는 우리가 억압한 것을 두려워하고, 우리 안에 억눌려 있던, 하지만 스스로를 다시 드러내려고 하는 것과 마주할 때 불안을 느끼기 때문이다. 악마가 끊임없이 우리가 마음의 평화를 얻는 것을 방해하고, 우리의 의식 상태를 혼란시키는 것은 별로 이상한 일이 아니다. 이는 억압받고 거부당한 것이 다시 출현하여 우리의 의식이 현상 유지되는 것을 혼란시키기 때문이다.

하지만 심리학적 관점에서 볼 때, 우리는 악마가 상대 악이라는 것을 알 수 있다. 악마가 거절당하고 거부된 것의 화신이라면, 우리는 거절당하고 거부된 것을 다시 의식에 받아들임으로써 악마에게 외견상 드러나는 악을 없앨 수 있을 것이다. 정신이 분열되면 실제로 극악무도한 행동을 하게 되고, 의식을 교란시키게 된다. 또한 우리가 완전히 정신분열을 경험하게 되면, 매우 파괴적인 결과가 생긴다. 더군다나 정신이 지나치게 분열되면, 그동안 거부되었던 정신적인 내용이 훨씬 깊은 어둠과 악의 밑바닥으로 떨어지게 되어 마치도 악한 힘이 그런 것처럼 모든 세계에 악 영향을 미치게 될 것이다. 그럼에도 불구하고 중요한 과제가 있다면, 그것은 잃어버린 쪽을 되찾고, 소외되거나 악해진 상태로부터 그것을 회복하는 것이라고 볼 수 있다. 역사적으로 볼 때 기독교는, 이런 잃어버린 우리 자신의 그런 부분들이 악마적인 것으로 보인다고 해서 거부할 것이 아니라 회복해야 할 것이 바로 기독교의 과제라는 것을 깨닫지 못했다. 우리는 잃어버린 부분을 억압하고 다른 사람에게 투사하고 다양한 형태로 거부함으로써 몰아내려고 하고 있다. 하지만 그것은 추방되어야 할 것이 아니라, 오히려 의식되고 통합되어야 할 것이다. 그것이 의식되고 통합될 때에만, 우리 자신의 분열된 부분들, 잃어버린 신성들이 악한 영향을 미치지 않을 것이다.

악마를 구원하는 것이야말로 심리학의 중요한 과제이다. 왜냐하면 우리는 우리 자신의 잃어버린 부분들을 회복하지 않고서는 온전해질 수 없기 때문이다. 디오니소스와 판 그리고 아프로디테가 인습적인 기독교적인 태도와 맞지 않는다 하더라도, 그들 역시 인간의 온전함을 드러내는 측면들이다. 그들 자체는 악하지 않다. 오히려 그들은 우리가 온전한 사람이 되는 데 필요한 색조와 활력과 에로스를 더해 준다.

이것이 바로 오리게네스가 여러 세기 전에 염두에 두었던 것이 아닌가 싶다. 그는 궁극적으로 악마도 구원받아야 한다고 말했다. 우리는 이 가르침을 이미 제4장에서 살펴 본 바 있다. 역사의 종말이 오면, 악마도 구원받게 될 것이다. 악마가 구원받지 못하면, 하나님의 원래의 창조도 온전해지지 못할 것이라고 오리게네스는 말했다. 오리게네스에 의하면, 악마도 하나님의 창조와 계획의 일부였다. 그의 성가시지만 필요한 역할, 곧 인간의 의식을 교란하는 자로서의 역할이 다하면, 악마도 하나님의 온전하심을 위하여 구원될 것이라고 오리게네스는 말한다. 하지만 오리게네스의 관점은 교회의 지지를 얻지 못했으며, 결국 6세기에 열린 교회 공의회에서 이 교의 때문에 이단으로 정죄되었다.8)

융은 전일성全一性을 이루려면 네 번째 것*the fourth*이 포함되어야 한다고 말했는데, 그 말의 의미로 보면, 네 번째 것은 본래 악마이다. 융은 종종 기독교 신학에서 말하는 삼위일체와 무의식이 드러내는 전일성의 사위적四位的인 상징들을 대조시킨다. 기독교는 하나님을 성부, 성자, 성령이라는 삼위일체적 본질을 지닌 분으로 묘사하는 반면, 무의식은 꿈과 신화 그리고 환상을 통해 자연스럽게 전일성을 사위 구조

8) 일부 권위 있는 문서들은 이 유죄 판결이 553년에 개최된 콘스탄티노플 공의회에서 내려졌다고 말하지만, 다른 문서들은 543년 같은 도시에서 개최된 지역 공의회에서 이루어졌다고 말하기도 한다. Philip Schaff, *History of the Christian Church*, Vol. II, p. 791 (Grand Rapids, Mich.: Wm. B. Eerdmans Publishing Co., 1963. Reproduced by special arrangement with the original publisher, Chas. Scribners Sons, 1910) 참조.

를 지닌 것으로 그린다. 그래서 융은 우리의 하나님 상이 전일성을 드러내는 한에서는 삼위일체라는 기독교 신조는 불완전하다고 생각한다. 기독교 신조는 삼위 때문에 무언가를 결여하고 있다. 기독교 신조가 완전해지려면, 네 번째의 것이 추가되어야 한다. 이 네 번째의 것이 바로 악마이다. 이것은, 전체가 드러나려면, 억눌리고 그래서 악해진 모든 것을 담고 있는 무의식이 우리의 시야에 들어와야 함을 의미한다. 셋이 넷이 될 때에만, 우리는 온전해질 수 있다.

융은 이 잃어버린 네 번째의 것을 남성적인 악마 상으로 그리기도 하고, 때로는 네 번째 혹은 열등한 정신 기능으로 그리기도 하며, 다른 때에는 여성적인 것으로 그리기도 한다. 이 네 번째의 것을 여성적인 것으로 그린 까닭은, 지나치게 남성적이고 질서를 추구하는 의식, 빛이 지배하는 의식이 삶의 여성적인 측면을 받아들이지 않았기 때문이다. 확실히, 로마 가톨릭의 동정녀 마리아의 상에는 여성의 밝고 긍정적이고 받아들이기 쉬운 면이 포함되어 있지만, 대지大地, 에로스, 음陰, Yin의 측면은 거부되었다. 개신교에는 동정녀 마리아 상마저 없다. 네 번째의 것은 잃어버린, 정신의 여성적 측면으로 묘사되기도 한다. 그것은 거부당한 나머지 현대인에게 마녀처럼 변해버렸고, 현대인의 삶과 양심을 어지럽히고, 좋지 못한 마법을 건다. 그것이 앙심을 품었기 때문이다.

이 여성적인 측면은 이 세계 및 육체와 연관되어 있다. 대지는 태모 Great Mother의 영토다. 적어도 3세기로 거슬러 올라가는 고대 교회의 세례식은 신앙에 입문하려고 하는 사람에게 사제가 다음과 같이 물어야 한다고 되어 있다: "당신은 이 세계와 육체와 악마를 부인합니까?" 이리하여 이 세계와 육체가 악마와 연결되게 되었다. 이 세계와 육체가 하나님의 창조 계획의 일부였다고 전해지기 때문에, 이 세계와 육체를 악마와 연결한 이유는 뭔가 석연치 않다. 사실상, 이 세계와 육체를 악마와 연관시킨 것은 기독교가 아니라 영지주의Gnosticism였다. 기독교는 성육신의 종교, 하나님께서 몸소 육신을 입으셨다고 선포하는 종교다. "말씀이 육신이 되셨다"고 요한복음에 기록되어 있다. 창조계를 둘로 가르고, 영은 선하고 물질은 악하며, 하나님은 하늘에서만 통치하시고, 악마the evil demiurge가 이 세상을 주재한다고 말한 것은 영지주의다.

여러 세기에 걸쳐 신학적인 논쟁이 벌어진 뒤에 교회에 의해 거부된 영지주의적인 태도가 결국 기독교 심리학과 윤리학을 정복함으로써 싸움에서 이겼다. 우리는 이것을 성생활 및 쾌락에 대한 기독교의 전통적인 태도, 즉 성은 종족 번식을 위해서만 사용되어야 한다고 말하는 태도에서 찾아볼 수 있다. 실제로, 성 아우구스티누스조차, 어떤 사람이 성행위를 즐겼다면 그것은 죄를 범한 것이라고 말했다.[9] 성적 즐거움이 사랑과 관계를 표현하는 방법으로서, 정신적 친밀감을 수반하는 육체적 친밀감의 형태로서, 혹은 좋은 시간을 보내고 삶의 기쁨을 표출하기 위해서라도 하나님의 계획에 들어 있었을 것이라는 생각은 악마의 생각으로 거부되었다. 영지주의에 따르면, 육체는 악한 것이었기 때문이다.

우리는 이러한 여성적 측면에 대한 거부를 성경 밖의 재미있는 전설, 곧 릴리스Lilith 전설에서 찾아볼 수 있다. 릴리스는 최초의 여자였으며,

---

9) *City of God*, Book XIV, chs 16, 17, and 23, 24, and Book XVI, chs. 25.

나중에 사탄의 아내가 되었다. 그녀는 "밤에 속한 자"를 의미한다.

릴리스 전설은 두 개의 성경 구절을 토대로 하고 있다. 이사야 34장 14절은 이스라엘에게 패한 적敵 에돔 족속이 살던 곳을 언급한다.

> 거기에서는 들짐승들이 이리 떼와 만나고,
> 숫염소가 소리를 내어 서로를 찾을 것이다.
> 밤 짐승이 거기에서
> 머물러 쉴 곳을 찾을 것이다.

이보다 중요한, 두 번째 성경 구절은 창세기 1장 26절에 나온다. "하나님이 말씀하시기를 '우리가 우리의 형상을 따라서, 우리의 모양 대로 사람을 만들자. 그리고 그가, 바다의 고기와 공중의 새와 땅 위에 사는 온갖 들짐승과 땅 위를 기어 다니는 모든 길짐승을 다스리게 하자' 하셨다."

> 하나님이 당신의 형상대로 사람을 창조하셨으니,
> 곧 하나님의 형상대로 사람을 창조하셨다.
> 하나님이 그들을 남자와 여자로 창조하셨다.

이 구절은 하나님이 최초로 사람을 창조하실 때 남자와 여자로 창조하셨다고 말한다. 창세기 2장에서 읽게 되는 이야기와 달리, 하나님은 먼저 남자 아담을 창조하시고 그런 다음 다시 생각하여 여자 이브를 창조하신 것이 아니다.

릴리스 전설은 이 구절로 거슬러 올라간다. (위의 인용구에는 하나님이 창조하신 최초의 여자가 이브가 아니라고 암시되어 있다.) 도대체 하나님이 창조하신 최초의 여자에게 무슨 일이 일어났는가? 유대교의 자료들이 이 질문에 대한 답을 제시하는데, 이 자료들 가운데 가장 오래된 것이 벤 시라의 알파벳이 된다. 릴리스 전설은 나중에 탈무드, 타르굼, 카발라에서 정교하게 다듬어진다. 유대교 전설에 의하면, 최초의 여자인 릴리스가 아담을 돕지 않았기 때문에 문제가 시작되었다고 한다. (아무래도 그녀는 최초의 여성 해방 운동가였던 것 같다.) 그녀가 아담에게 순종하지 않았기 때문에, 그 두 사람의 사이가 틀어진다. 릴리스는 아담과 동등한 권리를 주장하여 가장家長이 되겠다고 한다. 하지만 하나님은 아담을 편드셨고, 릴리스는 에덴에서 추방된다. 하나님은 아담의 갈빗대를 취하여 이브를 만드시고 그녀로 하여금 릴리스를 대신하여 아담의 아내가 되게 하신다. 릴리스는 추방된 것만이 아니었다. 그녀는 저주받고 임신도 하지 못하게 되었다.

오랫동안 릴리스는 자신이 쫓겨났다는 생각에서 울부짖으며 떠돌다가 타락한 천사들의 우두머리이자 악마인 사마엘Samael을 우연히 만난다. 그런 다음 그녀는 그의 아내가 된다. (사마엘은 이성간의 평등 문제에 보다 열려 있었던 것 같다.) 거부당한 여성의 기운spirit처럼, 릴리스도 음흉해져 복수를 계획한다. 그녀와 사마엘은 인간에게 함께 대적할 것을 계획하고, 아담과 이브를 에덴동산에서 쫓아내기로 공모한다. 실제로, 릴리스 이야기를 동시대의 유대인들과 공유했던 기독교 작가들은 에덴동산의 뱀이 악마가 아니라 릴리스였다고 말한다.

아담과 이브는 동산에서 추방되긴 하지만, 하나님의 구원 행위 덕택에 완전히 파멸되지는 않는다. 릴리스의 복수는 완수되지 못했고, 그녀의 영혼의 고통도 진정되지 않았다. 그래서 그녀는 불구대천의 여자들과 그 자녀들의 원수, 곧 질투와 복수심에 불타 갓난아기들과 꼬마 아이들을 죽이는 흉측한 밤의 정령이 된다. 하지만 그녀는 아이들을 죽이려고 한 것이 아니라 아이들을 껴안으려 한 것이라는 설도 간혹 전해진다.

여기서 다시 우리는 심리학적 진리가 예시되는 것을 보게 된다. 그 것은 우리가 거부한 것이 우리를 공격한다는 것이다. 이 경우에, 거절 당하고 억압받고 쫓겨나서 악령이 되는 것은 여성적인 기운이다. 하지만, 그 과정이 역전된다면, 즉 거부당했던 것이 사랑을 받고 회복된 다면, 악령이 악의 영토를 떠나 선한 영으로 변화되지 않을까? 게다가, 우리가 그것 없이 온전해질 수 있을까? 오늘날 우리의 수면을 방해하고, 우리의 영혼을 어지럽히는 것은 남자와 여자 안에서 거부당하고 쫓겨난 여성적 기운, 어두운 음陰의 기운이다. 하지만 그것이 우리의 인식과 사랑 그리고 수용의 범위 안에 다시 한 번 포함되기만 한다면, 우리도 온전해질 것이다.

두려운 것, 억눌린 것의 화신이 악마라는 사실은 이러저러한 때에 유행했던 다른 표현들 속에서도 드러난다. 예를 들어, 중세기에는 악마가 인간의 이성理性과 연관되었다. 교회는 합리적 사고, 막 나타나기 시작한 새로운 과학적 방법, 자연의 비밀을 탐구하고 이해하려고 하는 시도를 악마의 역사役事라고 여겼다. 악마는 유명한 학자로도 의인화되었다. 사람들은 전통적인 교회의 신앙에 위배되는 것들, 이를테면 갈릴레오가 발견한 것과 같은 것들을 사탄이 만들어 낸 것이라고 말했다. 이 새로운 발견 물들과, 그런 것들을 낳은 새로운 사고방식, 그리고 과학적인 방법은 낡은 신앙과 완고한 생각으로 굳어진 의식意識의 안전을 위협하는 것이 되었다. 이 위협은 무의식이 범람할 가능성을 야기했다. 왜냐하면 자아는 항상 무의식에 맞서 방벽을 쌓고, 이러한 방벽을 위협하는 것을 악으로 간주하기 때문이다. 우리는 여기서 다시 다음과 같은 진리를 접하게 된다: 우리는 우리가 이해하지 못하는 것을 두려워하고, 우리가 두려워하는 것을 억압하는 경향이 있으며, 우리가 억압하는 것은 우리에게 악마다.

그 후, 청교도주의가 영국과 유럽 북부 지역에서 성행했을 때, 악마는 사람들을 창조성 혹은 놀이에 빠지게 만드는 예술가나 음악가로 그려졌다. 악마는 특히 춤을 잘 추는 것으로 생각되었다. 사람들은 악마가 젊은 남자의 모습으로 나타나 춤으로 젊은 여자를 유혹하고, 그녀와 함께 계속 춤을 추다가, 그녀가 쓰러지면, 그녀를 낚아채 간다고 말했다. 물론 청교도들은 이성理性을 억압하기보다는 삶의 디오니소스적이고 유쾌한 면을 억압했다. 그들이 춤추는 악마를 두려워하자, 다시 등장한 것이 삶의 그러한 면이었다. 우리는 또다시 심리학적 진리가 예시되는 것을 보게 된다. 즉 그것은 우리가 거부한 것이 어두운 힘이 되어 되돌아온다는 것이다.

민간전승에 등장하는 악마는 어디에나 존재한다. 어느 누구도 언제 그가 남의 눈을 피해 살금살금 다니는지를 알지 못한다. 물론 이것은 무의식이 어디에나 두루 존재하기 때문이다. 우리는 우리가 이해할 수 없는 것들, 우리가 두려워하는 것들을 억압할 수는 있지만 피할 수는 없다. 그것들은 우리가 어디로 가든지 우리를 따라다닌다. 이는 결국 그것들이 우리들이기 때문이다. 악마 역시 피할 수 없는 존재이다. 때문에 우리는 항상 그를 감시하고 있어야 한다.

악마가 어디에나 두루 존재하는 또 다른 까닭은, 억압을 받아 무의식속에 자리 잡은 모든 것이 의식과 재회하려고 안간힘을 쓰기 때문이다. 그것은 마치 우리가 지하실에 어떤 물건들을 놓아두고 문을 굳게 닫아 잠갔는데, 그것들이 지하실에 머무르려고 하지 않는 것과 같다. 그것들은 악마로 변하여 문을 덜컥덜컥 움직이고, 감금 상태에서 벗어나 의식의 세계로 돌아갈 방도를 찾고자 안간힘을 쓴다. 이렇게 하는 가운데 그것들은 불안을 조장한다. 그 이유는 억눌린 것이 되살아나는 것을 우리가 두려워하기 때문이다. 하지만 억압된 내용이 의식에 도달하려고 하는 이러한 시도는 단순히 의식을 교란시키거나 앙갚음하기 위한 시도가 아니다. 그 운동 방향은 의식의 빛을 향한다. 이렇게 해야만, 정신적 구원이 일어나기 때문이다. 정신의 분열된 내용들이 아무리 악해 보일지라도, 그것들의 책략이 아무리 악의적일지라도, 일단 의식에 도달하기만 한다면, 그것들은 구원받을 수 있다. 역설적이지만, 우리 자신의 잃어버린 부분들이 구원을 받으면, 우리도 구원을 받게 된다. 즉, 우리가 우리의 악마들을 구원하는 데 도움을 줄 때에만 우리도 온전해질 수 있는 것이다.

악마적이고 그래서 억눌린 정신적 내용이 의식을 향해 나아가는 것은 개성화를 향해 나아가는 것으로 비쳐지기도 한다. 우리가 온전해지려면, 우리 자신의 이 분열된 부분들이 전체의 일부로서 포함되어야 한다. 정신의 분열이 심해지면, 내면의 상태는 전쟁터처럼 되고, 그 결과 위험한 사태가 벌어질 수도 있다. 의식이 정복당하면, 에난티

오드로미_enantiodromia_, 곧 하나의 대극에서 또 다른 대극으로 넘어갈 위험이 생기기 때문이다. 우리가 억압했던 악마들이 의식을 지배하게 되면, 그것은 통합이 아니라 자아의 패배a defeat for the ego다. 동전의 양면이 동시에 의식에 제시될 때에만, 즉 우리가 우리의 밝은 면과 어두운 면을 함께 의식할 때에만, 전일성이 드러날 수 있는 것이다.

악마가 두려움의 대상이 되는 것은 그리 이상한 일이 아니다. 민간 전승에 등장하는 이러한 악마에게는 묘한 구석도 있다. 그것은 신뢰할만한 구석이 그에게도 있다는 것이다. 우리는 이것을 "악마와 계약을 맺는" 유명한 이야기들에서 찾아볼 수 있다. 이러한 이야기들 속에서 인간은 악마와 계약을 맺고 그의 도움을 받아 모종의 목적을 성취한다. 이 이야기들에서 드러나는 흥미로운 사실은, 악마도 속아 넘어간다는 것이다. 악마는 항상 자신의 말을 지키고, 자신이 맺은 계약에 따라 행동하지만, 또 다른 계약 당사자인 인간은 기회가 오기만 하면, 마음껏 악마를 속인다. 혹은, 그 계약에 얽매이지 않는 신성한 능력이 개입하여 막판에 악마를 속이기도 한다. 마치 악마의 말은 신뢰할만하고, 인간의 말은 그렇지 못하다는 것을 인정하기라도 하는 양, 인간이 그 계약에서 자신의 이름을 피로 서명하지만, 믿을만한 것은 악마의 말뿐이다.

6세기의 테오필루스Theophilus 전설이 좋은 본보기이다. 테오필루스는 높이 존경받는 성직자로서 주교직을 제의 받지만 겸손하게 사양한다. 새로이 임명된 주교는 테오필루스의 인기를 시샘하고, 그가 기독교적 겸손의 모범이 되는 것에 분개한 나머지, 교회에서 그가 맡고 있던 직위를 박탈해버린다. 자신의 직위를 되찾기 위해, 테오필루스는 악마와 계약을 맺고, 악마의 도움에 대한 답례로 그리스도와 동정녀 마리아를 부인하겠다고 계약을 맺는다. 그 이튿날, 테오필루스는 복직된다. 임종할 때가 다가오자, 테오필루스는 악마와 맺은 계약을 떠올리고는 40일 동안 주야로 단식하면서 동정녀 마리아에게 용서를 구한다. 마침내 동정녀 마리아가 테오필로스를 가엾게 여겨, 그가 악마와 함께 서명했던 계약서를 악마로부터 받아 불 속에 집어던진다. 그리하여 악마는 자신의 말을 지키고, 테오필루스도 자신의 원하는 것을 얻지만, 따지고 보면 악마가 감쪽같이 속아넘어간 것이다.

그러한 전설들은 유명한 파우스트 이야기로 발전된다. 파우스트 이야기는 같은 이름으로 지어진 괴테의 시에서 절정에 달한다. 이 이야기에서도, 악마는 약속을 지키고, 메피스토펠레스는 파우스트가 원하고 명하는 모든 것을 그대로 행한다. 마침내 메피스토펠레스는 파우스트가 임종할 때에 파우스트의 영혼이 그의 몸을 떠나기를 기다린다. 파우스트의 영혼을 지옥으로 데려가기 위해서다. 하지만 천사들은 거룩한 지품智品 천사들을 내려 보내 장미 꽃잎을 현장에 흩뿌리게 한다. 순간적으로 메피스토펠레스는 황홀한 장미 소나기와 매력적인 지품 천사들에게 매료된다. 그 순간, 파우스트의 영혼은 몸을 떠나고, 천사들이 그 영혼을 하늘로 데려간다. 이렇게 해서 악마가 또다시 속아 넘어가게 된 것이다.

이러한 이야기들은 무의식의 억압된 내용이 비록 악마적이고, 실로 위험해 보일지라도, 나름대로의 통전성을 지니고 있음을 암시해 준다. 이렇게 볼 때 자아가 개성화 과정에서 속임수를 쓸 수 있음을 알 수 있다.

여기서 잠시 멈추고, 우리가 어디에서 악의 문제를 살펴보고 있는 지를 다시 평가해 보는 것이 좋겠다. 사실, 이제까지 우리는 악한 것, 혹은 악하게 보이는 것이 가지고 있는 여러 다른 측면을 살펴보아 왔다.

첫째로, 우리가 알아낸 것은, 때때로 적대자와 악한 세력으로 보이는 것이 자기Self의 어두운 면으로 일컬어질 수도 있다는 것이다. 즉, 인간의 의식human consciousness이 하늘이 내린 전일성Divine Wholeness을 거스를 때, 부득이 그것이 하나님의 어두운 측면을 배정할 수밖에 없다는 것이다. 하나님의 어두운 측면은 위험하고, 심지어는 파괴적인 적대자의 모습으로 인간의 의식과 대면한다. 우리는 이러한 예를 구약성경에 나오는 발람Balaam의 이야기에서 살펴보았다. 하지만 아무리 파괴적이라고 해도, 이 어두운 힘이 본질적으로 악한 것은 아니다. 이와는 반대로, 그러한 대면에서 긍정적인 선善이 생성되고, 그러한 만남을 통하여 의식이 발달하게 되는 것이다. 이것은 다른 방법으로는 이루어지지 않는다. 살아 있을 가치가 없는 것을 파괴한다는 점에서, 자기Self의 어두운 면이 야기하는 파괴는 선한 것으로 여겨지기도 한다.

둘째로, 우리가 알아낸 것은, 하나님이 이루시고자 하는 어떤 목적을 위해서는 악이 필요하다는 것이다. 이것이 복음서가 악을 보는 관점이다. 또한 우리는 심리학이 이러한 견해를 지지한다는 것도 살펴보았다. 왜냐하면 심리학은 악이 없이는 우리가 개성화라고 부르는 발달 과정과 의식의 성장이 이루어질 수 없다고 보기 때문이다. 이 견해에 따르면, 악이 정말로 악하다고 해도, 거기에는 악이 기여해야 할 가장 중요한 신적인 목적이 있게 마련이다.

셋째로, 우리가 살펴본 것은, 악과 악마의 문제는 인간의 그림자 문제와 뒤얽혀 있다는 것이다. 의식은 완전해지고 밝아지려고 하고, 죄와 잘못을 범하지 않으려 하고, 비난받을 만한 생각과 터무니없는 공상을 하지 않으려 하고, 충동을 갖지 않으려고 한다. 하지만 어쩔 수 없이 이러한 의식의 노력에 저항하는 무언가가 우리에게 존재하게 마련이다. 이것이 바로 그림자 인격이다. 이러한 그림자 인격은 악한 것처럼 보이며, 심지어 전체로부터 너무 멀리 떨어져 있을 경우, 악한 행동을 할 수도 있다. 하지만 그것 자체는 완전히 악하지는 않다. 충분히 의식되고, 인정받고, 받아들여지기만 한다면, 그림자는 악마처럼 보이는 성격을 잃어버리게 될 것이기 때문이다. 심지어 그림자는 우리가 성장하고, 강해지고, 인격의 폭이 넓어지도록 돕는 능력을 가지고 있다.

넷째로, 앞에서 악마는 자아의 권력 충동이 인격화된 것임을 살펴보았다. 우리 안에는 자아를 자기Self보다 더 높은 자리에 앉히고, 인간의 뜻을 하나님의 뜻보다 더 높은 자리에 두고자 하는 무언가가 있다. 전설은 악마를, 권력 충동 때문에 천상에서 제명된 존재가 바로 루시퍼라고 말한다. 이렇게 볼 때 드디어 이제 우리가 분명하게 악을 갖게 되었다고 생각할지 모른다. 하지만 그러한 권력 충동이 존재하지 않으면, 완전한 구원의 과정이 일어날 수 없지 않겠나 하는 생각도 든다. 심리학적으로 말해서, 이것은 어느 정도의 권력 충동이 불가피하다는 것을 의미한다. 자아가 스스로를 충분히 분화시켜 마침내 하나님을 대면하고 하나님과 화해하는 경험을 하기만 한다면 말이다.

끝으로, 우리가 살펴본 바에 의하면, 악마는 보편적인 의식의 이상理想이나 신념과 어울리지 않아서 억압받던 것이 인격화한 형상일 수 있다는 것이다. 이 경우, 악마는 너무 완고하고 일방적인 의식의 태도를 자신의 어둠으로 보상하는 집단적인 그림자 상이 된다. 그러한 소외되고 분열된 힘은 악의적이고 무시무시한 술책을 부릴 수도 있다. 그럼에도 불구하고, 우리는 악마 상을 둘러싸고 있는 어둠이 상대적인 악이라고 말해야 할 것이다. 우리가 받아들여 통합하기만 하면, 그 어둠은 곧 바뀌게 되기 때문이다.

우리는 상대적인 악을 겉모양만 그럴듯한 악으로 볼 수도 있겠다. 그러한 악은 특정한 상황이 되면 더 좋게 변할 수 있으니까. 우리는 보다 고차적인 선이 추구하는 목적을 이루는 데에 상대적인 악이 필요하다고 말할 수도 있을 것이다. 반면에, 본질적인 악은 모든 걸 완전히 파괴시키고, 자신의 악한 상태가 도무지 변할 수 없는 어떤 힘이라고 볼 수 있다. 지금까지 우리가 악에 대해 연구해 본 결과, 우리가 접하는 악의 상당수가 따지고 보면, 상대적인 악이라는 것이 드러났다. 하지만 지킬과 하이드 이야기는 본질적이거나 원형적인 악이 있음을 드러내 보여준다. 하이드의 인격이 지킬의 인격을 없애면 없앨수록, 완전한 파괴성이 더욱더 드러났기 때문이다. 이제 악의 존재론에 대해 보다 깊이 연구할 필요를 분명하게 느끼게 된다. 또한 이것이 바로 우리가 제9장에서 살펴보게 될 주제다.

제**9**장
악의 존재론

초기 기독교 안에서 악의 문제는 어떻게 처리되었는가

기독교 신학에서 악의 문제는 종결되지 않은 문제로 남아 있다. 초대교회 안에서 관심의 초점은 그리스도의 본성, 그리스도가 인간을 구원한 방식, 그리스도와 성부 하나님과의 관계에 주로 맞추어져 있었다. 그리스도론이 무대의 중심을 차지하고 있었기에, 악에 대한 논의나 악과 하나님과의 관계에 대한 논의는 대부분 옆자리로 밀려났다. 오늘날까지 기독교 신조 안에서 악의 본질에 대한 명확한 언급은 없었다. 악에 대한 기독교의 공식적인 교리가 없는 것도 다 그 때문이다.

초대교회가 자신의 에너지를 악의 문제를 해결하는 데에 집중하지는 않았지만, 그렇다고 해서 그 문제를 완전히 무시한 것은 아니었다. 앞에서 이미 살펴본 대로, 악의 실재는 복음서와 초대교회 사람들의 주된 관심사였다. 최초의 구속론救贖論이 악의 실재에 관해 언급할 정도로, 초대교회는 사실상 악의 실재를 알고 있었다. 그리스도께서 십자가에서 죽으심으로써 어떻게 인간을 구원했으며, 인간을 다시 하나님과 하나가 되게 했는가? 이것이야말로 교회가 씨름했던 중대한

질문이었으며, 이 질문에 대한 최초의 설명은 십자가에서의 그리스
도의 죽음이 인간을 악마와 악의 권세로부터 구원했다는 것이었다.

이 노선을 따르는 구속론에는 두 가지, 곧 속죄론the ransom theory과 승
리론the victory theory이 있다. 첫 번째 이론에 의하면, 그리스도의 죽음이
값을 치르고서 인간을 악마의 권세로부터 되찾았다고 한다. 두 번째
이론에 의하면, 십자가에 달린 그리스도가 악의 권세를 이기고 인간
을 악마의 힘으로부터 자유롭게 해주었다고 한다.

속죄론은 악마가 인간을 유혹하여 죄를 짓게 함으로써 인간의 영혼
을 지배할 힘을 얻게 되었다고 말한다. 이것은 뱀의 모습을 하고 나타
난 악마가 에덴동산에서 벌인 일이었다. 자신이 지은 죄 때문에, 인간
은 이제 악마의 포로가 되었다. 하지만 하나님은 인간을 구하기로 결
심하고 인류의 죄를 속하기 위한 몸값으로 당신의 아들인 그리스도
를 악마에게 내어주신다. 악마가 인간을 풀어놓으면, 하나님이 그 대
신 자신의 아들을 주시겠다는 것이었다. 그것은 하나의 책략이었다.
왜냐하면 그리스도는 완전하고 죄가 없으신 분이므로 악마가 그를 붙
잡지 못할 것이기 때문이다. 악마가 술책을 동원하여 에덴동산에서
인간을 유혹함으로써 인간을 지배하는 힘을 얻었듯이, 하나님도 책
략을 동원하여 악마를 대하는 것이 정당하다고 느끼셨다.

속죄론은 초대교회 안에서 인기를 누렸으며, 여러 세기에 걸쳐 확
고하게 자리를 잡고 있었다. 동방에서는 오리게네스, 닛사의 그레고
리우스Gregory of Nyssa, 그리고 이레니우스Irenaeus가 속죄론에 동의했고,
서방에서는 아우구스티누스와 대 그레고리우스Gregory the Great가 속죄
론을 주요한 구속론으로 받아들였다. 우리는 12세기에도 클레르보의

버나드Bernard of Clairvaux와 피터 롬바르드Peter Lombard의 사상에서 속죄론이 드러나고 있음을 발견할 수 있다. 예를 들어, 대 그레고리우스는 그리스도의 인성人性은 악마로 하여금 십자가의 낚싯바늘을 물게 하고 덫에 걸려들게 할 미끼였다고 말했으며, 피터 롬바르드는 십자가를 그리스도의 피로 유혹하는 쥐덫에 비유했다.1) 속죄론은 과거에는 물론이고 지금도 특히 그리스 정교회에서 인기를 누리고 있다. 동방 기독교 신자들에게, 사탄과 그의 악마적인 군대는 매우 실제적인 세력이었고, 이들에게 멸망당하지 않으려면 초자연적인 도움이 필요하다고 생각되었다. 이 이론은, 그리스도가 실제로 악마를 물리쳤고 그 결과 자신들이 다시 살 수 있게 되었다고 느낀 기독교인들의 경험을 통해 확고하게 자리를 잡게 되었음에 틀림없다.

　속죄론의 근거로 복음서에서 다음 두 구절이 인용되었다: "너희 가운데서 으뜸이 되고자 하는 사람은 너희의 종이 되어야 한다. 인자는 섬김을 받으러 온 것이 아니라 섬기러 왔으며, 많은 사람을 위하여 자기 목숨을 대속물로 주러 왔다"(마태 20:27-28). 몸값ransom으로 번역되는 그리스 단어는 리트론lytron이다. 글자 뜻대로 그것은 구속을 위한 목적으로 지불된 대가를 의미한다. 예를 들어, 사람들은 노예를 예속 상태에서 건져내기 위해 리트론을 지불해야 했을 것이다. 이러한 견해를 지지하기 위해 서신서의 구절들, 즉 고린도전서 6장 20절과 7장 23절, 베드로전서 1장 18절 하반절, 디도서 2장 14절, 그리고 에베소서 1장 14절이 인용되었다.

　십자가에 달린 그리스도에 의해서 악마가 정복당했다는 점에서는

---

1) Bernard, *Moralia* xxxiii-7; Peter Lombard, *Liber Sententiarum* III, Dist xix 1.

승리론도 속죄론과 같다. 그러나 승리론은 인간의 죄책과 속량의 필
요성을 덜 강조하고, 그리스도와 사탄의 우주적 투쟁, 곧 십자가에 못
박힘으로써 그리스도가 승리하는 것으로 끝나는 투쟁을 더 강조한다.
따라서 십자가는 그리스도와 사탄의 전쟁터, 하나님의 능력과 악마
의 세력이 맞붙는 우주적 싸움터다. 이것은 오리게네스가 매우 좋아
한 사상이었다. 그는 속죄론과 함께 승리론을 받아들였으며, 그리스
도가 십자가를 짐으로써 주권자들과 권세자들을 쳐부수고, 그들을
웃음거리로 만들었으며, 그들을 정복했다고 말한다.[2]

　이러한 승리론은 악마를 내쫓는 기독교 의식의 토대가 되기도 했
다. 예를 들어, 락탄티우스Lactantius가 악마를 내쫓는 의식을 행했는데,
그는 『거룩한 강요The Divine Institutes』에서 십자가의 능력이 마귀들을 쫓
아내어 인간의 영혼과 육신을 악의 세력으로부터 벗어나게 한다고 말
한다.[3] 사실상, 우리는 지금도 행운에 대하여 덕담을 한 뒤에, 미신
적으로 혹은 경건하게 나무를 두드리곤 하는데, 이는 그리스도께서
십자가에서 사탄을 이기셨다는 것을 인정하는 것이다. 우리가 두드
리는 나무는 사탄을 쫓아낼 힘을 지닌 나무 십자가를 상징한다. 이렇
게 나무를 두드리지 않으면, 사탄이 우리의 말뜻을 알아듣고 다가와
우리에게서 행운을 빼앗아 갈지도 모른다고 생각되었다. 초대교회는
이 이론의 전거를 골로새서 2장 15절, 히브리서 2장 14절, 그리고 요
한일서 3장 8절에서 찾았다.

---

2) 참조. Origen's *Commentary on John* (chapter 37).
3) 이와 관련하여 개진된 재미있는 구마驅魔 명령을 보려면, Lactantius, *The Divine Institutes* (chapter L)을 보라.

악의 실재에 관하여 말하는 이와 같은 초기의 구속론은 널리 퍼져 있었다. 성 안셀무스(1013 – 1109)가 『하나님이 왜 인간이 되셨는가 *Cur Deus Homo*』라는 책을 쓴 후에야, 속죄론과 승리론이 보속론*satisfaction* 혹은 형벌 대리론*penal substitutionary* theory으로 알려진 이론에게 그 자리를 내 주게 되었다. 보속론의 입장에 의하면, 만족시켜야 할 대상은 악마가 아니라 하나님이었다. 이는 아담의 죄는 인간을 악마의 수중에 떨어뜨릴 것이 아니라 하나님에게 거스르는 범죄였기 때문에, 하나님의 정의가 충족되어야 한다는 것이다. 그러나 죄된 인간이 전능하신 하나님 앞에서 자신의 죄를 속贖할 수 없기에, 하나님이 몸소 그리스도의 몸을 입고 인간의 죄 때문에 십자가에서 희생제물이 되셨다는 것이다. 이렇게 함으로써 그리스도가 인간을 위해 빚을 지불했고, 이것이 하나님의 정의에 대한 요구를 만족시켜 드렸다는 것이다.

우리가 논하고자 하는 중요한 요점은 그리스도의 사역이 악과 관련하여 규정될 정도로 초기 기독교 신자들에게 실제적이었던 악을 초대교회가 중점적으로 강조했다는 것이다. 사실상, 안셀름의 보속론, 혹은 형벌 대리론이 성공하게 된 한 가지 이유는, 보다 초기의 이론들이 악에다 너무 많은 무게를 두는 것처럼 보였고, 악마를 하나님께 맞서는 강한 적수로 드높이는 것처럼 보였기 때문이다. 승리론을 지지하는 사람이라면 아마도 속죄는 단순한 계책이 아니라 궁극적 실재Ultimate Reality—악을 이길 힘을 지닌—가 주장하는 것이라고 단언했을 것이다.

물론 이 가운데 그 어느 것도 악의 기원이나 본질을 설명하지 못했다. 하나님은 한 분이시고, 의로우시고, 선하시며, 인류를 사랑하시고, 살기 좋은 세계를 창조하셨다고 하는데, 왜 그토록 많은 악이 이 세상에 존재하는가? 하나님이 이러한 악을 허락하셨는가? 아니면 하나님이 일부러 악을 창조하셨는가? 결국 이 세상 사물에 대한 하나님의 계획 속에서 악이 차지하는 궁극적인 자리는 무엇인가? 이러한 물음들은 초대교회가 이따금 씨름하긴 했지만 해결하지는 못한 문제들이었다.

이미 우리는, 구약성경에서는 악이 하나님과 근접해 있는 게 전혀 모순된 것이 아님을 살펴보았다. 하지만 인간이 예리한 양심을 가질수록, 또한 인간이 지니고 있는 하나님의 형상이 하나님이 지니고 계신 사랑과 정의라는 특성을 강조할수록, 하나님이 선의 창조자이실 뿐만 아니라 악의 창조자도 되신다고 말할 수 없게 되었다. 여기에 대해 어떤 명확한 설명을 하지 않는다면, 그러한 진술은 명백한 모순일 수밖에 없다.

이 때문에 다양한 해결책이 모색되었다. 악에 대한 첫 번째 생각은 이런 것이었다. 즉, 악은 하나님으로부터 말미암은 것이 아니라 사람에게 그 기원을 두고 있다는 생각이었다. 에덴동산에서 유혹에 굴복한 것은 결국 인간이었으며, 이로 인해 하나님의 완전한 창조 안에 악이 들어왔다는 것이다. 만약 인간이 유혹에 넘어가지 않았다면, 하나님의 창조는 완전했을 것이다. 정녕 인간은 하나님이 손수 만드신 작품이었다. 왜 하나님께서 그토록 연약한 피조물을 만드셨는가 하고 물을 사람이 혹시 있을지 모르겠지만, 이 물음에 대해, 인간이 만약 자신이 되고 싶어 하는 대로 되고자 한다면, 자유의지를 가질 수밖에 없었을 것이라는 대답을 할 수밖에 없다. 여기서 인간이 자유의지를 가지고 있다는 것은 선뿐만 아니라 악도 선택할 수 있는 가능성이 있음을 의미한다. 이 견해에 의하면, 모든 선은 하나님께 속해있고, 모든 악은 인간에게서 온다*Omne bonum a Deo, omne malus ad hominem*.

　악의 문제에 대한 이런 식의 해법은 초대교회 안에서 자주 표명되었으며, 하나님이 악에 대한 책임을 가질 필요가 없다는 장점을 가지고 있었다―혹은 그런 것처럼 보였다. 그러나 다른 점에서 보면, 그것은 문제를 후퇴시킨 것에 불과했다. 왜냐하면 누가 에덴동산에 뱀을 집어넣었으며, 도덕적인 영역에서 극도로 연약한 피조물인 인간의 눈앞에 그토록 악한 유혹자를 놓아둔 창조의 책임이 누구에게 있느냐 하는 문제가 남아 있기 때문이다. 이렇게 되면 인간은 하나님과 함께 창조에 참여한 자가 되고 만다. 만일 인간이 자신의 자유의지로 악을 창조했다면, 그는 자기 나름대로 일종의 창조자라고 보아야 할 것이다. 더욱이 그것은 인간의 도덕적 선택에 의해서가 아니라 자연에 의해서 일어나는 질병, 지진, 거센 폭풍, 그리고 여타의 재난과 같은 자연악自然惡, calamities을 설명해 주지 못했다.

　악의 문제를 해결하고자 했던 두 번째 시도는, 하나님이 창조하시면서 고의로 악을 허락하셨다는 가르침이다. 하나님이 그렇게 하신 까닭은, 인간의 도덕적인 능력을 단련시키고, 인간의 영혼을 깨끗하게 해 주고, 정화시키고, 발전시키는 우주를 창조하기 위해서였다고 보는 것이다. 이 견해는 악이 없으면 이 세계도 없을 것이고, 이 세계가 없으면 인간의 본성도 온전해질 수 없다고 말한다. 이 견해를 앞서서 주장했던 사람은 리용의 주교였던 이레니우스였다. 그는 인간의 타락을 축복, 곧 인간이 완전해지는 데 꼭 필요한 축복으로 보았다. "인간은 타락으로 인해 파멸되려고 지어진 것이 아니었다. 사실, 타락은 인간이 완전에 이르게 되는 수단으로서 의도된 것이었다. 이러한 완전이야말로 인간이 도달해야 할 목적이었다."[4]

앞에서 살펴보았듯이, 오리게네스도 이 관점을 지지한 사람이었다. 오리게네스는 맞서 싸울 악이 없으면 인간의 영혼이 제대로 발전할 수 없기 때문에 하나님이 악을 허용하셨다고 말한다. 사실상, 악마 자신도 하나님이 세우신 계획의 일부였다. 그러하기에 마지막 날에 하나님의 드라마가 끝나고, 모든 피조물이 하나님과 일치될 때, 악마도 구원받게 될 것이다. 그렇게 되면 악은 존재하지 않게 될 것이다. 왜냐하면, 악이 더 이상 필요하지 않을 것이기 때문이다.

락탄티우스도 보다 고차적인 선을 위해서는 악이 필요하다는 견해를 받아들였다:

> 하나님은 선과 악의 구별이 있게 하시고는, 우리가 악한 것으로부터 선의 특성을 알아내고, 선으로부터 악의 특성을 알아내도록 계획하셨다. 한쪽이 사라지면, 다른 한쪽의 본성이 이해되지 않는다. 하나님이 악을 몰아내지 않으신 것은, 덕의 본성이 분명히 드러나게 하기 위해서였다. 우리가 견뎌내야 할 것이 전혀 없다면, 어찌 끈질긴 인내라는 말이 그 의미와 이름을 지닐 수 있으랴. 하나님으로부터 우리를 떼어내려고 하는 누군가가 없다면, 어찌 하나님께 헌신하는 신앙이 찬미될 수 있으랴. 이런 이유로 하나님은 불의한 자들이 더 강퍅해져 악에 굴복하는 것을 허락하시고, 수가 많아지게 하셨으니, 이는 찾아보기 힘든 덕을 가치 있게 하시기 위함이었다. 5)

---

4) Harnack, *History of Dogma* (제2권, p. 271). 특히 이레니우스의 *Against Heresies*, 제4권, 37-39장, 그리고 제3권, 20장. *The Ante-Nicene Fathers* (Wm. B. Eerdman Publishing Co., Vol. I, 1885)를 보라.
5) Lactantius, *Divine Institutes*, 제5권, 7장.

　초대교회의 이러한 견해의 마지막 예를, 나는 출처가 알려지지 않은, 그러나 통상 로마의 주교였던 클레멘트Clement의 저작이라고 여겨지는 『인식Recognition』과 『클레멘트의 설교집Clementine Homilies』에서 인용하고 싶다. 클레멘트는 하나님께서 선과 악이라는 두 개의 손을 가지고 그분 자신의 목적을 이루신다고 주장한다. 그에 의하면, 이러한 하나님의 두 측면에 대응하는 두 왕국이 있는데, 그 하나가 천상의 왕국이고, 다른 하나가 지상의 왕국이며, 이 두 왕국을 다스리는 왕도 두 명이라고 한다. "이 두 지도자는 하나님의 민첩한 두 손으로서 하나님을 간절히 기다리는 가운데 그분의 뜻을 이루고 있다"고 클레멘트는 말한다. 그는 하나님의 두 손에 대한 증거로 "나는 죽이기도 하고 살리기도 한다. 나는 상하게도 하고 낫게도 한다."는 신명기서 32장 39절을 인용한다. 그는 계속해서 말한다: "하나님은 왼손, 즉 불경한 자들을 괴롭히길 좋아하게끔 만들어진 악한 손으로 죽이신다. 또한 그분은 오른손, 즉 의로운 자들의 선행과 구원을 기뻐하도록 지어진 선한 손으로 봉사하고 이롭게 하신다. 이러한 것들은 하나님을 떠나서는 절대 존재할 수 없다. 왜냐하면, 하나님 이외에는 다른 이러한 것들을 있게 하는 원천이 없기 때문이다."

　그러나 오리게네스의 관점과 닮은 구석이 있는 클레멘트의 종말론적 관점은 하나님의 궁극적인 의지가 선한 자들을 위해 존재한다고 암시한다. 클레멘트가 넌지시 말하는 것은, 마지막 때가 되면 악의 원리가 변화될 것인데, 그 이유는 악의 원리가 더 이상 필요하지 않기 때문이라는 것이다: "하나님의 도구로 쓰임 받아온 사악한 자라도 이 세상 마지막 때가 이르면, 그 기질이 바뀌어 선해질 수 있다."6)

하나님의 궁극적인 선에 대해 클레멘트는 근본적으로 낙관주의적인 입장을 취하고 있다. 그의 이런 입장에서 보면, 지상의 왕국이 악에게 넘겨지게 될 것이지만, 그 반면에 천상의 왕국은 선한 자들을 위해 예비 되어 있음을 알 수 있다. 즉, "두 왕국과 두 시대를 정하신 것도 하나님이시며, 현세가 악에게 넘겨지도록 하신 분도 하나님이시다. 왜냐하면 현세는 작고 빨리 지나가기 때문이다. 그러나 그분은 선한 사람들을 위해서는 미래 세계를 예비해 놓겠다고 약속하셨다. 왜냐하면 미래 세계는 크고 영원하기 때문이다."7)

선의 결핍 교리The Doctrine of the *Privatio Boni*

악의 문제에 대한 또 다른 접근법이 있었는데, 그것은 융의 주목을 상당히 많이 받은 것으로서 기독교 사상가들에 의해 제시되었던 것이다. 그것이 바로 선의 결핍*privatio boni* 교리다. 이 견해를 제일 먼저 언급한 사람은 아리스토텔레스였다. 그는 『형이상학*Metaphysics*』이란 책에서 악은 거짓이기 때문에 그 자체로는 존재하지 않는다고 말했다. 이 견해는 교회 안에서 선의 결핍이라고 알려지게 되었고, 오리게네스가 맨 먼저 주장했다. 머지않아 이 이론은 가이사랴의 바실Basil

---

6) *Clementine Homilies*, Homily 20, 제3장, VII 130, 179, 180, 183, 184. *Recognitions*, Vol. 8, 140 참조.
7) Quoted by Jung in *Aion* CW 9, 2 (New York, N. Y.: Pantheon Books, 1959), p. 55.

of Caesarea, 아레오파고의 디오니시우스Dionysius the Areopagite, 성 아우구스티누스, 그리고 토마스 아퀴나스Thomas Aquinas를 포함한 다른 사상가들의 책에서 다시 나타나게 되었다. 선의 결핍 교리의 기저를 이루는 것은, 오직 선만이 실체substance를 갖고 있고, 악은 그 자체로는 실체가 없지만, 선이 감소하게 될 때에 존재하게 된다는 것이다. 예를 들어, 오리게네스는 악을 "뜻하지 않게 완전성이 결핍된 것"이라고 불렀다. 바꾸어 말하면, 피조물이 하나님이 의도하신 완전성을 저버렸을 때, 악이 존재하게 되었다는 것이다. 하지만 이미 살펴보았듯이, 오리게네스는 악을 하나님의 전체 계획의 일부로 보고, 악마도 궁극적으로 구원될 것이라고 생각했다.

동방 교회의 유력한 신학자 가이사랴의 바실은 "악은 선의 결핍이다… 따라서 악은 실체를 갖지 않는다."라고 말한다.[8] "결핍"과 "손상"으로 번역되는 그리스 낱말은 스테레시스stérésis와 프로마신promasin이다. 전자는 "감소"를 의미하기도 한다. 그리고 후자는 "망쳐놓다maim" 혹은 "무력하게 하다disable"를 뜻하는 그리스어 동사 페라오pérao에서 유래한다. 그러므로 그 사상은, 악은 선의 감소이며, 자체로는 실체가 없고, 다만 영혼의 완전을 망쳐놓거나 무력하게 함으로써 생긴다는 것이다.

성 아우구스티누스야말로 다른 기독교 사상가보다 더 정교하게 선의 결핍 교리를 주창한 사람이 아닌가싶다. 이미 제2장에서 살펴보았듯이, 그는 페르시아의 종교철학자 마니Mani에게 맞서서 그렇게 했다. 악의 문제를 해결하고자 했던 마니의 시도는 결국 이원론으로 끝나고

---

8) *Hexaemeron*, II, 5, Quoted by Jung, *Ibid.*, pp. 46-47.

말았다. 기독교의 일신론을 주장하고, 하나님이 만드신 이 세계와 피조물이 선하다고 주장함과 동시에, 악에 대하여 하나님께 책임을 돌리거나 혹은 악을 하나님과 동등한 원리로 삼거나 하지 않으면서도 악의 존재에 대하여 설명하는 것이야말로 아우구스티누스의 힘겨운 과제였다. 아우구스티누스는 문제를 해결하려고 시도하는 가운데 선의 결핍 교리에 의지했다. 그는 자신의 『고백록Confessions』에서 "나는 악이란 비존재요 선의 결핍일 뿐이며, 결국에는 없어지고 말 것임을 아직 모르고 있었습니다."라고 말한다.9) 아우구스티누스에 의하면, 악은 결국 없어지고 말 것이라고 한다. 왜냐하면 마침내 하나님의 창조 계획이 완전히 실현될 것이기 때문이다. 이러한 하나님의 창조계획이 금방 성취되지 않음으로 해서 악이 존재하는 것이기에, 창조가 완성되면, 악도 당연히 없어지고 만다는 것이다.

선의 결핍 교리에 대한 융의 비판

선의 결핍 교리를 융은 신랄하게 공격 · 비판했다. 앞에서 살펴본 대로, 선의 결핍 교리는 악에 대한 기독교의 공식적인 가르침이 아니라 기독교 사상가들 사이에서 발견되는, 여러 가지 문제 접근방식 가운데 하나일 뿐이다. 따라서 융이 "교회의 교의에 따르면, 악은 단순히 '완전의 우연한 결핍'이라는 말이다"10)라고 한 것은 올바른 지적이

---

9) Augustine, *Confessions*, Book III, ch. vii—Eerdman Series.

아니다. 왜냐하면 이와 관련하여 교회의 단일한 교의가 존재하는 것
은 아니기 때문이다. 그럼에도 불구하고, 선의 결핍 교리에 대한 융의
비판은 중요하고, 주의 깊게 따져볼 가치가 있다. 우리는 그가 비판한
것들을 다음과 같이 요약해 볼 수 있을 것이다:

1. 선의 결핍 교리는 악의 원리를 실체가 없는 것으로 간주할 뿐더
러, 신성神性과 악이 아무 관계가 없는 것으로 보고 그 둘을 완전히 분
리시킨다. 이 때문에, 교회의 교리에 드러난 그리스도 상像은 일방적
으로 밝을 수밖에 없다. 이 때 그리스도는 오로지 선과 사랑과 정의와
자비를 지니신 분이다. 그리스도에게는 어둠이라든가 악의惡意 같은
것이 전혀 없다. 이러한 일방성 때문에 어두운 면은 적그리스도 상,
즉 일방적인 그리스도 상을 보상하는 상으로 나타나게 마련이다. 융
은 "현대 심리학의 견지에서 볼 때, 그리스도 상은 전일성wholeness을
결여하고 있다. 왜냐하면 그리스도 상은 사물의 어두운 면을 담고 있
지 않고, 도리어 그것을 루시퍼와 같은 적대자의 형태로 배척하기 때
문이다"라고 말한다.[11] 다른 곳에서 융은 이렇게 덧붙인다: "교의에
서 보는 그리스도 상은 너무 숭고하고 흠이 없다. 이 때문에 그 밖의
모든 것이 어둡게 변한다. 사실상, 그리스도 상은 균형을 회복하기 위
해 심리적 보완(즉, 적그리스도)을 필요로 할 만큼 일방적으로 완전하
다."[12] "기독교적인 개념으로 말하면, (전일성의) 원형은 두 쪽의 양
립할 수 없는 절반으로 갈라져, 결국에는 형이상학적 이원론에 빠지
고 만다. 이것은 천상의 왕국이 저주받은 자들의 불타는 세계와 궁극

---

10) C. G. Jung, *Aion*, p. 41.
11) *Ibid.*, p. 41.
12) *Ibid.*, p. 42.

적으로는 분리될 수밖에 없는 것을 말한다."13)

융은 꿈과 환상 그리고 개성화 과정의 다른 상징들 안에서 그 모습을 드러내는 경험적인 자기the empirical Self와 일방적으로 밝은 그리스도 상을 대조시킨다. 그는 대극을 결합하는 것, 심지어 선과 악이라는 대극을 결합하는 것이야말로 자기Self의 본질이라고 말한다. "자기Self 안에서 선과 악은 똑같은 모습의 쌍둥이보다 더 가깝다!"14) "경험적 자기 안에서, 빛과 어둠은 역설적 통일을 이룬다."15) 이것은 자기Self의 원형에 의해 가능해진 전일성이 만물, 빛과 어둠, 남성과 여성, 선과 악을 결합하여 역설적 통일을 이룬다는 견해이다. 이러한 통일이야말로 자기Self에게 본질적인 요소이기 때문에, 서양 사람들에게 자기Self의 이미지를 실어 나르는 그리스도 상이 일방적으로 밝으면, 어두운 면은 어딘가에서 적그리스도라는 분열된 이미지로 나타날 수밖에 없다. 기독교적인 사고방식은 대극의 통일인 자기Self 상을 담을 수 없다. 왜냐하면 기독교적인 사고방식은 역설을 받아들이지 못하기 때문이라고 융은 말한다. "기독교의 하나님이나 그리스도는 역설이 될 수 없다. 그들은 단 하나의 의미만을 지녀야 하기 때문이다. 그리고 이것은 오늘날까지 유효하다."16)

또 다른 곳에서 융은 이렇게 말한다: "특히 자기Self는 대극의 합일

---

13) *Ibid.*, p. 42.
14) C. G. Jung, CW 12, *Psychology and Alchemy* (Princeton, N. J.: Princeton University Press, 1953), p. 21.
15) Jung, *Aion*, p. 42.
16) *Ibid.*, p. 46. 이것은 융이 말한 것치고는 생소한 진술이다. 왜냐하면 원래의 기독교 신학은 대단히 역설적이기 때문이다. 완전한 인간이자 완전한 하나님으로서의 그리스도, 하나님이 죽기도 하시고 살기도 하신다는 견해, 천상의 권력자가 육신을 입었다는 사상—이 모든 것은 대단히 역설적인 사상이다.

이다. 이것이야말로 그리스도–상징Christ-symbol과 본질적으로 다른 것이다. 교회가 대극 문제에 최대한 양보한 것이 양성兩性, androgyny을 지닌 그리스도다. 밝고 선한 것과 어둡고 악한 것의 대립은 해결되지 않은 갈등의 상태로 남아 있다. 왜냐하면 그리스도는 선만을 대표하고, 그의 짝인 악마는 악만을 대표하기 때문이다. 이러한 대립이야말로 현재까지도 해결되지 않는 실질적인 세계 문제이다. 그러나 자기Self는 모든 면에서 정正과 반反을 나타냄과 동시에 합습도 나타낸다는 점에서 역설적이다."17)

융은 전일성의 상징으로서의 그리스도 상이 심리학적 사실과 모순된다고 생각한다. 심리학적인 사실에 서 볼 때, 교회가 그리스도를 일방적으로 밝게 표현하는 것과 달리, 자기Self는 일방적으로 밝지 않고, 도리어 빛과 어둠을 아우르며 역설적 통일을 이룬다. 융은 형이상학이 실제의 사실들과 모순될 때에는, 이의가 제기되어야 한다고 생각한다. 융은, "형이상학이 경험 내용을 침해하고, 경험상 정당하지 않은 방법으로 경험 내용을 해석할 때, 나는 그것과 논쟁을 벌리지 않을수 없다"고 말한다.18)

2. 융은 선의 결핍 교리를 다소 격하게 공격한다. 이는 그가 신성神性으로부터 악을 분리시키는 것은 인류에게 해로운 결과를 초래했다고믿기 때문이다. 분열된 적그리스도 상은 결국 마음대로 날뛰는 악의원리가 되고 만다. 악은 전체와 무관하게 제멋대로 행동하고, 인간을괴롭히고, 비참한 결과를 초래한다.

---

17) Jung, *Psychology and Alchemy*, p. 19.
18) Jung, *Aion*, p. 54.

　　만약 악이 "아무것도 아니고 단지 선의 결핍"일 뿐이라는 게 사실이라면, 이것은 그렇게 나쁜 것은 아닐지도 모른다. 왜냐하면 자체로는 아무것도 아닌 원리가 엄청난 힘을 가졌다고는 아무도 생각하지 않을 것이기 때문이다. 그러나 사실은 그렇지 않다. 그와 반대로, 악은 대단히 실재적이다. 융은 선의 결핍과 같은 이론이 악의 실재성을 감소시키는 경향이 있다고 생각한다. 그래서 융은 선의 결핍 교리가 인류에게 해롭다고 말한다. 선의 결핍 교리는 악을 진지하게 취급하지 않는다. 그것은 사람들을 쉽게 악의 희생이 되게 한다. 그러면 사람들은 악에 사로잡혀 악의 하수인이 되든지, 아니면 악의 피해자가 되든지 할 것이다. 그런 이유로 융은, 정서적으로 선의 결핍 교리에 반대하되, 이 이론은 인간의 고통을 간과하고, 악을 인식하지 못하게 하고, 또 악을 잘 다루지 못하도록 만드는 이론이기에 반대한다고 말한다.

　　3. 마지막으로, 융은 선의 결핍 교리에 논리적으로 이의를 제기한다. 융은, 비록 선한 것과 악한 것이 인간적인 판단이고, 우리가 그런 것들 자체를 알지 못한다 해도, 인간은 선과 악에 대하여 생각할 수밖에 없다고 말한다. 융은 우리가 악을 생각하지 않고서는 선을 생각할 수 없다고 주장한다. 선과 악은 "논리적으로 동등한 한 쌍의 대극이다… 경험적인 견지에서 볼 때, 우리는 그 이상을 말할 수 없다… 선과 악은 도덕 판단의 반쪽으로 공존한다. 우리는 선과 악이 서로에게서 나오는 것은 아니지만 언제나 공존한다고 말해야 할 것이다. 선이 그렇듯이, 악도 도덕적 가치의 범주에 속한다."[19] 융은 자신이 쓴 편

---

19) *Ibid.*, p. 47.

제9장 악의 존재론   221

지 가운데 한 곳에서 다음과 같이 썼다: "실제적인 차원에서 보면, 선의 결핍 교리는 도덕적으로 위험하다. 그것은 악을 작아 보이게 하고, 실감하지 못하게 하기 때문이다. 선의 결핍 교리는 선마저 약화시키는데, 이는 그것이 악에게서 그 필연적인 대극을 쫓아버리기 때문이다. 흑이 없으면 백도 없고, 왼쪽이 없으면 오른쪽도 없고, 아래가 없으면 위도 없고, 추위가 없으면 더위도 없고, 어둠이 없으면 빛도 없는 것이다. 악이 환상이라면, 필연적으로 선도 환상일 수밖에 없다. 바로 그런 이유에서 나는 선의 결핍 교리가 비논리적이고 불합리하고, 난센스라고 생각한다."[20]

선의 결핍에 대한 융의 반대 논리는 세 가지로 요약된다: (1) 일방적으로 밝은 그리스도 상은 자기Self가 대극의 결합이라는 사실과 모순된다. (2) 악을 신성으로부터 분리시키는 것은 악에게 지나친 자율성을 주어 인류에게 엄청난 해를 끼친다. 왜냐하면 선의 결핍 교리는 인간으로 하여금 악의 실재를 부인하게 함으로써 잘못된 안전에 빠져들게 하기 때문이다. 그런 이유로 정서적으로 그 이론에 반대한다. (3) 선이 실재한다면, 악도 실재한다고 말해야만 한다. 선과 악은 "논리적으로 동등한 한 쌍의 대극이기 때문이다."

앞에서 주목한 바 있듯이, 융은 신성을 상징하는 삼위일체가 전일성의 상징이 되기에는 불완전하며, 사위四位, Quaternity가 전일성을 더 잘 표현한다고 생각했다. 이제 우리는 왜 융이 그렇게 생각했는지를 더 깊이 살펴볼 차례가 된 것 같다.

---

20) C. G. Jung, *Letters 2* (Princeton, N. J.: Princeton University Press, 1975), p. 61.

융은 전일성을 가리키는 사위의 상징을 고안하지는 않았지만, 그것이 전체적인 상태를 나타내기 위하여 무의식의 상징들 속에서 자연스럽게 떠오른다는 것을 보여줄 수 있었다. 전일성은 사중 구조를 지닌 것처럼 보인다. 4는 전체성totality의 토대를 가리키는 가장 중요한 상징수인 듯하다. 기독교 전승에 네 개의 복음서가 있고, 아메리칸 인디언의 제의祭儀에서 4라는 숫자가 중요한 역할을 하고, 정신 기능이 네 가지이고, 나침반의 방위가 네 개이고, 정사각형의 모서리가 네 개이며, 4라는 숫자가 전체에 속한 모든 것을 포함하는 수로 나타나는 것은 바로 그러한 이유에서다. 융은 신학에서 말하는 삼위일체는 삼중 구조이기 때문에 불완전하며, 전체를 이루기 위해서는 잃어버린 어두운 면이 포함되어야 한다고 주장한다. 이미 살펴보았듯이, 이 잃어버린 어두운 면은 악마, 여성적인 것, 혹은 잃어버린 네 번째 기능 등으로 다양하게 표현된다. 기독교적 관점은 이 모든 것을 받아들이지 않는다. 그 이유는 그러한 것들이 기독교가 지지하는, 하나님 상, 곧 일방적으로 밝은 남성적 하나님 상과 맞지 않기 때문이다.

잃어버린 네 번째 것, 이른바 사위를 완성하는 네 번째 것은 조금은 혼란스럽게 다양한 방식으로 표현된다. 예를 들어, 융은 다음과 같이 말한다: "동양의 상징에서 정사각형은 요니yoni, 곧 여성성femininity을 지니고 있다. 인간의 무의식 역시 여성적이며, 아니마에 의해 구체화된다. 아니마는 '열등한' 기능을 나타내며, 그러한 이유로 자주 그늘진 특성을 지닌다. 사실상, 아니마는 때때로 악 자체를 대리하기도 한다. 아니마는 일반적으로 네 번째 위격位格이다. 아니마는 어머니의 어둡고 두려운 자궁이며, 이 자궁은 본질적으로 상반되는 감정을 지닌 본성으로 이루어져 있다. 기독교의 하나님은 세 위격 가운데 하나이다. 천상의 드라마에서 네 번째 위격은 단연 악마일 것이다. 심리학적인 입장에서 보다 순진하게 말하면, 악마는 단지 열등한 기능일 뿐이다."[21]

　융은, 무의식이 포함되지 않으면, 전체가 표현되지 않는다고 말한다. 이것을 이해하기만 한다면, 문제가 명확해질 것이다. 무의식 속에는 기독교인의 의식이 도덕적으로 수상하게 여기고 못마땅하게 생각하는 것들 모두가 자리하고 있다. 그런 까닭에 무의식은 종종 모호한 빛 속에서 모습을 드러낸다. 때로는 (적어도 인간의 의식 속에서) 아니마(여성적인 형상)가, 때로는 악마가, 때로는 정신의 잃어버린 네 번째 기능이 무의식을 대표한다. 그러므로 이 세 형상이 "잃어버린 네 번째 것," 이른바 무의식을 대표한다고 말할 수 있겠다.

융의 견해에 대한 비평

　마땅히 주목을 받아야 함에도 불구하고, 악과 하나님의 관계에 대한 융의 견해는 기독교 사상가들과 여타의 사상가들 사이에서 주목을 받지 못했다. 그럼에도 불구하고, 그의 견해가 완전히 무시된 것은 아니었다. 그의 견해는 적어도 한 사람의 종교철학자 필립H. L. Philip의 조심스런 비평을 받았다. 필립은 자신의 저서 『융과 악의 문제Jung and the Problem of Evil』에서 융에게 찬사를 보내면서 진지하게 융의 견해를

---

21) Jung, *Psychology and Alchemy*, par. 192.

다룬다.

필립은 융이 이해했던 사위四位가 하나님을 표현히는 하나의 상징으로 받아들여질 수 있다는 생각을 받아들이지 않는다. 왜냐하면 그것은 "악을 영원히 왕좌에 올려놓는 셈"이 되기 때문이다. 그의 관점에 의하면, 이것은 도덕과 무관한 하나님을 만들어낸다고 한다. 왜냐하면 신성 자체가 선함과 동시에 악하다면, "악이 불가피하게 영원히 지속될 것이고, 도덕과는 무관한 것이 영원히 왕좌를 차지할 것이기 때문이다. 선이 나타나면, 악도 뒤쳐지지 않을 것이고, 그 바퀴는 계속 돌아갈 것이다—영원히."22)

융이 말한 대로, 인간은 악이 실체가 없다는 견해에 정서적으로 반대할 수밖에 없다면, 인간은 생명의 궁극적 원천인 하나님이 본래부터 악하다는 견해에 더 격하게 반대할 것이라고 필립은 말한다. 요컨대, 융이 보기에 선의 결핍 교리는 악이 실재하지 않는다고 단언하는 듯이 보였고, 게다가 인간의 고통을 비웃는 것처럼 보였다. 그런 까닭에 융은 선의 결핍 교리가 인간의 정서에 맞지 않다고 말한다. 이와 마찬가지로, 필립도 하나님이 선과 악을 품고 계신다고 하는 융의 견해가 인간의 정서 상 맞지 않다고 응수한다.

또한 필립은 융의 주장을 패퇴시키기 위한 노력을 한다. 융은 선과 악이 논리적으로 동등한 가치를 지니고 있으며, 한 쪽의 존재를 단언하려면 다른 쪽의 존재도 가정해야 하기에, 선의 결핍 교리가 불합리하다고 주장한다. 그러나 필립은 그렇지 않다고 주장한다. 왜냐하면

---

22) H. L. Philip, *Jung and the Problem of Evil* (New York, N. Y.: Robert M. McBride Co., 1959), p. 43.

모든 대등한 것이 자신의 논리적 상대를 갖는 것은 아니기 때문이다. 밝이 안을 내포하고, 위가 아래를 내포하는 것은 사실이지만, 추운 상태가 어느 정도인지 전혀 몰라도, 태양은 여전히 뜨겁게 내리쬘 것이라고 필립은 주장한다. 그런 까닭에 필립은 우리가 반드시 악을 생각하지 않고서도 선을 가정할 수 있다고 말한다.

샌디에고 주립 대학의 종교학 교수인 앨런 앤더슨은 이와 관련하여 필립의 입장을 지지한다.23) 앤더슨은 선과 악이 서로에 의해 이해되는 것이 아니라 기준에 의해 이해되기에, 논리적으로 동등한 대극이 아니라고 말한다. 이 경우, 우리는 악의 의미가 선의 의미에 달려 있음을 알 때에만 무엇이 선하고 무엇이 악한지를 결정할 수 있다.

전일성이 지닌 보다 고차적인 선이 바로 무엇이 선한 것이고 무엇이 악한 것인지를 결정하는 기준이다. 우리는 전일성을 헐뜯거나 파괴하는 것을 악이라 부르고, 전일성을 지지하고 촉진하거나 지탱해 주는 것을 선이라 부른다. 우리는 정반대의 것을 생각하지 않고도 선을 생각할 수 있다. 이 견해에 따르면, 융의 관점은 잘못된 것이다. 우리의 견해에서 파악된 선과 악은 그 둘 너머에 있는 기준에 의해 규정될 수 있음을 융은 알지 못했던 것이다.

적어도 한 군데에서 융은 선과 악이 어떤 다른 기준에 의해 규정될 수 있다고 인정한 것 같다. 그는 『아이온Aion』에서 이렇게 말한다: "**특정한 관점**에서 볼 때, '선'은 적당하고, 받아들일만하고, 값진 것처럼 보이는 그 무엇이다. 하지만 악은 그 반대다."24) 여기에서는 선과

---

23) 강의 및 개인적인 대화에서
24) Jung, *Aion*, p. 53. (고딕체는 나의 강조임.)

악이 특정한 관점에서 결정되고 있으며, 이 관점은 선한 것과 악한 것을 결정하는 기준이 따로 있음을 암시한다. 인간의 자아 중심적인 관점에서 볼 때, 이 기준은 우리의 즐거움과 편의, 혹은 계획들을 만족시키는 것이 될 것이다. 앞에서 보기를 든 바와 같이, 미국에 이주한 청교도 개척자들은 역병이 인디언들을 죽인 것은 선한 일이었다고 말했지만, 인디언들은 역병을 악이라고 생각했을 것이다. 여기서 각자는 자신의 바람을 담은 기준에 의해 선한 것과 악한 것을 판단하고 있다. 하지만 보다 넓은 견지에서 보면, 그 기준은 상대적인 선과 악을 뛰어넘는 전일성일 수도 있다.

융도 가끔은 모든 생명이 지향하는 목표, 곧 선과 악을 결정하는 목표에 대해 이야기했다. 융이 쓴 『아이온』에는 이렇게 선과 악을 목적론적으로 보는 관점이 반영되어 있다. 융은 이렇게 말한다: "목적 *teleiōsis*—완성—을 이루기 위해 분투하는 것은… 합당한 일 일뿐만 아니라, 문명을 탄생시킨 강력한 근거의 하나가 되는, 타고난 인간의 특성이기도 하다. 이러한 분투는 너무나 강력해서, 모든 것을 다 바쳐 진력하게 만드는 열정으로 변하기까지 한다."[25] 하지만 어딘가 다른 곳에서, 융은 선과 악을 전일성의 기준에 의해 인간이 판단하는 것이 아닌, 자기Self 안에서 통합되는 대극의 한 쌍으로 그 둘을 동등한 것으로 보는데, 이것은 그의 목적론적 태도를 벗어난 것이다.

또한 앤더슨 박사는 선의 결핍 교리가 악의 실재를 부인하는 것이 아니라, 악의 본성을 규정하는 것이라고 주장한다. 앞에서 살펴보았듯이, 융은 선의 결핍 교리가 "악의 실재를 무효화하고,"[26] 악을 "존

---

25) *Ibid.*, p. 69.

재하지 않는 어떤 것"27)이라고 선언해버리기 때문에 인간의 정서에 맞지 않다고 말한다. 하지만 앤더슨은 그렇지 않다고 말한다. 왜냐하면 선의 결핍 교리는 악의 실재를 부인하는 것이 아니라, 악이 존재한다고 말하기 때문이다. 선의 결핍 교리는, 악은 선에 빌붙어서만 존재할 수 있는 것이지, 그 자체로는 존재할 수 없다고 말한다.

최고선이 전일성이라면, 그리고 전일성을 증진시키는 것이 선이고, 전일성을 파괴하려고 하는 것이 악이라고 한다면, 이제 우리는 악이 실재하기는 하지만 스스로는 존재할 수 없다는 말이 어떤 의미에서 사실인지를 알아낼 수 있을 것이다. 전일성이 완전히 이루어졌다고 가정해보자. 그러면 악이 빌붙을 터전이 없어지고 말 것이다. 왜냐하면 모든 것이 전일성 안에 포함되었기 때문이다. 아니면, 전일성이 완전히 파괴되었다고 가정해보자. 이번에도 악은 존재할 수 없을 것이다. 왜냐하면 더 이상 파괴할 것이 없으면, 악이 존재할 수 없을 것이기 때문이다.

질병과 건강의 유비를 생각해 보자. 우리는 이렇게 주장할 수 있을 것이다: 질병은 건강의 감소(결핍)이다. 인간의 삶에 실재하는 질병은 스스로는 존재하지 못한다. 하지만 그것의 존재를 부인할 수는 없다. 모든 생명체가 완전히 건강하다면, 더 이상 질병은 존재하지 않을 것이다. 질병이 건강한 유기체를 완전히 파괴하는 데 성공한다면, 그 질병도 없어지고 말 것이다. 예를 들어, 어떤 사람이 콜레라와 같은

---

26) *Ibid.*, p. 46.
27) C. G. Jung, CW 14, *Mysterium Coniunctionis* (Princeton, N. J.: Princeton University Press, 1963), p. 79.

질병에 걸려, 그의 몸의 건강이 완전히 망가지면, 콜레라라는 질병도 없어지고 말 것이다. 건강한 숙주가 없이 어찌 질병이 존재할 수 있겠는가? 콜레라균은 계속 존재할 수도 있다. 하지만 그것은 질병이 아니다. 건강한 신체 안에서 활성화되기 전에는 말이다. 콜레라균은 유기체를 파괴하기 전에는 해가 되지 않는다.

악의 문제를 다시 명료화하기

앞에서 살펴본 것을 토대로 해서 융이 비판한 것과 융의 입장에 반대하는 주장들을 함께 고려하여 악의 문제를 다시 명료화할 수 있는지를 알아보도록 하자.

먼저, 몇 개의 용어를 분명하게 설명해야 하겠다. 악에 관한 융의 주장과 씨름하는 것을 어렵게 하는 한 가지 문제는, 그가 용어를 정의하지 않고 있다는 것이다. 이것은 전체 논점을 어느 정도 모호하게 한다. 이런 경우 우리가 무언가를 파악하고 있다고 생각하지만, 갑자기 그 뜻을 알 수 없게 되고 만다. 예를 들어, 융은 어둠과 악이라는 용어를 번갈아 사용하면서도 정작 그 의미를 명확하게 정의하지 않는 것 같다. 그는 "한편으론 밝고 선한 것, 다른 한편으로 어둡고 악한 것의 대립"에 관해 이야기한다. 낮과 밤이 전체 주기를 완성하는 일에 함께 속하듯이, 빛과 어둠은 함께 어울려 전체를 이루는 것처럼 보인다. 하지만 이것은 선과 악이 전체wholeness 안에서 영원히 화해하면서 공존

하는 것을 뜻하지는 않는다. 어두운 것이 반드시 악한 것은 아니다. 어두운 것은 빛의 필연적인 보완일지도 모른다. 실제로 우리는 빛과 어둠이 함께 어울려 있음을 직관적으로 알고 있으며, 어둠도 없고 밤도 없이 빛만 있는 낮의 세계는 견딜 수 없는 세계라는 것을 알고 있다. 이것은 우리를, 악이 영원히 선과 함께 어울린다는 견해를 받아들이도록 유혹한다. 하지만 반드시 악이 선과 함께 영원히 어울리는 것은 아니다. "그림자"라는 용어는 융이 의미를 정의하지 않은 채 사용한 또 다른 단어다. 그림자가 반드시 악한 것은 아니지만, 융은 이 단어가 함축하는 바대로 사용한다. 그 문제에 관한 한, 흑도 백과 대조될 수는 있지만 반드시 악한 것은 아니다.

훨씬 중대한 문제는 융이 각기 다른 악의 경험들을 명확히 구별하지 않는다는 사실이다. 악이라는 단어는 마치 그것이 단일한 의미를 갖고 있기라도 하다는 듯이 융의 저작 전체에 두루 나타난다. 하지만, 우리가 앞에서 살펴보았듯이, 우리가 악이라고 일컫는 경험은 각기 다르다. 우리는 그것을 제8장의 끄트머리에서 요약한 바 있다. 예를 들어, 우리는 하나님의 어두운 면이나 자기Self의 어두운 면에 대한 경험을 본질적으로 악하다고 말할 수 없다. 왜냐하면 그것은 특정한 목적을 가지고 있기 때문이다. 하나님의 어두운 면이 파괴한다 해도, 그것은 살아 있기에 부적합한 것만을 파괴한다. 억눌리고 거절당한 인격 요소들이 체현된 악마도 상대적으로 악할 뿐이다. 왜냐하면 이러한 성격qualities이 구원될 수만 있다면, 그 때 악도 달라질 것이기 때문이다. 이미 우리는, 해리dissociation 상태가 심해질수록, 악이 더 거세어진다는 것을 주목한 바 있다. 지킬과 하이드를 연구하면서 관찰한 대로, 그림자는 의식에서 분리되면 될수록, 그리고 전체와 무관하게 자율적으로 살면 살수록, 점점 더 악해지는 것 같다. 이처럼 악에도 상태와 정도가 있다. 더 분명하게 말하려면, 악의 상태와 정도가 고려되어야만 한다.

그러나 융은 때때로 각기 다른 악의 경험을 구별한다. 예를 들어, 그는 『아이온』에서 다음과 같이 말한다: "인간은 자신의 본성의 상대적인 악을 인식할 수는 있다. 하지만 **절대적인** 악의 얼굴을 응시하는 것은 극히 드물고 충격적인 경험이다."[28] 유감스럽게도 융은 상대적인 악과 절대적인 악의 차이를 정확하게 구분하지 않았다. 하지만 절대적인 무언가가 완전히 그 스스로 존재하므로, 우리는 융이 아무런 제약을 받지 않는 악이 존재한다는 뜻으로 그렇게 말한 것이 아닌지 추측하는 수밖에 없다. 하지만 그것은 선의 존재를 무화시킬 것이다. 왜냐하면 하나의 절대는 또 다른 절대를 축출하기 때문이다. 절대적인 악이 존재한다고 말하는 것은 절대적인 선이 존재할 수 없다고 말하는 것과 같다. 절대적인 악을 말하는 것은 결핍의 이론을 정반대로 말하는 것과 같다. 그렇게 되면 우리는 다음과 같이 말하지 않으면 안 될 것이다: 악은 절대적이다. 선은 악을 감소시키는 어떤 것이지만 악을 떠나서는 스스로 존재할 수 없다. 왜냐하면 한쪽이 동등하게 존재하지 않으면, 다른 한쪽도 절대적일 수 없으니까.

그러나 위에서 인용한 융의 진술은 감정적인 의미를 가진 것으로 생각된다. 즉, 어떤 경우에, 우리는 상대적으로만 악한, 그래서 구원받을 수 있는 악을 보고 있다고 느낀다. 다른 경우에는 본질적으로 악

---

28) Jung, Aion, par. 19. (고딕체는 내가 강조한 것임.)

한, 그래서 더 무시무시한 영향을 미치는 어떤 것을 보고 있다고 느끼기도 한다. 선의 결핍 교리에서 보면, 하나의 실체entity가 전체에서 멀어질수록, 그것은 본질적인 악의 속성을 드러낸다. 하지만 본질적인 악은 자기가 파괴하고자 하는 것을 떠나서는 존재할 수 없다. 선의 결핍에서 보면, 다만 전일성(善)만이 절대적이고, 악은 상대적인 형태로 존재하거나 아니면 보다 순수한 형태로 존재하거나 아니면 본질적인 형태로 존재할지라도, 그것이 파괴하고자 하는 전일성을 떠나서는 존재하지 못한다.

융 자신은 악을 흡수하고 변형시킴으로써 이 세계와 인간의 영혼을 구원할 수 있다고 말한다. 예를 들어, 1952년 에라노스 학회Eranos Conference에서 행해진 미르치아 엘리아데Mircea Eliade와의 인터뷰에서, 융은 이렇게 말했다: "심리학에서 아주 중요한 문제는 대극을 통합하는 것입니다. 우리는 이것을 도처에서 그리고 모든 차원에서 접하고 있습니다. 나는 『심리학과 연금술Psychology and Alchemy』에서 사탄의 통합에 관심을 가질 기회를 가졌었습니다. 사탄이 통합되지 않는 한, 이 세계는 치유될 수 없으며, 인간도 구원받을 수 없기 때문입니다. 하지만 사탄은 악을 대표하는데, 어떻게 악이 통합될 수 있을까요? 단 하나의 가능성만이 있습니다. 그것은 악을 이해하는 것, 즉 악을 의식의 수준으로 끌어올리는 것입니다. 이 일은 대단히 복잡한 상징 과정에 의해 이루어졌는데, 이 과정은 얼마간 개성화라는 정신적 과정과 일치합니다."[29] 악이 이해되고 통합될 수 있다면, 그 때문에 이 세계가

---

29) R. F. C. Hull and William McGuire, eds., *C. G. Jung Speaking* (Princeton, N. J.: Princeton University Press, 1977), p. 227.

치유된다면, 그 악은 절대적인 것일 수 없다. 그 이유는 우리가 절대적인 것의 본성을 변화시킬 수 없기 때문이다. 여기서 융은 악이 절대적인 것이 아니라 상대적인 것이며, 악의 상대성은 전일성의 기준에 의해 판단될 수 있다고 말하는 것 같다. 이것이 바로 선의 결핍 교리를 약간 다른 언어로 말하고 있는 것이다.

융은 교회가 악을 처리하는 과제를 등한히 했다고 비판하는데, 이 비판은 정당하다. 교회가 거절했기 때문에, 그 과제는 연금술의 수중으로 들어갔고, 우리 시대에는 심리학이 그 일을 완수하고 있다. 융은 자신의 편지 가운데 한 곳에서 이렇게 말한다: "역사상 기독교 심리학은 **선과 악을 결합하기**_complexio boni et mali_보다는 오히려 악을 억누르려고만 합니다. 그리하여 연금술이 악을 통합할 목적으로 악을 어느 정도 변화시키고자 하였습니다. 악마도 궁극적으로 구원될 수 있다는 오리게네스의 사상이 오히려 지속되었던 것입니다."[30]

앞에서 언급했듯이, 악을 변화시킨다는 생각은 전일성이라고 일컬어지는 무언가가 실로 존재하며, 이것에 의하여 악을 규정할 수 있다는 것을 암시한다. 하지만 오리게네스의 경우에, 구원될 수 있는 것은 악이 아니라 악마였다. 악마의 형상은 구원받겠지만, 그 속에 있는 악은 그렇지 않다는 것이다. 이리하여 악마의 파괴적인 영향들은 없어지고, 한 때 그 속에 악이 머물던 악마만이 회복되리라는 것이다.

이제부터 악과 관련된 상황을 다시 명료화 해보자. 본질적인 악은 전일성을 파괴하는 세력이라고 할 수 있다. 그러나 악한 것이 구원받아 다시 전체the whole에 도달하려면, 해리되고, 파괴된 상태에서 해방

---

30) Jung, _Letters 2_, p. 401. (고딕체는 융이 강조한 것임.)

되어야 한다. 정신적 통합의 과정이 목표로 삼는 것이 바로 이것이다. 해리된 것은 상대적으로만 악하다고 할 수 있다. 왜냐하면 해리된 것의 악이 그 해리 상태에 따라 바뀌기 때문이다. 처음에 하이드는 장난기어린 것처럼 보였지만, 지킬의 성격이 해리됨에 따라 점점 더 순전한 악의 화신이 되어갔다. 그러나 우리가 선을 악에 종속시키길 바라지 않는다면, 절대적인 악을 말하지 않을 것이다.

　융은 악이 절대적인 존재를 갖고 있다고 단언하는 것처럼 보인다. 수많은 사람이 융의 견해를 거부하는 것은 이 때문이다. 필립 역시 융의 견해에 반대한다. 필립은 악이 절대적인 존재를 갖고 있다는 견해를 악을 드높이는 것enthronement으로 본다. 하지만 나는 융이 염두에 두었던 것은 실제로 그런 것이 아니라고 생각한다. 융은 진정으로 악한 상태가 있으며, 그 상태가 바뀌고, 그것의 정당한 내용이 전체에 통합되면, 악도 달라진다고 생각했다. 하지만 융이 이것을 분명히 하지 않고, 마치 악이 절대적인 것이라도 된다는 듯이 악에 대하여 이야기하기 때문에, 융이 절대적인 악이 신성神性의 위치를 차지하도록 했다는 인상이 드는 것이다.

　융은 하나님이 선과 절대 악의 결합이라고 믿지 않았다. 이런 사실이 그의 자서전에 나타난다. 자서전에서 융은 사랑의 하나님에 관해 언급한다.[31] 이전의 수많은 사상가와 마찬가지로, 융도 사랑의 신비를 설명하지는 못하지만, 에로스의 영역이 우리의 이성적理性的인 이

---

31) 『C. G. Jung의 회상, 꿈 그리고 사상』 (서울: 집문당, 1996), 13장 "만년의 사상." III. 나는 나의 친구 모톤 켈시에게 신세를 졌는데, 그는 나에게 이 적절한 구절이 생각나게 해주었다.

해와 합리적인 표현 방식을 벗어나 있다고 말한다. 융은 바울이 쓴 고린도전서 13장이 "사랑의 모든 것을 말해 주고 있으며, 여기에 더 보탤 것이 없다"고 생각한다. 융은 다음과 같이 말한다: "우리는 가장 깊은 의미에서, 우주 창조주의 사랑의 희생물이며 도구이다." "'하나님은 사랑이다'라는 문장 속에서, 바울의 글귀는 신성神性이 대극의 결합 complexio oppositorum임을 증명하고 있다." 결국, 이것은 선의 결핍으로 표현된 기독교의 입장과 그리 다르지 않다. 하나님이 최고선Summum Bonum이라고 말하거나 하나님이 우주 창조의 사랑이라고 말하는 것은 동일한 것을 말하는 것이다. 융은, 우리가 하나님이 사랑이라고 주장할 때에는 그 반대, 곧 하나님이 미움이라는 것도 주장해야 한다고 생각하지는 않는다. 이 경우, 융은 사랑을 생각하는 데 전혀 곤란을 느끼지 않으며, 똑같이 실체적 존재를 갖는 논리적 대극으로서 미움을 상정하지도 않는다.

악과 하나님에 대한 융의 주장이 간혹 일치하지 않는 것은 사실이다. 하지만 그가 자신의 주장이 일치하지 않는 자리에서 자신의 입장을 단호히 주장하지만 않는다면, 그러한 불일치를 이해하기 힘든 것도 아니다.

융이 반대한 것을 새로 보기

융이 선의 결핍 교리에 대해 반대한 것들을, 이렇게 새로 명료화해 본 견지에서, 다시 들여다보도록 하자. 융이 세 가지 영역에서 이의를 제기했음을 다시 기억할 필요가 있다. 첫째로, 융은 선의 결핍 교리에 대해 다음과 같이 느꼈다: 선의 결핍 교리는 악이 실체가 없으며 따라서 실재하지 않는다고 선언한다. 이것이야말로 인간의 감각에 위배된다. 왜냐하면 악이 너무나 실재적으로 경험되기 때문이다. 하지만 우리가 알게 된 사실은 다음과 같다. 즉 선의 결핍 교리는 악의 실재를 부정하는 것이 아니라, 악이 존재하되, 특정한 조건에서 실재하지만, 스스로는 존재하지 못한다고 선언한다는 것이다. 예를 들어, 악의 세력이 완전히 이기고자 한다면, 전일성이 모두 파괴될 것이다. 하지만 이것은 악의 파멸도 초래한다. 왜냐하면 파괴의 세력인 악이 파괴의 대상에 빌붙어서만 존재할 수 있기 때문이다.

이 결론은 『주역 *The I Ching*』과 의견이 일치한다.[32] 괘 36, 명이明夷—빛이 어두워졌다를 살펴보자. 이 괘는 태양이 땅 속에 숨겨져서 어두워진 상태, 곧 어두운 힘이나 악한 힘이 우세해지는 상태를 묘사한다. 이 괘의 여섯 번째 효爻는 아래와 같이 읽힌다:

> *밝지 못하여 어두우니,*
> *처음에는 하늘에 오르고,*
> *뒤에는 땅속으로 들어가도다.*

리하르트 빌헬름은 이 효를 주석하면서 아래와 같이 말한다:

---

32) Richard Wilhelm, Trans., *The I Ching* (New York, N. Y.: Pantheon Books, 1955, 3rd printing), pp. 153 and 102-103. (고딕체는 내가 강조한 것임.) 노태준 역해, 『新譯 周易』(서울: 홍신문화사, 1989), 현토완 역, 『周易 傳義 上, 下』성백효 역주 (서울: 전통문화연구회, 1999) 참조.

여기서 어둠이 절정에 달한다. 처음엔 어두운 세력이 선과 빛의 편에 선 만물에게 상처를 입힐 만큼 높은 자리를 차지한다. 하지만 어둠은 마침내 쇠멸하고 마니, **이는 악이 선을 완전히 정복하는 바로 그 순간에 자신도 쇠멸할 수밖에 없고, 자신을 지속시키던 에너지마저 소멸되기 때문이다.** (고딕체는 나의 강조임.)

우리는 이와 비슷한 악의 원리를 괘 23, 박剝−벗기고 떨어뜨리고 깎아 내리는 것에서 발견한다. 이 괘에서는 악의 상태가 증대하며, 음기陰氣가 위로 올라가 양기陽氣의 산정山頂을 붕괴시킨다. 이 괘의 여섯 번째 효는 아래와 같이 말한다:

> *나무의 높은 가지에 좋은 과일 한 개가 따먹히지 않고 남아있다.*
> *군지**君子**는 수레를 얻고,*
> *소인小人은 집을 헐리게 된다.*

리하르트 빌헬름은 이 효에 대해 아래와 같이 말한다:

여기서 벗기고 떨어뜨리고 깎아 내리는 것이 절정에 달한다. 불행이 다하면, 더 나은 시대가 온다. 선의 씨앗이 살아남고, 바야흐로 선이 새롭게 싹틔운 열매가 땅 위에 떨어질 때이다. 군자가 다시 영향력을 얻는다. 그는 마치 수레에 올라탄 것처럼 여론의 지지를 얻는다. 하지만 소인은 자신의 사악함으로 인해 화를 당한다. 그의 집은 헐리게 된다. 여기에서 자연의 법칙이 작용된다. 악은 선에 대해서만 파괴

적인 것이 아니라 필연적으로 자신도 파괴하고 만다. 악이 부정적인
것에 의해서만 살아갈지라도 스스로의 힘으로는 계속 존재할 수 없기
때문이다.

　　이러한 『주역』의 인용구와 아우구스티누스의 진술을 비교하는 것
은 흥미로운 일이다:

　　　악은… 어느 정도 선한 것 안에서가 아니면 어디에서도 존재하지
　　않는다… 가령 하나님 자신이나 보다 고차적인 천상의 존재들처럼 자
　　신 안에 악이 없는 것들도 있다. 하지만 선이 없는 악한 것들은 존재할
　　수 없다. 악이 어떤 것에도 해를 끼치지 않는다면, 그것은 악이 아니기
　　때문이다. 악이 어떠한 것에 해를 끼친다면, 그것은 자신의 선을 감소
　　시키는 것이다. 그리고 악이 더욱더 해를 끼친다면, 그것은 자신이 감
　　소시키는 선을 어느 정도 지니고 있기 때문이다. 악이 선을 완전히 삼
　　켜버리면, 해를 입을 만한 선의 본성이 전혀 남지 않을 것이다. 그렇게
　　되면, 해를 입힐 수 있는 악이 존재하지 않게 될 것이다. 왜냐하면, 해
　　를 덜 입을 수 있는 선한 면이 거기엔 남아 있지 않기 때문이다.[33]

　　융이 제기한 두 번째 이의는 선의 결핍 교리가 심리학적 사실과 모
순된다는 것이다. 즉, 자기Self의 상징들은 빛은 물론이고 어둠도 담고
있다. 그 상징들은 선과 악을 역설적인 전체 속에 통합한다. 자기는
빛이 아니라 어둠과 빛이다. 자기는 선이 아니라 선과 악이다. 이것은

---

33) Contra adversarium legis et prophetarum, I, 4f. 이것은 융의 책 *Aion*, p.
　　50에서 인용했음.

우리가 다음의 사실을 인정하기만 한다면 맞는 말이다: 어두운 것이 반드시 악한 것은 아니다. 자기의 전일성에 포함되어 있는 것은 악하지 않다. 왜냐하면 악은 전일성에 해를 끼치기 때문이다. 사물의 전일성에 포함되지 않는 한, 상대적으로 악한 것이라 해도 파괴적으로 작용하게 마련이다. 하지만 전일성이 작용하면, 모든 것들이 통합될 것이고, 파괴도 그칠 것이다. 바꾸어 말하면, 자기는 이제까지 억눌려 왔던 것, 결국에는 전체에 통합되고 말 존재인, "악마"까지도 포함한다. 융이, 전일성을 이루려면, 잃어버린 네 번째 것이 필요하다고 말한 것은 옳다. 이것은 자기의 중심에, 혹은 경험적 자기를 넘어서서 존재하는 것으로 추정되는 신적 질서의 중심에 악의 세력이 있다고 말하는 것이 아니다. 왜냐하면 전일성의 원형인 자기가 파괴의 원리인 악의 세력을 축출하고 무력화시키기 때문이다. 자기가 악의 속성을 조금이라도 지녔다고 하는 경험상의 증거는 없다. 그 반대로, 자기가 드러나는 곳에서는 최고의 가치, 곧 최고선Summum Bonum이 어느 정도 발견되고, 악의 세력이 무력화된다.

마지막으로, 선을 생각하는 것은 우리로 하여금 악도 생각하게 한다고 하면서 융은, 논리적으로 이의를 제기한다. 하지만 반드시 그런 것은 아니다. 우리가 말하는 선이 선한 것과 악한 것에 대한 인간적인 판단을 의미하지 않고, 선한 것과 악한 것을 결정하는 궁극적 기준을 의미할 때가 있기 때문이다. 우리는 이 기준을 일컬어 선the Good(대문자 G로 쓰인) 혹은 전일성Wholeness이라고 부른다. 질병을 생각하지 않고도 건강을 느끼고 경험하고 생각할 수 있듯이, 우리는 전일성의 대극을 생각하지 않고도 전일성을 생각할 수 있다.

이미 살펴보았듯이, 융은 형이상학에 말려들고 싶은 마음이 없었지만, 선의 결핍 교리의 경우 형이상학이 정당하지 못한 방법으로 경험을 침해한다고 느꼈기에, 자신이 형이상학의 영역에 뛰어들 수밖에 없었다고 생각했다. 하지만 나는 선의 결핍 교리가 경험적인 사실과 상충되지 않는다고 생각한다. 실로, 선의 결핍 교리가 말하는 최고선은 융이 말하는 자기Self와 대단히 흡사해 보인다. 선의 결핍 교리에서 말하는 "선"은 목적이나 기능의 완전한 실현에 주목하기 때문이다. 우리가 하나님이 최고선으로서 존재한다고 말할 수는 있지만, 그렇다고 그것이 실제로 그렇다고 증명할 수 있는 것은 아니다. 왜냐하면 궁극적인 존재 the Ultimate가 어떤 존재인지 안다고 말할 수 있는 사람은 아무도 없기 때문이다. 하나의 힘이 전체wholeness를 위해 일하고, 또 다른 힘이 전체에 해를 입히는 세계만이 우리가 아는 전부이다. 누구도 이 범위를 벗어날 수 없다. 이것이야말로 우리가 보다 신중하게 검토해야 할 요점이다. 하지만 그렇게 하기에 앞서, 우리는 앞에서 살펴보았던 견지에서, 악에 대한 기독교의 입장이 무엇이며, 또 악에 대한 기독교의 태도가 바뀌기를 바랐던 융의 입장이 무엇인지를 다시 살펴보자.

기독교의 입장을 다르게 보기

나는 앞에서 선의 결핍 교리가 옹호할만한 철학적 사상임을 보이려고 했다. 흥미롭게도, 이것은 우리가 언급했던 악에 대해 초기 기독교가 가지고 있던 다른 태도들을 깎아 내리지 않는다. 예를 들어, 앞에서 살펴본 대로, 선의 결핍 교리는 악의 실재를 어떤 식으로도 깎아 내리지 않는다. 네 개의 복음서와 초대교회 안에서 발견되는 원래의 기독교적인 입장은 악의 문제를 통해 구속론救贖論, Atonement을 표현할 정도로 악의 실재를 인식하고 있었다.

바르게 이해된 선의 결핍 교리은, 하나님께서 자신의 목적을 이루시기 위해 악을 허락하셨다고 했던 클레멘트 및 다른 사람들의 입장을 부정하지 않는다. 전일성이 최고선이라면, 그리고 이것이 성취되려면, 창조된 모든 것이 나름대로의 적절한 기능을 수행해야 한다. 자아의 적절한 기능은 의식하는 것이다. 이 일은 악의 활동 없이 이루어질 것 같지가 않다. 우리가 악과 대면하게 될 때에만, 의식이 일정한 높이로 고양高揚될 수 있기 때문이다. 역설적이지만, 비록 악이 전일성을 파괴하려고 할지라도, 영적인 의미에서 악 없이는 전일성이 이루어질 수 없을 것이기에, 어쩌면 하나님께서 악을 허락하신 것일지도 모르는 일이다.

우리는 이미 앞에서 이런 입장을 요약한 바 있다. 그렇다면 오리게네스가 옳았는지도 모른다. 그리고 역사의 종말에 이르러 우주적 드라마 속에서 악이 그 독특한 역할을 다하고, 더 이상 필요치 않게 되면, 악도 사라지고 말 것이다. 러시아 철학자 니콜라스 베르쟈에프는 역설적인 것처럼 보이는 말을 했다: "악의 어두운 근원이 세상에 존재한다는 말과, 궁극적인 의미에서 악이 존재하지 않는다는 말은 똑같이 옳은 것이다."34)

---

34) Nicholas Berdyaev, "Meaning of the Creative Act," Collier Books Edition, 1962, p. 138.

융도 그와 똑같은 말을 하고 있다. 악마의 역할을 논하는 가운데 그는 다음과 같이 말한다:

여기서 우리가 대면하게 되는 문제는 자율성과 영원성을 부여받은 한 피조물, 곧 타락한 천사의 독립적인 입장이다. 우리의 상징 시리즈에서 그는 네 번째의 "반항적인" 형상이다... 티마이오스Timaeus에서, 두 번째 대극 쌍의 나머지 반쪽인 마왕이 없으면, 세계-혼 world-soul이 온전해질 수 없는 것과 마찬가지로, 전체성을 이루려면, 네 번째 것인 악마가 나머지 셋에 추가되어야 한다... 인간은 성령의 개입을 통해 신적인 과정에 포함된다. 이것은 하나님을 거스르는 분리와 자율의 원리-하나님에게 맞서는 의지로서 루시퍼 안에서 체현된 원리-가 신적인 과정에 포함됨을 의미한다. 이런 의지가 없었다면, 창조도 없었을 것이고, 구원의 역사도 없었을 것이다. 그림자와 반항 의지는 모든 것을 실현하는 필요조건이다. 자신을 만든 제작자에게 맞설 의지가 없는 대상, 자신만의 의지가 없는 대상, 자신을 만든 제작자의 속성 외에 다른 속성을 전혀 지니지 않은 대상은 독립적으로 존재할 수 없으며, 윤리적인 결단을 내릴 수 없다. 그런 대상은 기껏해야 창조주가 태엽을 감아 놓아 작동하는 시계 장치에 불과할 뿐이다. 그러므로 루시퍼는 세계를 창조하기 위해 분투하는 하나님의 의지를 가장 잘 이해하고, 그 의지를 가장 성실하게 이행한 자였다고 볼 수 있다. 왜냐하면 그는 하나님께 반항함으로써 능동적인 창조의 원리, 곧 자신의 반대 의지인 하나님께 맞서는 원리가 되었기 때문이다. 창세기 3장은, 하나님이 이것을 원하셨기에, 사람에게 다른 것을 원할 능력을 주셨다고 말한다. 그렇게 하지 않았다면, 하나님은

기계만을 창조했을 것이며, 성육신과 구속救贖 사건이 일어나지 못했
을 것이다.35)

나는 융의 말을 장황하게 인용했는데, 이는 그의 말이 악에 관한 원
시 기독교 사상과 매우 흡사함을 보여주기 때문이다. 이레니우스는,
인간이 타락함으로써 그리스도의 구속 사건이 가능했었기에, 어떻게
보면 인간의 타락이 오히려 행운이었다고 했다. 융이 방금 전에 말한
것과 이레니우스가 말한 것의 차이를 찾기가 어렵다.

그러나 악에 대한 기독교의 태도에는 우리가 융에게서 흔히 듣지 못
하는 근본적인 낙관주의가 아직 남아 있다. 기독교의 상징인 십자가의
고난과 부활은 악의 실재를 부인하지도 않고, 악의 파괴력을 간과하지
도 않는다. 십자가의 고난과 부활은 신적인 드라마가 궁극적으로 낙관
적인 결론에 이르게 됨을 보여준다. 왜냐하면 부활은 전일성의 궁극적
인 불멸성을 상징하기 때문이다. 그것은 결국, 악의 세력이 무슨 일을
꾸미든 간에, 전일성이 지닌 통전성integrity of wholeness은 파괴될 수 없다
고 말하는 것과 같다. 그리스도가 악의 세력에게 죽임을 당한 것처럼
보였으나 다시 죽음을 이기고 부활하신 것도 그 때문이다.

심리학적으로 말하면, 이것은 자기Self의 불멸성에 해당한다 할 것
이다. 그것은, 자기가 실현되면 악의 세력에게 상처를 입지 않는다고
말하는 것과 같다. 제아무리 파괴적인 세력이라 해도 실현된 자기를

---

35) C. G. Jung, CW 11, *Psychology and Religion*, "A Psychological Approach
　　th the Trinity," par. 290. (New York, N. Y.: Pantheon Books, second
　　printing, 1963).

파괴할 수는 없는 법이다. 인간적인 차원에서 말하면, 그것은 인간이 중심을 잡고서 자기와 관계함으로써 악으로부터 자신을 어느 정도 지킬 수 있다는 뜻이다. 인격의 중심이 확립된 사람은 인간보다 훨씬 강한 힘의 도움을 받아 악한 세력을 물리치고 이길 수 있다.

그러나 악에 대한 기독교적 낙관주의는 인간의 본성이나 이 세계에 대한 낙관주의적 견해에 기반을 두지는 않는다. 인간이 선하다고 해서, 혹은 이 세계가 선한 곳이 될 수 있다고 해서 악이 극복되는 것은 아닐 것이다. 악은 하나님의 무한한 능력에 의해서만 극복될 수 있다. 인간의 본성은 악의 세력들에 너무 쉽게 상처를 입는다. 악에 대해 너무 낙관적이어서는 안 된다고 융이 말한 것은 옳은 일이다. 미리 내다보건대, 이 세계는 언제나 혼란과 불행이 가득 들끓는 불완전한 가마솥처럼 남아있게 될 것이다. 그렇지만은, 이 세상에서 몇몇 사람은 완전한 의식에 도달할 수 있을는지 모르는 일이다.

다시금, 여기서 우리는 형이상학의 논점을 이야기하고 있는 것이다. 우리는 삶의 궁극적 계획이 무엇인지, 혹은 그러한 궁극적 계획이 있는지를 과학적으로는 알 수 없다. 일정한 지점에 이르면, 지식이 그 임무를 끝내고, 신앙이 그 자리를 대신하게 될 것이다. 우리가 가지고 있는 이러한 것들에 대한 유일한 경험적 지식은 심리학적으로 사실이다. 만약 어떤 사람의 삶이 자기Self의 전일성에 기반을 두게 되면, 그의 삶 속에 어떤 영속성과 불멸성, 그리고 인간의 영혼을 악에 굴복하지 않게 하는 어떤 방책이 자리하는 것 같다고 볼 수 있다. 그러한 영혼이 죽음을 넘어서 삶을 지속할지 그 누가 알겠는가.

이제 우리의 논의는 원을 한 바퀴 다 돌았고, 역설은 역설에 의지한다. 우리는, 전체가 되려면, 악이 필요할지도 모른다는 것을 알게 되었다. 왜냐하면 모든 피조물이 제 나름의 고유한 기능을 수행할 때에만, 전체가 될 수 있기 때문이다. 그리고 우리는 인간의 도덕적이고 정신적인 의식이 악과 마주할 때에만 발전할 수 있다는 것도 알았다. 그러므로 악도 하나님의 계획의 일부인 것처럼 보인다. 우리는 하나님이 오른손과 왼손을 가지고 당신의 뜻을 이루신다고 하는 클레멘트의 견해로 되돌아오게 되었다. 하지만 이와 동시에 우리는 다음과 같이 말할 수도 있다: 전일성은 악을 포함하지 않는다, 전일성이 확립되거나 파괴되면, 악도 없어지고 말 것이다.

하지만 이렇게 악의 존재론을 연구하면서, 우리는 미해결의 문제가 일제히 해결되는 것은 아니며, 결정적인 답을 우리가 찾을 수 없다는 것을 알아야 한다. 세상에서 가장 심각한 문제는, 악의 문제가 지적인 차원이나 감정적인 차원에서 해결되었다고 생각하는 것이다. 결정적인 답을 제시하기보다는 악과 하나님의 관계가 무엇인지 이렇게 저렇게 생각해 보는 게 더 나을지 모른다. 하나님을 인간의 언어로 이해 가능한 결정적 진리로 환원시키기보다는, 하나님을 위대한 신비Great Mystery로 묵상할 때, 진리를 발견하기가 더 쉽기 때문이다.

나는 선의 결핍 교리가 악에 대해 취한 입장이 그런 대로 괜찮으며, 심리학적 사실과도 모순되지 않음을 논증하려고 시도했다. 그럼에도 불구하고, 융은 대다수 기독교인들에 의해 표명된 입장, 곧 악에 대한 전통적이고 전형적인 입장이 상당히 바뀌어야 한다고 말한다.

예를 들어, 융은 우리가 그리는 전체성totality의 이미지가 셋에서 넷으로 옮겨가야 한다고 말한다. 이것이 순전히 의식적인 입장을 기반으로 한 태도에서, 무의식을 포함하는 태도로의 변화를 의미하는 한, 융의 말은 심리학적으로 옳다. 이것은 악마를 인정하고 포함하는 것을 의미한다. 이것은 본질적인 악을 받아들이는 것을 뜻하지 않는다. 또한 이것은, 필립이 지적했듯이, 본래부터 존재하는 악을 드높이는 것도 의미하지 않는다. 이것은 악의 불가피성을 받아들이고, 그것을 변화시키려고 시도하는 것을 의미한다. 이것은 우리의 본질적인 전일성wholeness에 속한 모든 것, 곧 거부당하고 분열되고 억눌려 무의식에 자리한 모든 것을 우리의 의식적인 태도에 통합하려고 시도해야 함을 의미한다.

의식의 태도가 완고하고, 일방적이며, 사물의 밝은 면만을 고집한다면, 이러한 통합의 과정이 일어날 수 없다. 삶의 어두운 면, 자기Self의 어두운 면이 받아들여질 때에만, 이 과정이 일어날 수 있다. 그리고 의식이 전체를 보는 역설적인 관점을 기꺼이 받아들이고, 삶과 인격의 문제를 집단적으로 풀기보다는 개인적으로 풀 때, 이 과정은 성공할 수 있다. 요컨대, 우리는 얼룩, 흠, 결함이 없이는 완전해질 수 없다. 하지만 우리는, 융이 말한 대로, 고도로 역설적인 상태인 전일성을 향해 나아갈 수 있다.

교회를 통해 전달된, 기독교의 전통적인 태도는 너무 많은 것을 거부했다. 그것은 인격의 그림자 측면을 좀처럼 받아들이지 않았으며, 자기Self의 어두운 면을 거부했다. 그것은 완전함perfection이라는 불가능한 기준을 고집하였으며, 완전함을 통해서가 아니라 불완전함imperfection을 통해서 온전함wholeness에 이른다는 것을, 그리고 그 가치를 인정하지도 않았다. 전체성totality의 역설적인 성격을 받아들이지 않았기에, 그것은 삶과 인격의 여성적인 측면을 추방하고 말았다. 이것은 빛과 완전의 상태를 만들어내지 못하고, 도리어 인격을 조각조각 분열시킴으로써 악을 강화하기만 했다. 그러므로 기독교의 판에 박힌 태도는 자신을 돌아보고, 악의 수중에 떨어진 것을 구원할 필요가 있음을 알아야 한다. 무의식의 위험한 영역으로 떨어지는 한이 있어도 그렇게 해야 한다.

┃찾아보기┃